东盟研究通讯

第二辑

赵长林　马应心　主编

山东大学出版社
SHANDONG UNIVERSITY PRESS
·济南·

图书在版编目(CIP)数据

东盟研究通讯. 第二辑 / 赵长林，马应心主编.
济南 ：山东大学出版社，2025. 5. -- ISBN 978-7
-5607-8076-4

Ⅰ. D814.1

中国国家版本馆 CIP 数据核字第 2025HQ2573 号

责任编辑　李　璐
封面设计　王秋忆

东盟研究通讯　第二辑

DONGMENG YANJIU TONGXUN · DI-ERJI

出版发行　山东大学出版社
社　　址　山东省济南市山大南路 20 号
邮政编码　250100
发行热线　(0531)88363008
经　　销　新华书店
印　　刷　济南乾丰云印刷科技有限公司
规　　格　720 毫米×1000 毫米　1/16
　　　　　13.75 印张 2 插页 254 千字
版　　次　2025 年 5 月第 1 版
印　　次　2025 年 5 月第 1 次印刷
定　　价　55.00 元

目 录

中国—东盟中心秘书长史忠俊在“构建中国—东盟命运共同体倡议十周年学术研讨会”(2023年12月16日至17日于德州学院举行)上致辞

山东省委外办副主任、一级巡视员李永森在“构建中国—东盟命运共同体倡议十周年学术研讨会”上致辞

德州学院党委书记吴君在“构建中国—东盟命运共同体倡议十周年学术研讨会”上致辞

德州学院党委副书记、校长赵长林在“构建中国—东盟命运共同体倡议十周年学术研讨会”上致辞并主持会议

“构建中国—东盟命运共同体倡议十周年学术研讨会”参会人员合照

2024 年 4 月 26 日，马来西亚拉曼大学孔子学院在教育部党组书记、部长怀进鹏的见证下，正式揭牌成立

马来西亚拉曼大学孔子学院启动仪式

在马来西亚拉曼大学孔子学院启动仪式上中文教学点授牌

山东服务“中国—东盟命运共同体建设”调研概述*

许　珂　赵长林　马应心**

东盟国家与我国山水相连，血脉相亲，在我国周边外交大局中占有重要地位。2013年，习近平主席在访问印度尼西亚期间提出，愿同东盟国家共建“21世纪海上丝绸之路”，携手建设更为紧密的中国—东盟命运共同体。2021年，在中国—东盟建立对话关系30周年纪念峰会上，习近平主席正式宣布建立中国东盟全面战略伙伴关系，提出共建“和平家园”“安宁家园”“繁荣家园”“美丽家园”“友好家园”五点建议。2023年是习近平主席提出“中国—东盟命运共同体”理念十周年。

2025年4月8日至9日，中央周边工作会议在北京举行。习近平总书记在中央周边工作会议上强调：“要聚焦构建周边命运共同体，努力开创周边工作新局面。”2025年4月15日至17日，习近平主席对马来西亚进行了国事访问。访问期间，习近平主席会见了易卜拉欣最高元首，与安华首相举行会谈，就中马双边关系及共同关心的国际地区问题深入交换意见，达成广泛共识。双方一致同意构建高水平战略性中马命运共同体，更好助力两国现代化进程，共同促进地区和世界繁荣稳定。山东省作为中国第三大经济强省，在服务“中国—东盟命运共同体”建设中，应充分发挥本省科技、人才、产业与区位等优势，走在全国前列，发挥基础性支

* 本文获德州学院校级科研项目“人类命运共同体思想在东盟国家传播与接受的话语分析”资助（项目编号：2020xjpy14）。

** 许珂，德州学院区域国别研究院副编审，主要研究方向为区域经济合作、民族经济；赵长林，德州学院校长，德州学院东盟研究中心主任，教授，主要研究方向为课程与教学基本理论、大学课程与教学论、东盟教育研究；马应心，德州学院东盟研究中心执行主任，德州学院外国语学院教授，主要研究方向为区域与国别研究（东盟方向）、语言教学、跨文化交际研究。

撑作用。

一、调研目的

山东省与东盟国家交往起步较早，交流往来密切，合作基础深厚。自2020年以来，东盟已成为山东省第一大贸易伙伴。面向新时代、新征程，为进一步推动构建山东—东盟国家交流合作与发展的新格局，此调研在以下三大领域展开部署，着力突破瓶颈，解决痛点问题。

一是目标定位。明确山东省在全国与东盟国家交往合作大局中的比较优势，提出目标，找准定位，更好布局未来与东盟国家的交流合作。

二是经贸合作。东盟作为新兴市场虽然已连续三年成为山东省第一大贸易伙伴，但是双方经贸合作仍存在大而不强的问题。从全国来看，广西每年承办中国—东盟博览会，福建与印尼建有“两国双园”项目，重庆与新加坡正在打造中新（重庆）战略性互联互通示范项目。山东省尚缺乏在全国叫得响、能级高的大项目。

三是人文交流。近年来，山东省与东盟国家在文化、旅游、教育、科技等多个领域的交流合作取得长足进展，但仍存在多而不精的现象。贵州省以教育为抓手，每年承办中国—东盟教育交流周活动，山东省仍缺乏有能级的人文交流平台。此外，人才贮备不足问题突出，高校开设的东盟国家语言和文化课程少之又少，制约了对双方人文交流活动的深耕细作。

为此，本报告围绕山东省与东盟国家全面战略合作的深化，在对东盟政府部门、高校、合作企业的实地调研以及具体案例剖析与数据分析的基础上，对山东服务中国—东盟命运共同体建设，推进山东省与东盟国家全方位合作提出了系列建议，就如何破解当前合作难点和瓶颈提出对策建议，并就未来合作提出愿景展望。

二、调研结果①

本次调研主要包括山东经贸服务“中国—东盟命运共同体”建设情况、山东绿色低碳高质量发展服务“中国—东盟命运共同体”建设情况、山东—东盟农业合作服务“中国—东盟命运共同体”建设情况等，现将调研结果简要介绍如下。

① 本部分是对本书各报告的总结与概述，具体数据来源详见各报告。

(一)山东经贸服务"中国—东盟命运共同体"建设情况

1. 东盟国家经济总体情况

东盟十国包括马来西亚、菲律宾、泰国、新加坡、印度尼西亚、文莱、越南、老挝、缅甸和柬埔寨。东帝汶是东盟候选成员国,巴布亚新几内亚是东盟观察员国。东盟战略地位重要,北接中国大陆,南望澳大利亚,东濒太平洋,西临印度洋,并与孟加拉国、印度毗邻,处于亚洲与大洋洲、太平洋与印度洋的"十字路口";总面积约449.25万平方公里,总人口逾6.71亿,仅次于中国、印度,是世界上人口较集中的地区之一,约占世界总人口的8.6%。人口最多的成员国是印度尼西亚,在全球总人口中排名第4位,全地区劳动力人口占总人口比重约为50%,也是世界上外籍华人和旅居华侨最集中的地区。

东盟是全球最大的经济体之一,经济总体呈现积极发展态势,总量在全球范围内居于前列,贸易和投资活动表现活跃,是全球重要的出口地区。东盟是2022年全球增长最快的地区之一。2022年东盟十国国内生产总值(GDP)共计3.6万亿美元,人均GDP5376美元,经济增长率高达5.5%。2023年,尽管面临持续通胀、金融紧缩和全球贸易疲软等多项挑战,但东盟经济在强大的基本面支撑下保持强势增长,预计2023年增长4.7%,2024年增长5.0%。东盟国家的制造业和旅游业采购经理指数(PMI)显示,制造业韧性和旅游业复苏支撑了本地区的积极前景。东盟国家之间建立区域价值链,促进产品和服务自由流动,支撑了区域经济增长。

长期以来,欧美发达经济体经济指数都是东盟国家出口的主要目的地。然而,近年来发达经济体经济指数增长持续疲软,甚至衰退,与东盟国家的经贸关系呈减弱趋势。我国与东盟的经贸关系持续增强,2013年以来,中国与东盟贸易额年均增速8.8%,高出同期中国整体年均增速3.8个百分点。2023年,双边贸易继续增长,达6.41万亿元,东盟连续4年保持中国第一大贸易伙伴地位,中国也连续多年为东盟第一大贸易伙伴。

东盟经济体一直是吸引外国直接投资的目的地。近年来,鉴于贸易壁垒不断增多以及希望寻找更低成本的生产基地,部分东盟国家已成为希望规避国际政治风险的跨国企业的首选之地。2022年,新加坡的外国投资约为1000亿美元,主要行业包括IT、航空航天、电子、制药和专业服务。印度尼西亚是东盟唯一的二十国集团(G20)成员,拥有丰富的自然资源和2.6亿人口的国内市场,2022年印度尼西亚的外国投资额约为430亿美元,创该国历史最高水平。越南正在改革吸引外资的制度，为外来投资者进入该国破除市场准入壁垒。由于中美贸易摩擦，越南已成为木制品的替代供应商，美国已成为其木制品出口的主要目的地市场。泰国地处东盟腹地，是中国“一带一路”倡议的重要合作伙伴国，越来越多投资者将泰国视为加密货币、金融科技、区块链和人工智能以及医疗保健、医疗旅游的投资目的地。

新冠肺炎疫情过后，中国市场的重新开放将对整个东南亚国家的经济发展产生深远影响。山东应该在全球和全国与东盟经贸关系大格局中进行整体布局。

2. 东盟国家的产业结构

东盟作为总体，在全球经济疲软的大背景下，依旧能够取得良好经济发展成就，主要得益于东盟十国互补性的产业结构，具体情况如表 1 所示。

表 1　东盟国家产业结构情况比较

国别	产业结构
新加坡	金融、航运、航空、旅游、教育、科技等服务业是其主要支柱产业；制造业较少，主要专注于高科技、精密制造和电子产品
马来西亚	制造业是其重要支柱，包括电子、汽车、石油化工等
泰国	以制造业为主，其中电子产品、汽车、化工、纺织品等是主要出口商品；农业占据重要地位，主要农作物包括稻米、橡胶、水果等。旅游业发达
印度尼西亚	东盟最大经济体。产业结构以农业、矿业、制造业和服务业为主。农业出口产品主要包括棕榈油、橡胶、咖啡等。石油、天然气、煤炭等矿产资源是其重要的出口商品
菲律宾	以服务业为主导，特别是信息技术和商业流程外包。农业占据重要地位，主要农产品为稻米、椰子、香蕉等
越南	制造业快速发展成为支柱产业，尤其是电子、纺织、鞋类、家具等制造业发展迅速
缅甸	产业结构以农业为主导，农产品主要有稻米、玉米、橡胶等
柬埔寨	以农业和纺织业为主。稻米是主要农产品，纺织和服装制造业是主要出口产业
文莱	以石油和天然气开采为主导，石油产业是其主要收入来源
老挝	以农业为主，稻米是主要农产品

展望未来，东盟在继续保持积极的经济增长的同时，正在采取多方面战略来应对未来挑战，包含经济多元化、优先考虑区域一体化及促进多边主义。为此，东盟国家正着力加强可持续发展的制度性保障，包括推动循环经济转型、实现碳中和、拥抱数字经济等，这些举措都将在推动地区发展中起到重要作用。可以看到，山东省与东盟国家构建长期经济合作具有双方经济增长势头良好的基础，可根据东盟不同国家的产业结构特点，差异化推进山东省 16 地市与相应的东盟国家建立产业合作以及经贸投资关系。

3. 山东省与东盟贸易情况

山东省与东盟十国的进出口贸易总额总体上呈现逐年增长的趋势，2020～2023 年，山东省与东盟贸易总额从 3006.8 亿元增长至 6498.6 亿元，显示出山东省与东盟在经贸合作方面保持了稳定增长的态势。

通过分析近三年山东省对东盟国家各类商品进出口贸易海关数据可知，山东省进口东盟商品进口额排在前三位的产品情况如下。

矿产品是山东省对东盟国家进口额最大的商品类别，特别是在 2021 年和 2022 年，其进口额分别为 934.21 亿元、1962.45 亿元。机电设备是山东省对东盟国家进口额第二大的商品类别，2022 年对东盟国家的机电设备进口额为 477.47 亿元。塑料制品进口额排在第三位，2020 年进口额达到 239.66 亿元。

从出口结构看，机电设备是山东省对东盟国家出口额最大的商品类别，其出口额在 2022 年达到 717.56 亿元，而且机电设备出口额在 2020～2022 年有较大幅度的增长。贱金属是山东省对东盟国家出口额居第二位的商品类别，其出口额在 2022 年达到 514.59 亿元。第三位的是化工产品，2022 年的出口额为 341.37 亿元。塑料制品 2022 年出口额为 287.75 亿元，2022 年以来出口额增长幅度较大。

(二)山东绿色低碳高质量发展服务"中国—东盟命运共同体"建设情况

1. 风力发电设备领域

根据国际可再生能源机构(IRENA)的数据，截至 2020 年，越南的风力发电容量已近 10 吉瓦，成为东南亚地区最大的风能市场之一。预计到 2030 年，越南的风能容量将继续增长，预计超过 20 吉瓦。近三年的海关数据显示，在东盟国家中，越南对中国的风电进口量占据第一的位置。2020 年、2021 年、2022 年越南从我国进口风电设备额分别为 10.74 亿美元、12.29 亿美元、15.33 亿美元。2020 年至 2023 年 3 月，越南共进口 48.1 亿美元风力发电及配套相关设备，我国风电设备占其进口总量的 77.06%。

马来西亚和新加坡在风力发电设备方面进口额增长迅速，山东对新加坡风力发电设备出口从 2020 年的 2.42 亿美元增长为 2022 年的 12.64 亿美元；山东对马来西亚风力发电设备出口从 2020 年的 5.59 亿美元增长为 18.28 亿美元。

2. 天然气领域

天然气(LNG)是中国从东盟国家进口的重要能源之一。其中主要的进口国为马来西亚和印度尼西亚。对马来西亚天然气进口额逐年上升，从 2020 年的 36.9 亿美元增长至 2022 年的 253.18 亿美元，2023 年 1～6 月已从马来西亚进口 138.93 亿美元；对印度尼西亚的进口额也逐年增加，2022 年为 9.543 亿美元。马来西亚对山东省的石油和天然气出口额在贸易中的比重已从 2020 年的 55.35% 上升到 2022 年的 81.84%，山东省已经成为马来西亚最大的能源进口省份。

3. 光伏发电领域

作为中国光伏产业的重要基地，山东省拥有先进的光伏技术和生产能力，能够提供高质量、高效能的光伏产品。2020 年山东省对马来西亚光伏产品出口额达 5.59 亿美元，2022 年增长至 18.27 亿美元；2020 年对越南光伏产品出口额达 10.74 亿美元，2022 年增长至 15.35 亿美元；对泰国、新加坡、菲律宾、越南、缅甸、文莱等国光伏产品出口额都实现了同比增长。

4. 地热能利用领域

东盟拥有丰富的地热资源，山东作为中国地热能开发的领先地区，具备丰富的经验和技术，可以为东盟国家提供相应的解决方案。2020～2022 年山东向东盟出口近 130 亿美元地热能等清洁能源发电设备，其中对印度尼西亚、新加坡、越南、菲律宾、马来西亚、泰国 6 国出口额共计 126.8 亿美元，占 97%。上述 6 国，在该领域山东省对上述六国的设备出口额都增长了 2 倍以上。

5. 绿色交通领域

中国是目前世界上主要的电动汽车生产与出口国，东盟国家目前的纯电动汽车市场占有率较低。2020～2022 年，纯电动汽车进口国主要为泰国、新加坡、菲律宾、马来西亚，泰国占我国出口总量的 6.81%，马来西亚占 0.76%，新加坡占 0.29%。2023 年 1～5 月，山东纯电动汽车出口额占全国的 0.53%，达 0.757 亿美元。中国纯电动汽车出口额和对东盟国家出口额如表 2 所示。

表2　2020～2022年中国纯电动汽车出口额和对东盟国家出口额

单位:亿美元

	2020年	2021年	2022年
中国总额	15.1	86	198
山东占比	0.80%	0.73%	0.53%
出口东盟占比	0.61%	1.80%	3.03%

山东对东盟纯电动汽车出口额占全国比重非常小,而且2020年以来呈逐年下降趋势。这说明山东省应加强对新能源汽车产业的战略性规划和支持,抓住氢能技术和人工智能技术在新能源汽车开发中的应用机遇,从而在新能源汽车制造业实现较大突破。

(三)山东—东盟农业合作服务"中国—东盟命运共同体"建设情况

1. 东盟农业现代化建设政策措施

新加坡、马来西亚、印度尼西亚大力发展城市农业。新加坡借助先进的现代高科技农业技术,大力发展小而精的现代农业科技园;而马来西亚则启动"食用花园"和"社区花园"项目,建设都市农业型社区;印度尼西亚实行国家食物庄园计划,提高现有农田产量并开发新的农田,以增强农业生产,并提出应允许外来劳动力的自由流动、出台负责任的粮食政策以及实行强有力的措施应对气候变化等。这三个国家现代化发展水平高,其高科技农业、绿色农业、功能性农业领域有合作前景。

泰国享有"东南亚粮仓"的美誉。泰国政府高度重视农业创收、农村发展和农民收入,积极推动农业产业商业模式可持续化,充分利用泰国旅游国家的资源,大力宣传农产品。积极推动农业科技化、机械化发展,出台了农业现代化政策、农业出口支持政策。

文莱农业总体水平落后,土壤贫瘠,农业基础设施不完善。在文莱苏丹的亲自督促下,发展水稻种植成为农业领域工作的重中之重,目前已有中国、韩国、菲律宾、新加坡等国通过各种形式参与文莱的稻米实验和发展项目。

越南的耕地资源相对稀少,人均耕地只有中国的一半。越南政府制定了"自给自足"的农业政策,并与中国签订推广杂交水稻的协议,引进我国的杂交水稻技术。杂交水稻的种植对越南经济的发展起到了重要的推动作用,越南现已成为世界第一稻米出口国。越南正在进行农业供应链数字化改革，试验应用农业智能化技术，以减少人工成本，提高农产品的质量和产量。同时，政府推行农业轻税政策，重视粮食生产、改良土地，重视支持农业科技发展，增加对农业的投资。

农业在菲律宾国民经济发展中占据重要地位。菲律宾目前主要出口四种农产品——香蕉、椰子、杧果和菠萝，紫香芋和榴梿等产品在海外还有相当大的未开发市场。菲律宾主要进口大米、玉米、小麦及畜牧饲料等农产品，化肥和农药也主要依赖进口。近日，国际农业发展基金会(IFAD)和新加坡非政府组织 Grow Asia 在菲启动了“数字化赋能小农经济”(SEEDS)项目，旨在利用数字技术尽快增加菲律宾小农家庭和贫困农村人口的经济收入。山东省在与菲律宾农产品进出口贸易中具有互补性，在化肥和绿色低毒无公害农药产品出口方面或在菲律宾投资建厂有较大潜力，在菲律宾推广山东省数字农业、智慧农业、设施农业技术有利于与其建立长远发展战略。

柬埔寨是传统农业国家，农业是柬埔寨国民经济的支柱，柬埔寨政府已将农业列为优先发展的领域之一。全国可耕种地面积约为 670 万公顷，土地肥沃，而且属于热带季风气候，年平均气温为 29℃～30℃，日照充足，终年适宜农作物生长，农产品资源丰富。中柬加快共建“鱼米走廊”，聚焦渔业、稻米、热带果蔬、农资(化肥、农药、饲料)生产。柬埔寨出口的主要农产品包括大米、香蕉、芒果、木薯、腰果、玉米、棕榈油、胡椒和烟草。柬埔寨的农业技术水平较为落后，对农产品材料和设备免除进口税，山东省的种子、肥料、种植和生产新技术及新设备、农业机械、农产品深加工等产业在柬埔寨市场具有竞争力。

缅甸是一个以农业为主的国家，农业产值约占国民经济的 50%。中国是缅甸的第一大贸易伙伴、第一大出口市场和第一大进口来源地。缅甸的主要农作物包括水稻、小麦、玉米、豆类等常规作物，以及橡胶、甘蔗、棉花、棕榈等工业用作物。近年来，豆类已超过大米成为缅甸出口创汇的最主要农产品。中国出口到缅甸的农药数量和金额均呈逐年上升趋势，且增幅明显。缅甸的农田水利、道路交通等农业基础设施仍然落后。为了促进农业发展，缅甸政府采取了一系列政策措施，实行农业税收优惠、加大对农业科技的投入、提高农产品市场化水平等。云南省与缅甸毗邻，虽然经贸合作有地域优势，但在农产品进出口贸易方面，山东省的农产品产业结构较云南省更具互补性。缅甸政治稳定性不强，山东省与缅甸的经贸合作战略需要进一步研判。

作为农业国的老挝，重视发展农业生产，加大农业投入，兴修水利，鼓励扩大旱稻种植面积，鼓励私营企业加大对化肥和动物饲料的投资和生产。

2. 东盟农业现代化程度

东盟十国农业现代化程度比较来看，缅甸、老挝、菲律宾农业现代化程度较低，文莱、印度尼西亚、越南、柬埔寨为中等，泰国、马来西亚、新加坡发展比较好。印度尼西亚、缅甸、菲律宾、老挝等虽然农业现代化程度不高，但农业作为以上四个国家的重要产业，具有很大的发展潜力；马来西亚、文莱、新加坡经济发展水平、城镇化水平、教育水平高，具有较好的合作条件；泰国和柬埔寨以旅游业为主，可以合作发展特色农业。

3. 推进山东与东盟国家农业贸易合作

2020～2022 年，山东对东盟收割机出口额大幅增长，达到 251 亿美元，对马来西亚、泰国、新加坡、越南、印度尼西亚、菲律宾六国达到 248.5 亿美元。马来西亚增长最为明显，2020 年进口额为 8.431 亿美元，2022 年增长为 28.675 亿美元，约为 2020 年的 3.4 倍。中国是东盟国家农产品的最大进口国，同时是东盟国家农资的主要出口国之一。2020 年至 2023 年 3 月，越南出口谷物及水果类商品 65.9 亿美元，中国占其对外出口的 33.21%。2020 年至 2023 年 3 月，越南进口化肥 14.5 亿美元，中国占其进口总量的 38.03%。东盟国家的农资市场竞争激励，澳大利亚、美国、日本、俄罗斯，都在不同领域有较大的市场份额。

(四)山东与东盟国家教育人文交流服务“中国—东盟命运共同体”建设情况

1.“中文＋”职业教育是国际中文教育的新方向

2023 年 3 月，“推动国际中文教育（面向东盟地区）高质量创新发展经验交流会”在百色召开，教育部中外语言交流合作中心党委书记、主任马箭飞表示：要进一步利用和发挥高校的资源优势，调动起高校参与面向东盟地区的国际中文教育的积极性；满足东盟各国对中文教育日益增长的需求；要明确认识“中文＋”教育是国际中文教育的新方向，通过“中文＋专业”“中文＋职业技能”等一系列项目，培养兼具中文语言能力和某一专业技能的复合型人才。

山东省 34 所职业院校与东盟国家的大学开展了不同形式的合作交流。统计数据显示，潍坊护理职业学院已于 10 所东盟国家的大学建立交流，数量最多，其次是淄博职业学院（9 所）、潍坊职业学院（7 所）。排名前三的职业院校分布在山东省中部地区；相对而言，沿海地区职业院校与东盟国家大学交流合作较少。

2. 山东省高校在东盟建立孔子学院，积极开展国际中文教育

根据中国国际中文教育基金会网站数据，截至 2023 年 7 月，我国已在东盟国家开设 42 所孔子学院和 16 间孔子课堂（见表 3）。孔子学院现已发展成为东盟国

家人民学习汉语言文化、了解中国的重要窗口和桥梁。但山东本科高校在东盟国家合作建立的孔子学院(课堂)仅两所,一所是山东大学与新加坡南洋理工大学共建的南洋理工大学孔子学院,另一所是德州学院与马来西亚拉曼大学共同建立的拉曼大学孔子学院。下一步,山东省本科高校应根据山东省委、省政府与东盟国家整体发展战略,优化孔子学院(课堂)布局,以文化软实力和民间文化交流理解促经贸、“友城”、文旅发展。

表3　中国高校在东盟国家所建孔子学院、孔子课堂数量

单位:所,间

国别	老挝	缅甸	越南	泰国	印尼	新加坡	马来西亚	柬埔寨	文莱	菲律宾
孔子学院	2	0	1	16	8	2	5	3	0	5
孔子课堂	0	3	0	11	0	1	1	0	0	0

3. 山东省职业院校与东盟国家职业教育交流合作情况

山东省职业院校通过建立海外分校,积极探索实施职业教育国际合作交流战略,增进职业教育合作与交流的广度和深度,打造更全方位、更宽领域、更多层次的国际发展新模式。据统计,山东省共9所(14%)职业院校已经在东盟国家参与建设海外分校。2021年,山东理工职业学院与万宝矿产(缅甸)铜业有限公司共同建设了中国—缅甸职业技术学院,在服务国际产能合作、提高当地青年就业水平、加强企业本土人才培养、促进企业海外高质量发展方面做出贡献。

山东省职业院校还积极培育齐鲁工匠、发展特色专业,在东盟国家参与建设“鲁班工坊”。目前,共有3所职业院校在越南、泰国、马来西亚等国参与建设“鲁班工坊”。

(五)山东与东盟环境保护和应对气候变化合作服务“中国—东盟命运共同体”建设情况

1. 东盟国家能源结构措施政策及效果

在全球能源转型的进程中,东盟国家采取了相关的能源发展战略和产业举措,但情况尚未发生显著变化。一方面,化石能源在东盟整体能源结构中始终占据主导地位，对煤炭、石油等高碳资源的依赖有增无减。东盟是当今世界煤炭在能源结构中所占比重保持增长的唯一地区，与全球抗击气候变化的努力方向尚存距离。另一方面，东盟国家清洁能源的开发远未达到预期规模，区域大量优质的清洁能源资源得不到开发，许多大型清洁电力项目、技术方案长期停留在规划层面，不少开发出来的清洁电力也因落后的电网设施无法实现有效配置。2020～2025 年，东盟国家的可再生能源预计将满足 99%的全球电力需求增长，而化石燃料主导了发电增长，阻碍了可再生能源份额的上升。

2. 东盟国家可再生能源产业现状

推动东盟地区清洁能源投资的一个重要因素是支持性监管框架和政府计划的发展。一些国家的电力部门规划越来越多地将可再生能源视为新增电力的首选来源。柬埔寨于 2022 年发布的电力发展计划预计，到 2030 年，大约 2/3 的电力将来自可再生能源。马来西亚的目标是到 2035 年可再生能源占电力的 40%。新加坡计划到 2025 年将太阳能装机容量提高至 1.5 千兆峰瓦，最近还制定了到 2050 年实现净零排放(NZE)的目标。这些努力支持了国际投资者对该地区日益增长的兴趣，并推动了迄今为止支撑可再生能源投资的当地企业的活动。

东盟国家的可再生能源约占电厂装机容量和发电量的 1/4(2017～2021 年年均 258 千瓦时)。迄今为止，其中大部分来自水电，水电占可再生能源装机容量的一半左右，占可再生能源发电量的 2/3 以上。在国家层面，越南在实施上网电价的推动下，其太阳能光伏和风能从 2017 年的接近零激增至 2021 年的 22 吉瓦以上。自 2017 年以来，泰国增加了超过 3 吉瓦的可再生能源装机容量，其次是印度尼西亚(2.2 吉瓦)、菲律宾(1.3 吉瓦)和马来西亚(0.9 吉瓦)。在印度尼西亚，2019 年生产了 72 亿升生物柴油。预计在 2023～2025 年，生物柴油平均年产量将达到 105 亿升。

3. 海洋环境保护与应对气候变化合作

中印尼海洋与气候中心(雅加达)、中泰气候与海洋生态系统联合实验室(普吉)、中—马海洋科技联合中心(马来西亚万捷)、气候培训与研究区域中心(ODC 中心)以及中国—PEMSEA 海岸带可持续管理合作中心五个国际合作平台与东盟国家的十几所科研机构开展了实质性海洋环境保护合作，成功实施了多个大型国际合作科技项目，如东南亚海洋预报与海洋防灾减灾系统、季风爆发监测及其社会与生态影响等。这几个平台的有效运行使得山东省和东南亚等国家和地区的近岸海域水质持续改善，优良水质比例不断提升，符合第一、二类海水水质标准的海域面积占近岸海域面积比例稳定在 80%以上。

位于山东省青岛市的中国自然资源部第一海洋研究所牵头发起和参与实施了一系列关于海洋环境监测的合作项目，有效提升了山东省在国际海洋领域的影响力。这些项目包括由中国—印尼海上合作基金、中国—东盟海上合作基金等资助的项目，如“中印尼海洋与气候中心及联合观测站建设”项目、“东南亚海洋环境预报与灾害预警系统建设”项目、“中国—东盟海洋濒危物种合作研究”项目等。中国—太平洋岛国应对气候变化研究中心可以将其研究成果、培训课程服务东盟国家。德州市与东盟国家贸易基础好，可支持其风电设备、光伏产业向东盟发展。

（六）山东与东盟文旅产业合作服务“中国—东盟命运共同体”建设情况

1. 文化产业合作方面

山东与东盟在文化产业方面也开展了多种合作。山东省文化和旅游厅与新加坡文化、社区和青年部合作，共同推进文化旅游产业的发展。山东省文化和旅游厅与印尼旅游部合作，共同推进文化旅游创意产品的开发和推广。2023 年，德州东盟国际文化产业园成立，园区以“1417 年苏禄王出访明朝”作为项目的故事主题，打造室内文商旅综合体和东盟风情街。其中，室内文商旅综合体集展会会议、水上集市、演艺舞台、特色餐饮、儿童乐园于一体，通过室内造景展现东盟特色生活场景，是功能多元的可实现全季节、全时段经营的复合型文商旅空间。目前该综合体已经邀请国内外展商 100 余家，展出东盟各国特色商品及德州市精选商品上百类。

2. 文化旅游交流方面

山东与东盟各国之间开展了多种形式的文化旅游交流活动，包括文艺演出、民间文化展览、文化旅游周等。这些活动有助于增进各方之间的相互了解，推动文化旅游交流和互鉴。2023 年 3 月，“中国（山东）—印度尼西亚投资贸易与文化旅游交流周”活动在德州市开幕，搭建了与东盟国家交流合作的高能级平台，进一步推动山东省及德州市与印度尼西亚深度合作。2023 年 6 月，“鲁往马来半岛之约——好客山东 & 马来西亚千人游”新闻发布会在青岛市市南区融媒体中心举行，旨在促进在出入境团队旅游、海洋旅游、文旅综合体建设、特色街区建设、影视旅游等方面的深度交流合作。

3. 旅游文化产品开发方面

山东省与东盟国家在旅游文化产品开发方面开展了多种合作。山东省文化和旅游厅与泰国文化部合作开展了多元文化交流项目，推广中泰两国的民俗文化和传统艺术。2015 年，由中国文化部主办、山东省文化厅与曼谷中国文化中心联合承办的“2015 泰国·中国山东文化年”在曼谷中国文化中心举行。2017 年，“齐鲁文化走进东盟”活动分别在泰国曼谷和老挝万象举办，主题是展示和推介儒家文化。2023 年 6 月 25 日，山东省在泰国曼谷建立了齐鲁文化体验中心，促进了双方旅游文化产品的创新发展，表明山东和东盟各国在文化资源的创造性转化和创新性发展方面有广阔前景，为促进地区的经济繁荣和文化交流做出更大的贡献。

（七）山东服务“中国—东盟命运共同体”建设面临的风险

1. 领土领海争端与地缘政治风险

在中国周边的海洋治理议题中，南海问题独特而复杂。它本质上是历史遗留的领土和海洋争端问题，又在很大程度上被裹挟到大国地缘政治竞争之中。美国把中国树成战略竞争的标靶，推行以遏制、围堵中国为目标的“印太战略”，要把该地区推入冷战对抗、阵营化，极力拼凑“去中国化”供应链联盟。与此同时，美国主导的南海军事化加速演变，美菲军事合作不断升级，美国通过获取更多菲律宾军事基地，正在强化其在南海区域的前沿军事部署，并加速推进一系列针对中国的安全合作机制，“美菲＋”南海联合巡航也吸引澳、德、英、法等国申请加入。南海争端目前已形成了包括中国、越南、菲律宾、马来西亚、印度尼西亚、文莱在内的“六国七方”的复杂格局。鉴于领土领海争端加之美国“扇风点火”“火上浇油”，以及选票国家对民粹、宗教的忌惮，山东省在东盟国家的长期投资和贸易要充分考虑国际政治、外交风险。

2. 东盟国家内部政权冲突风险

缅甸是国内政治局势不稳定的国家，军政府通过逮捕民选政府领导人严厉镇压了抗议者，稳定了国内政治局势，但军政府需要面对国内政治团体和民众的反抗。缅甸内战使得公共卫生及教育系统面临严重困难，导致 780 万儿童失学，超过 500 万名儿童需要人道主义援助，40％的人口生活在贫困线之下。军政府为了维持自己的势力，除了发展军事力量外，还垄断着缅甸的经济命脉，以达到经济促军事发展的目的。我国对缅甸进行投资合作的中资企业大部分是国有企业等大型企业，合作对象主要是官方或军方企业。由于缅甸国内的政治风险，应尽量避免在缅甸地方政府或在少数民族控制区投资经商。菲律宾、印度尼西亚等国家执政党轮替，导致对华外交政策、政府政策法规等因素变化，对投资者预期收益造成影响。在部分东盟国家，政治环境相对不稳定，政府政策不断变化，投资过程中存在一定的政治风险。

3. 贸易保护主义风险

部分东盟国家新冠肺炎疫情后经济发展不景气，加上民粹主义、西方国家遏制我国现代化发展的图谋，可能会引起贸易保护主义抬头。其中老挝风险较大，该国疫情过后，经济并没有得到快速恢复，经济增长预期不理想。特别是俄乌冲突引起国际大宗商品价格波动，老挝通货膨胀压力加大，经济受到较大冲击，预计未来老挝经济复苏仍面临较大压力。老挝私人消费呈负增长态势，消费情绪受挫，财政收支失衡明显，财政赤字压力明显增加，汇率贬值风险大。这些因素有可能带来贸易保护主义抬头的风险。

4. 东盟国家利益集团的影响风险

部分东盟国家由于政治、经济、历史、宗教原因形成了国内政治、经济、家族利益集团，直接影响着国家政策走向。如泰国王室家族、西那瓦家族以及军方势力的博弈、变动会影响整个国家的政局和对外政策。菲律宾总统马科斯的家族、前总统杜特尔特的家族、议长马丁·罗慕尔德兹的家族以及政府部门首脑、地方政府首长都有庞大的企业集团，经贸投资不仅涉及政党政治，而且与家族经济利益密切相关。家族政治在马尼拉政坛有着举足轻重的作用，有些时候，菲律宾的对外关系，甚至会被家族利益左右。山东省在东盟开展经贸、投资、文化、教育交流要充分研究东盟国家家族利益集团的作用和影响。

（八）中国与东盟国家对建设“中国—东盟命运共同体”的共同国际理解

1. 对建设“中国—东盟命运共同体”的共同国际理解

为了将“中国—东盟命运共同体”这一愿景付诸实施，中国与东盟国家密切合作，推动建设真正意义上的命运共同体。这个命运共同体的建立，是以“和平、发展、公平、正义、民主、自由”的全人类共同价值为基础，以中国、东盟国家及周边国家的发展为目标，以可持续发展为核心。建设“中国—东盟命运共同体”在国际理解角度中国与东盟国家有以下共识。

实现经济利益共享。中国与东盟国家都认为经济发展是双方共同的利益诉求，单边主义和保护主义是世界经济发展的阻碍，双方都致力于促进贸易自由化和投资便利化，共同反对单边主义和保护主义，通过自贸区的实施，中国与东盟国家可以在贸易、投资等方面实现互利共赢，推动区域经济一体化，降低贸易成本，提高贸易效率，推动基础设施建设，加强产业链合作，以促进双方贸易和投资的持续增长。

深化区域一体化。中国与东盟国家都认为区域一体化是双方关系发展的重要方向，是实现共同发展和繁荣的关键，双方应该加强在贸易、投资、金融、交通、信息等领域的合作，共同推动区域一体化的发展。

维护地区和平稳定。中国与东盟国家都认为维护地区和平稳定以及推动南海地区的和平与合作是双方共同的责任，双方应该加强在地区安全、反恐、打击跨国犯罪、电信网络诈骗、网络赌博等方面的合作，共同维护地区的和平与稳定。在南海问题上，各方应坚持通过对话协商解决分歧，推动“南海行为准则”磋商进程，维护地区和平稳定，促进共同发展。

推进人文交流合作。中国与东盟国家都认为人文交流是双方关系的重要组成部分，双方应该加强文化、教育、旅游等领域的交流与合作，通过举办文化活动、艺术展览、教育交流等活动，增进各国民众之间的了解和友谊。让双方民众更好地了解彼此的历史文化、社会制度和发展现状。双方都尊重彼此的文化、宗教、历史和政治制度，为双方在各个领域的合作奠定基础。

促进科技创新合作。中国与东盟国家在科技创新领域应加强合作，推动科技成果的共享与转化，扩大经济增长的新动能，为全球科技发展注入新动力。中国作为科技创新大国，已在人工智能、互联网、物联网、数字经济等领域取得了显著的发展成就。东盟国家可以借助中国的科技优势，加快自身科技创新能力的提升；可以引入更多的技术、资金和人才，加速自身的经济发展。东盟国家也可以向中国提供有关市场、资源等方面的支持，为中国的科技创新提供更广阔的发展空间。

推动可持续发展。双方都认为，可持续发展是应对全球挑战、实现共同繁荣的重要途径，推动可持续发展是各国共同的责任。中国与东盟国家地缘相近，生态环境问题互为关联，中国与东盟国家共同致力于环境保护和生态文明建设。双方同意携手保护热带雨林、珊瑚礁、红树林等重要生态系统，加强在环境保护、气候变化、能源资源、减贫等领域的合作，推进清洁能源的开发利用，共同应对气候变化等全球性问题。

支持多边主义。双方都支持多边主义，认为多边合作是应对全球性问题的有效途径，中国和东盟的携手共进成为亚洲繁荣稳定的强大力量。中国和东盟国家都积极参与联合国等多边机制，双方共同应对各种挑战，特别是在推动经济全球化进程、维护国际经贸秩序、应对全球性疫情等方面发挥了显著作用。双方将在区域经济一体化、数字经济、绿色发展等领域展开更加紧密的合作，加强国际产能合作，提升产业链、供应链的稳定性和竞争力。面对全球性问题，中国和东盟国家一致认为要秉持合作精神，推动全球治理体系改革，以促进多边主义原则更好地在全球范围内得以体现，共同推动国际秩序的公正和合理。

2. 加强人文教育交流，增进国际理解

当前国际社会中，“国际理解”问题由最初的“文化冲突”经由“文化碰撞”发展为“国际理解”，这也表示当前国际社会中各国对于这一问题有了全新的理解与对策。

通过文化相通增进双边民间关系。德州苏禄王与菲律宾的友好交流史，是中国与东盟友好文化交流史的见证。通过媒体、戏剧、绘画、学术研讨等方式，把中国与东盟文化交流的历史故事讲好，有助于国家和省州之间建立更加紧密的亲情联系。同时，东盟华文报纸具有很大的影响力，通过报纸发表新闻、政论、政策、文学、诗歌、广告、人物传记、生活故事等，有利于更好地增进国际理解，树立良好的大国及大省形象。

加强教育交流增进青年友谊。青年是国家的未来、世界的未来、国际合作的未来主体，文化相融和语言相通是促进中国与东盟国家交流与合作的重要推进剂。山东省高校在东盟设立的“鲁班工坊”、孔子学院等，以及 2023 年建立的山东省—北伊罗戈省人文教育交流基地，为我国和山东省与东盟国家增进民心相通、文化理解发挥了重要的纽带作用。

三、对策建议

从经济体量上看，山东省是全国经济第三大省、北方经济第一强省；从区位上看，山东省具有东联日韩、西接欧亚，通江达海的独特优势；从平台战略上看，习近平总书记要求山东省在推动黄河流域生态保护和高质量发展上走在前，山东省还在着力打造全国绿色低碳高质量发展先行区，各种国家战略和平台叠加，效能不断释放。因此，山东省扛起大省责任与担当，打造中国北方对接东盟合作的区域支点省份，为服务中国—东盟命运共同体建设贡献山东方案和山东力量，非常必要可行。

(一)加强山东服务“中国—东盟命运共同体”建设顶层设计

健全与东盟国家交往机制。山东与东盟国家合作机制是山东省对东盟高质量对外开放的制度保障。健全山东与东盟国家的合作机制，以机制化全面提高山东与东盟合作的层级，着力构建山东与东盟国家区域间各领域经济社会协同发展的务实机制。建议在国家“澜沧江—湄公河合作”机制框架下，提高黄河—湄公河对话层级，完善黄河—湄公河合作机制，设立黄河—湄公河合作秘书处及优先领域联合工作组，将政府、智库、企业紧密连接起来，推动黄河—湄公河经济走廊建设，优先在农业合作、国家减贫、数字经济、绿色发展、公共卫生和教育合作等领域开展交流合作。

开展与东盟国家发展战略对接。务实的机制需要山东与东盟国家进行发展战略对接，建议山东省积极融入并服务国家外交大局，与泰国的东部经济走廊计划、印尼的“全球海洋支点”、文莱的“2035 宏愿”、越南的“两廊一圈”、柬埔寨的“工业发展走廊”和“鱼米走廊”等发展战略进行对接。大湄公河次区域经济合作(GMS)和澜沧江—湄公河合作(LMC)是区域最具活力、最富成果的合作机制之一，山东应充分发挥资源要素禀赋优势，融入国家战略，积极探索建立“GMS 和 LMC 省际贸易”合作机制，推进山东行业市场准入审批向国际通行的认证规则转变，加快推进由商品和要素流动型开放向制度型开放转变。发挥山东特色农业有助于东盟国家社会面减贫的优势，深化与湄公河流域国家次区域经济走廊农业合作，推进规则规制管理标准衔接，拉紧命运共同体联系纽带、共绘民心相通新画卷。

加强与东盟国家合作系统化布局。建议就山东在“服务中国—东盟命运共同体建设”中的目标定位，特色优势，政策措施，重点项目，责任分工进行整体规划。实施差异化发展策略，从 16 地市产业优势和基础出发，按照“一市一策”的原则系统化推进交流合作。结合上述研究，建议山东省重点支持德州市打造中国北方对接东盟支点城市，全域打造对接东盟示范区；支持滨州市以产业为特色和支点，深化产业领域合作；支持东营市发挥黄河入海口优势，深化与湄公河入海口城市间合作；支持济宁市打造与东盟国家文明对话基地等。

(二)在联通亚欧大陆桥和中南半岛的视野下谋划山东对外开放经济带

山东要有带动北部地区开发开放的作为和担当，提升战略层次，强化跨越亚欧大陆、联通中南半岛的关联性，谋划联通黄河经济带、长江经济带和中国—中南半岛经济走廊的山东对外开放经济带建设，打造“南北合作”的支点省份，加强沿经济走廊省份或自治区的产业链、供应链建设，放大“通道＋经贸＋产业”联动效应。

探索谋划山东面向东盟对外开放经济带。当前北方地区亟须协同培育新的经济增长动力，新亚欧大陆桥沿线鲁、苏、皖、豫、陕、甘、青、新等 8 个省、自治区，大体处于我国北方地区，已沿着东西双向互济、陆海内外联动的方向进行区域协调。而山东北承京津冀经济圈，南接长江经济带，具有突出的区位优势，是新亚欧大陆桥经济走廊的重要沿线地区和海上丝绸之路的重要战略支点，处于战略要冲。要在充分发挥新亚欧大陆桥陆海国际贸易通道功能的同时，建设联通南北的对外开放枢纽，打造山东面向东盟对外开放经济走廊，谋划南向“鲁苏浙沪闽粤桂”及西向“鲁豫陕渝黔滇”经济带，实现沿经济带区域经济协同发展，扭转区域经济发展南北差异过大的趋势，加快构建北方地区对外开放新格局，将其作为山东融入国家新发展格局的重大战略任务。

加强公共平台建设。通过共建产业园区、物流基地等平台，全面提升山东南向对外开放经济带的功能。在经济带沿线共商共建产业园区，建立南北区域合作的“飞地园”“公共港”等，形成贯穿南北的现代产业走廊。通过发展经济带区域通道经济，改变山东面向东盟国家贸易物流成本高的现状。中老铁路在中国和东盟间构建起一条便捷的国际物流大通道，中老铁路的开通运营，有利于亚欧大陆桥和中南半岛的深入合作。虽然中老铁路北起昆明、南至万象，但其产生的积极效应早已逾越山海，带动并辐射到中国内陆腹地和中南半岛国家。山东省开展与东盟国家的合作，要注意用好中老铁路。

探讨建立健全山东面向东盟对外开放经济带合作机制。要推动沿线节点城市共商共建共享通道合作机制，与沿线省份或自治区共商口岸、检验检疫、海关、运输等规制与标准，提升软联通水平，构筑陆海内外联通、国内国际双循环的大通道。南经中国—中南半岛经济走廊与新加坡等国相连的国际陆海贸易新通道充分激发包含广西在内的“13＋2”沿线省区市与东盟国家贸易潜力。广西 2023 年外贸进出口额保持快速增长。山东作为北部经济大省，推进北部地区与东盟及其他国家区域联动和国际合作，向南构建“省际朋友圈”，使山东面向东盟对外开放经济带有机衔接“一带一路”的复合型对外开放通道，实现经济带沿线地区南北资源禀赋优势互补，将在我国南北区域协调发展格局中占据重要战略地位。

(三)加强中国(山东)—东盟经贸平台建设

目前，山东省国际合作平台论坛较多，能够提供商品和项目直接交易的大型国际经贸平台较少。建议将中国(山东)—东盟中小企业合作发展大会提升为“中国(山东)—东盟中小企业合作发展大会暨贸易洽谈会”，依托合作发展大会，发挥山东与东盟等国家的传统友谊和合作关系，吸引东盟和世界全球中小企业会聚山东，成为全球进出口商品、投资项目、科技合作的交易合作大平台。同时，建议支持在青岛、济南、德州等地市，相应建立山东—东盟数字经济博览会、山东—东盟智能制造博览会、山东—东盟农业机械与农产品进出口交易会等。打造以山东—东盟为纽带吸引世界厂商的经贸平台，大力发展会展服务能力和会展经济。同时，政府进行角色转型，由现在政府唱经贸主角转型为企业唱经贸主角，政府更多承担政府间合作开拓者、政策制定者，完善“引进来”政策，鼓励企业“走出去”的措施。改变企业自我竞争意识不强，习惯依赖政府给予各项优惠政策，“等、靠、要”思想严重等问题。

（四）立足山东消费市场优化对东盟国家产品进口结构

消费品供给质量是制约山东省消费潜力释放、内需拉动作用提升的关键问题之一。东盟国家拥有丰富的热带作物和矿产资源，包括棕榈油、橡胶、咖啡、石油、天然气等。除了进口东盟国家自然资源、工业品和农产品外，东盟国家的手工业品具有丰富多彩的传统文化内涵，例如，菲律宾有悠久的纺织和织物传统，缅甸以宝石和珠宝而闻名，包括红宝石、蓝宝石、翡翠和珍珠等，泰国生产各种工艺品和装饰品，如香薰炉、风铃、蜡烛、雕刻木雕和竹制品等。2023 年山东省出口商品量中，文化产品继机电产品排名第二，优化出口结构的同时也要优化进口产品结构，发力“升级类消费”，培育新的消费增长点，从供给端促进消费增长。同时，可以建成全国各省东盟消费品的集散地。

（五）扶持绿色低碳产业对外发展

东盟是《巴黎协定》的缔约者和全球低碳减排的积极参与者，各成员国陆续制定了以碳净零排放为目标的减排措施。可根据东盟各国需求针对不同国情推广山东省的优势技术，扩大高附加值出口合作。针对在越南、印尼等仍将煤电作为电力重要来源的煤电大国，推广容量大、参数高的先进煤电机组。针对泰国等电力系统规模相对较小的国家，进行高效清洁的小机组项目合作，将山东省在节能减排方面的有效成果加以技术推广。泰国电力严重依赖进口，光伏发展潜力巨大，山东省企业可通过各种方式在光伏与生物质能等可再生能源领域与泰国合作。对于新加坡、马来西亚等东盟发达国家，山东可以加强太阳能和风能技术、设备等的出口。对于柬埔寨、老挝等面临能源供应安全问题的东盟国家，山东可以加强能源储备和能源保障技术的出口，如提供天然气储备设施、储气罐建设技术等，帮助这些国家增强能源供应的可靠性和稳定性。对于菲律宾、印尼等东盟国家中面临城市化和交通领域碳排放问题的国家，山东可以加强出口低碳交通和城市环境保护技术，加强纯电动汽车和未来氢能汽车的出口。对于越南、缅甸、菲律宾等东盟国家中农业发展较为落后的国家，山东可以加强出口农业技术和设备，促进绿色农业发展，帮助这些国家实现可持续农业发展，减少农业对环境的影响。

（六）建立山东中小企业海外发展服务中心

建立促进中小企业在东盟国家进行海外投资的金融服务机构，解决中小企业国际化经营中出现的融资难问题，如帮助符合条件的中小企业申请中国—东盟投资基金、中小企业国际市场开拓资金、境外带料加工装配业务的中长期人民币贷款和外汇周转贷款贴息以及对外承包工程商业贷款贴息等。充分发挥出口信用保险机构的信用担保作用，对中小企业出口提供必要的信用担保，帮助中小企业规避出口风险。同时，依托山东东盟研究中心，为中小企业提供东盟投资专业培训，聘请中国和东盟国家专家学者、政府官员、成功企业家为中小企业负责人培训东盟国家政治、法律、历史、文化、习俗、投资、经贸相关知识和实务经验。

（七）扩大文化教育对外交流

鼓励省属高校在东盟国家设立孔子学院、汉语教学基地、鲁班工坊等机构，支持省属高校与东盟国家高校开办中外合作专业、联合培养研究生。探讨面向东盟国家设立留学山东政府奖学金，鼓励省属高校面向东盟国家招收学历和非学历教育留学生。鼓励教师、学生到东盟国家世界知名大学留学、进修、访学，鼓励高校举办国际学术会议、广泛开展学术交流。设立山东东盟科技合作项目，引导高校、科研机构、企业与东盟国家高校、科研机构、企业联合开展国际合作科研。组织齐鲁文化和东盟文化展演活动，通过绘画、戏剧、电影节、文体赛事、数字媒体技术展览等方式，加大文化理解和交融，带动文旅产业发展。

此外，要积极搭建山东—东盟高能级人文交流平台，完善利用好中国（山东）—东盟职业教育联盟，中国（山东）—印度尼西亚高校联盟等现有平台，不断拓展搭建人文领域新的平台，聚集要素，拓展合作。发挥好国际青年交流大会、世界友城论坛等平台，可设立东盟国家专场，深化青年和人文领域交流。发挥我国宣传工作优势，全面打造有利于山东省与东盟国家开展交流合作的良好环境和社会氛围，支持各类高校开设东盟语言类及历史文化类课程，满足对于服务东盟贸易往来的人才培养的社会需求，加大宣传，讲好中国故事和山东故事，营造更加法治、宜居、友善的社会环境。

(八)建立山东—东盟信息大平台

目前,山东省对东盟国家信息资源及数据库的建立较为滞后,不能为政府决策和企业经营提供全面的信息咨询服务,导致对东盟政治、经济市场的情况缺乏全面及时的了解,加大了拓展东盟市场的难度。建议在德州学院山东东盟研究中心建立"山东—东盟信息中心",由省财政每年划拨专项经费,由山东东盟研究中心组织10个项目团队,由项目负责人按所负责国别组织教师学生团队及时收集东盟十国政治、经济、科技、教育、文化、工业、农业、商贸、投资等领域的政策、数据、项目信息,推介山东对东盟的政策、投资、商品等信息,为政府和企业提供及时、全面、精准的信息和政策咨询服务。

山东在经贸领域服务“中国—东盟命运共同体”建设情况

刘　聪*

一、东盟经济总体情况

(一)总体情况

2022年东盟10国GDP达3.6万亿美元,人均GDP为5376美元。在国内消费强劲、投资扩大增长的推动下,东盟经济展现强大韧性,2010～2020年,东盟进出口总额从1.5万亿美元增长到2.1万亿美元,年均增长3.3%,2022年同比增长率5.7%。尽管面临持续通胀、金融紧缩和全球贸易疲软等多项挑战,但东盟经济将在强大的基本面支撑下保持强势增长,预计2023年增长4.7%,2024年增长5.0%。[①] 东盟是全球最大的经济体之一,经济总量在全球范围内居于前列。该地区在贸易和投资活动方面表现活跃,是全球重要的贸易伙伴和出口地区。制造业是其关键支柱,吸引了大量境外投资。东盟国家之间建立区域价值链,促进了产品和服务自由流动。

东盟是我国第一大贸易伙伴,2023年上半年我国对东盟进出口额达3.08万亿元,同比增长5.4%,占同期我国进出口总额的15.3%,较去年同期上升了0.5个百分点。

---

* 刘聪,德州学院东盟研究中心兼职研究员,德州学院计算机与信息学院讲师,主要研究方向为大数据分析。

① 本报告数据均为中华人民共和国海关总署统计数据(http://stats.customs.gov.cn/)。

(二)产业结构

和中国相比,东盟10国的农业比重更高,工业比重略低,服务业比重也略低。在东盟各国中,新加坡以服务业为主导,金融、航运、航空、旅游、教育、科技等服务业是其主要支柱产业。制造业所占比重相对较小,主要专注于高科技、精密制造和电子产品。马来西亚的产业结构较为多样化,制造业是其重要支柱,包括电子、汽车、石油化工等。泰国的经济以制造业为主,其中电子产品、汽车、化工、纺织品等是主要出口商品;农业也占据重要地位,包括稻米、橡胶、水果等;旅游业也对经济做出较大贡献。印度尼西亚是东盟最大的经济体,产业结构以农业、矿业、制造业和服务业为主。农业是人民的主要生计来源,主要经济作物包括棕榈油、橡胶、咖啡等。石油、天然气、煤炭等矿产资源也是重要的出口商品。菲律宾的产业结构以服务业为主导,特别是信息技术和商业流程外包。农业也占据重要地位,主要种植稻米、椰子、香蕉等。越南的产业结构在近年来逐渐转型,制造业快速发展成为支柱产业,尤其是电子、纺织、鞋类、家具等制造业。缅甸是东盟国家中最不发达的国家之一,产业结构以农业为主导,主要农作物包括稻米、玉米、橡胶等。柬埔寨的产业结构以农业和纺织业为主:稻米是主要农产品,纺织和服装制造业则是国家主要的出口产业。文莱的产业结构以石油和天然气开采为主导,石油产业对经济贡献巨大,是主要收入来源。老挝的产业结构以农业为主,稻米是主要农产品。

(三)资源

东盟各国在热带作物和资源产业方面有明显的优势,矿产资源比较丰富,特别是铜、镍、锡、铝、钛、石油、天然气等,这些资源在各国经济发展中发挥着重要作用。在东盟10国中,印度尼西亚是东盟最大的国家,拥有丰富的自然资源。其中,石油、天然气、煤炭、锡、铝等矿产资源是其重要的出口商品。该国也是世界上最大的棕榈油生产国,还拥有丰富的木材资源。马来西亚拥有丰富的森林资源,是世界上最大的橡胶和棕榈油生产国之一。此外,该国还拥有石油、天然气和煤炭等矿产资源。菲律宾拥有丰富的矿产资源,包括铜、金、镍、铁、石油和天然气等,也拥有丰富的森林和渔业资源。泰国拥有丰富的石油和天然气资源,还是世界上最大的天然橡胶生产国之一。新加坡作为城市国家,自然资源相对有限。但是作为重要的国际贸易和金融中心,拥有发达的服务业和制造业。越南是世界上最大的咖啡生产国之一,也拥有丰富的石油、天然气和煤炭资源,农产品如稻米、咖啡、水果等也是主要的出口商品。缅甸拥有丰富的天然气、石油、锡、铅、锌等矿产资源，以及大片的森林和农业土地。柬埔寨拥有丰富的森林、水资源和农业土地，橡胶、稻米和咖啡是主要的农产品。老挝拥有丰富的水资源，是东盟国家中水电潜力最大的国家。此外，矿产资源如锌、铜、锡、铝等也较为丰富。文莱拥有丰富的石油和天然气资源，是主要的石油出口国。

二、中国对东盟经贸分析

(一)进出口贸易总额

2020～2022年，中国与东盟10国的贸易总额、出口贸易总额和进口贸易总额都呈现稳步增长的态势。贸易总额在逐年增长，从2020年的473.57百亿元增长到2022年的651.53百亿元。2021年贸易总额增长率为19.80%，2022年贸易总额增长率为14.80%。出口贸易总额也实现了逐年增长，从2020年的265.50百亿元增长到2022年的379.06百亿元。进口贸易总额在近三年内增长幅度相对较小，从2020年的208.07百亿元增长到2022年的272.47百亿元。

(二)商品贸易结构分析

根据海关总署统计数据，2022年，中国对东盟进出口商品类别中，机电、贱金属、矿产品、纺织品、化工产品是前五大双边贸易商品，2022年累计进出口额分别为24657.34亿元、6857.89亿元、6708.18亿元、4129.66亿元、3828.58亿元。其中，机电、矿产品、贱金属、塑料制品、化工产品是前五大从东盟国家进口商品，2022年累计进口额分别为11056.56亿元、5261.65亿元、2454.01亿元、1471.57亿元、1360.77亿元；机电、贱金属、纺织品、化工产品、塑料制品是前五大出口商品，2022年累计出口额分别为13600.78亿元、4403.88亿元、3696.46亿元、2467.81亿元、2150.93亿元(见表1)。

表1　2022年商品类别累计进出口额

单位：亿元

类别	出口额	进口额	进出口额
交通工具	1739.01	209.03	1948.04
仪器设备	631.31	625.20	1256.50

续表

类别	出口额	进口额	进出口额
其他	581.93	286.40	868.33
动植物油	54.07	668.98	723.05
动物产品	190.39	311.04	501.43
化工产品	2467.81	1360.77	3828.58
塑料制品	2150.93	1471.57	3622.50
木及木制品	187.94	315.60	503.54
机电	13600.78	11056.56	24657.34
杂项	2056.71	62.97	2119.68
植物产品	596.48	1135.36	1731.84
武器	0.28	0.00	0.28
珠宝	102.13	404.52	506.65
皮革制品	473.52	88.60	562.12
石料	1022.49	36.70	1059.19
矿产品	1446.53	5261.65	6708.18
纸及其制品	534.92	460.93	995.85
纺织品	3696.46	433.20	4129.66
艺术品	1.98	0.13	2.12
贱金属	4403.88	2454.01	6857.89
鞋帽	727.99	290.74	1018.73
食品	705.72	323.02	1028.74

注：本表商品类别在海关总署所用类别名称基础上加以总结、简化。

资料来源：中华人民共和国海关总署统计数据。

(三)2022年东盟主要国家与中国经贸情况

1.2022年菲律宾和中国双边贸易概况

根据海关总署统计数据，2022年，菲律宾与中国双边货物进出口额为407.6220亿美元，同比增长2.57%。其中，菲律宾对中国出口109.6584亿美元，同比下降 4.90%；菲律宾自中国进口 297.9636 亿美元，同比增长 5.62%。

第十六类机械器具[①]、第十五类贱金属及其制品、第五类矿产品、第六类化学工业及相关工业的产品、第七类塑料橡胶[②]是前五大双边贸易商品，2022 年前 12 月累计进出口额分别为 161.9100 亿、56.3828 亿、42.3765 亿、25.5147 亿、16.2620 亿美元，分别增长 7.49%、下降 9.30%、下降 27.45%、增长 1.80%、增长 0.27%，占双边进出口额的 39.72%、13.83%、10.40%、6.26%、3.99%。

2.2022 年印度尼西亚和中国双边贸易概况

根据海关总署统计数据，2022 年，印度尼西亚与中国双边货物进出口额为 1336.4781 亿美元，同比增长 21.49%。其中，印度尼西亚对中国出口 659.2412 亿美元，同比增长 22.58%；印度尼西亚自中国进口 677.2370 亿美元，同比增长 20.45%。

分商品类看，第十五类贱金属及其制品、第十六类机械器具、第五类矿产品、第六类化学工业及相关工业的产品、第三类动植物油[③]是前五大双边贸易商品，2022 年前 12 月累计进出口额分别为 323.5221 亿、313.1942 亿、228.1036 亿、108.0493 亿、64.7610 亿美元，分别增长 75.84%、增长 4.25%、下降 2.22%、增长 27.99%、下降 12.10%，占双边进出口额的 24.21%、23.43%、17.07%、8.08%、4.85%。

3.2022 年马来西亚和中国双边贸易概况

根据海关总署统计数据，2022 年，马来西亚与中国双边货物进出口额为 1106.6142 亿美元，同比增长 8.97%。其中，马来西亚对中国出口 478.6004 亿美元，同比增长 3.35%；马来西亚自中国进口 628.0138 亿美元，同比增长 13.68%。

分商品类看，第十六类机械器具、第五类矿产品、第六类化学工业及相关工业的产品、第十五类贱金属及其制品、第七类塑料橡胶是前五大双边贸易商品，2022 年前 12 月累计进出口额分别为 542.4087 亿、117.4163 亿、94.7079 亿、93.4585 亿、68.0787 亿美元，分别增长 25.00%、增长 3.53%、下降 46.46%、下降 7.80%、增长 7.46%，占双边进出口额的 49.02%、10.61%、8.56%、8.45%、6.15%。

4.2022 年新加坡和中国双边贸易概况

根据海关总署统计数据，2022 年，新加坡与中国双边货物进出口额为

---

① 全称为机器、机械器具、电气设备及其零件；录音机及放声机、电视图像、声音的录制和重放设备及其零件、附件。本书简称为机械器具。

② 全称为塑料及其制品；橡胶及其制品。本书简称为塑料橡胶。

③ 全称为动、植物油、脂及其分解产品；精制的食用油脂；动、植物蜡。本书简称为动植物油。

1268.7498亿美元，同比增长3.71%。其中，新加坡对中国出口639.6740亿美元，同比下降5.52%；新加坡自中国进口629.0757亿美元，同比增长15.16%。

分商品类看，第十六类机械器具、第六类化学工业及相关工业的产品、第五类矿产品、第七类塑料橡胶、第十八类仪器仪表①是前五大双边贸易商品，2022年前12月累计进出口额分别为735.7959亿、140.1239亿、105.3216亿、70.7013亿、56.6408亿美元，分别增长4.06%、下降12.14%、下降6.35%、增长6.18%、下降35.65%，占双边进出口额的57.99%、11.04%、8.30%、5.57%、4.46%。

5.2022年泰国和中国双边贸易概况

根据海关总署统计数据，2022年前12月，泰国与中国双边货物累计进出口额为1052.5571亿美元，同比增长2.24%。其中，泰国对中国出口340.2592亿美元，同比下降6.96%；泰国自中国进口712.2978亿美元，同比增长7.31%。泰国与中国的贸易逆差为372.0386亿美元，同比增长24.82%。

分商品种类看，第十六类机械器具、第十五类贱金属及其制品、第七类塑料橡胶、第六类化学工业及相关工业的产品、第二类植物产品是前五大双边贸易商品，2022年前12月累计进出口额分别为394.6887亿、129.8085亿、125.9916亿、95.3360亿、93.4608亿美元，分别下降0.36%、增长0.16%、下降7.12%、下降20.29%、增长3.52%，占双边进出口额的37.50%、12.33%、11.97%、9.06%、8.88%。

三、山东省对东盟经贸分析

(一)贸易总额及增速

根据海关总署统计数据，从2020年到2022年，山东省与东盟10国的进出口贸易总额总体上呈现逐年增长的趋势，贸易总额从3019.2亿元增长到6593.73亿元，显示出山东与东盟在经贸合作方面保持了稳定增长的态势。

① 全称为光学、照相、电影、计量、检验、医疗或外科用仪器及设备、精密仪器及设备；钟表；乐器；上述物品的零件、附件。本书简称为仪器仪表。

(二)商品贸易情况

1. 山东对东盟进出口商品贸易情况分析

山东与东盟部分国家的进出口贸易总额呈现稳步增长，如马来西亚和越南，在三年内贸易总额都有显著增加。有些国家的贸易总额出现波动，例如文莱和新加坡，这可能受到全球经济和地区经济形势的影响。缅甸、柬埔寨和老挝在2021年的贸易总额同比增长率较高，但2022年的同比增长率有所下降。山东省与东盟国家之间的贸易合作不断加强。虽然某些国家的贸易总额出现波动，但整体上双方的经贸合作持续发展。同比增长率显示出贸易增长的动态，虽然增速有所减缓，但依然保持了正增长(见表2)。

表2　2020～2022年山东省与东盟各国进出口总额及同比增长情况

单位:亿元,%

国别	2020年		2021年		2022年	
	进出口总额	同比增长	进出口总额	同比增长	进出口总额	同比增长
东盟十国	3019.2	24.9	4311.2	42.8	6590.6	0.53
文莱	11.8	300.4	6.3	−46.5	5.92	−0.06
缅甸	66.8	−3.3	87.7	31.4	137.82	0.57
柬埔寨	37.2	20.7	61.7	65.6	95.42	0.55
印度尼西亚	411.8	10.4	501.2	21.7	727.51	0.45
老挝	24.8	−10.9	45.1	81.8	60.48	0.34
马来西亚	783.5	49.8	1477.5	88.6	2743.42	0.86
菲律宾	265.7	19.1	429.7	61.7	475.53	0.11
新加坡	360.1	101.9	328.6	−8.7	673.25	1.05
泰国	503.1	1.5	681.6	35.5	742.75	0.09
越南	554.3	12.4	691.8	24.8	931.63	0.35

资料来源:中华人民共和国海关总署统计数据。

2022年，广东、江苏、浙江、山东等省份的进出口贸易总额均实现增长，且贸易总额较大。其中，广东省的贸易总额最高，达13546.6亿元。山东省进出口贸易总额增长幅度，达到53.1%，山东省与东盟国家的贸易合作成效显著。湖南省的同比增长率最高，为56.0%，其贸易额相比前一年有了显著增长。同时广西壮族自治区和重庆市在2022年的同比增长率为负值、北京市的同比增长率也较低。2023年1～5月，福建省的同比增长率较高，为13.9%，显示出该省对东盟的贸易持续增长。广西壮族自治区同比增长率为117.4%，增速显著上升(见表3)。

表3　2022年与2023年1～5月有关省(区、市)对东盟进出口总额及同比增长情况

单位:亿元，%

省(区、市)	2022年		2023年1～5月	
	进出口总额	同比增长	进出口总额	同比增长
广东	13546.6	9.1	5056.1	3.3
江苏	8301.6	12.4	3197.3	3.1
浙江	6478.3	19.6	2787.0	13.7
山东	6590.6	53.1	2410.1	9.7
上海	5660.7	5.1	2216.4	5.7
福建	4227.9	12.6	1757.5	13.9
广西	2800	−0.76	1370.6	117.4
北京	2694.8	−8.5	1031.7	6.9
湖南	1496.1	56.0	633.3	35.3
重庆	1266.4	−1.9	551.2	11.2

资料来源:中华人民共和国海关总署统计数据。

2. 山东对东盟商品贸易变化趋势及预测

根据海关总署统计数据，从2020年到2022年，山东省对东盟的进出口商品贸易总额呈现逐年增长的趋势，从3019.2亿元增长到6590.6亿元，增长幅度逐年升高。这显示出山东省与东盟国家之间的商品贸易合作将持续增强。

基于海关数据，统计并分析了近三年山东对东盟国家各类商品进出口额，从数据中可以观察到以下几个商品类别在山东省对东盟国家的进口额中占比较大。

从进口结构看，矿产品是山东省对东盟国家的进口额最大的商品类别，特别是在2021年和2022年，其进口额分别为934.215亿元和1962.449亿元。机电是山东省对东盟国家进口额第二大的商品类别，山东省在2022年对东盟国家的机电进口额为477.467亿元。这类设备在工业生产和制造业中扮演重要角色。塑料制品进口额也非常大，其进口额在2020年达到239.661亿元，2023年1～6月的进口额为135.251亿元(见表4)。

表 4　2020 年至 2023 年山东对东盟国家进口额

单位：亿元

类别	2020 年	2021 年	2022 年	2023 年
交通工具	1.135	0.642	0.531	0.952
仪器设备	36.012	35.331	16.129	7.559
其他	0.150	0.070	0.049	0.024
动植物油	6.539	5.861	8.303	2.443
动物产品	11.836	8.047	15.327	6.472
化工产品	17.670	29.432	33.739	17.172
塑料制品	239.661	259.542	286.888	135.251
木及木制品	46.603	62.381	86.857	37.531
机电	266.338	357.422	477.467	231.755
杂项	1.996	2.952	4.202	1.946
植物产品	50.281	70.453	88.797	39.915
珠宝	0.510	6.641	2.539	0.158
皮革制品	0.532	0.707	0.512	0.322
石料	1.762	1.746	0.793	0.229
矿产品	435.377	934.215	1962.449	1029.609
纸及其制品	26.114	59.323	68.731	31.948
纺织品	18.714	22.187	18.466	8.101
艺术品	0.000	0.000	0.000	0.000
贱金属	31.318	15.951	50.852	18.361
鞋帽	4.919	5.774	8.931	7.656
食品	6.987	6.803	10.186	5.740

注：本表商品类别在海关总署所用商品类别名称基础上加以总结、简化；2023 年数据截至 2023 年 6 月。
资料来源：中华人民共和国海关总署统计数据。

从出口结构看，机电是山东省对东盟国家出口额最大的商品类别，其出口额在 2022 年达到 717.56 亿元，2023 年 1～6 月的出口额为 331.65 亿元，其出口额在 2020～2022 年有较大幅度的增长。贱金属是另一个出口额较大的商品类别，其出口额在 2022 年达到 514.59 亿元。第三类是化工产品，在 2020 年至 2022 年的出口额逐年增长，塑料制品在2020～2022年的出口额较大，尤其在2021年和2022年，其出口额分别为206.93亿元和287.75亿元（见表5）。

表5 2020～2023年山东对东盟国家出口额

单位：亿元

类别	2020年	2021年	2022年	2023年
交通工具	120.68	115.91	165.62	109.48
仪器设备	15.15	24.11	52.31	23.94
其他	0.11	0.11	0.29	1.98
动植物油	1.11	0.90	3.11	0.84
动物产品	9.34	9.86	12.80	5.49
化工产品	163.02	210.46	341.37	151.14
塑料制品	145.56	206.93	287.75	131.08
木及木制品	55.45	64.11	57.37	22.37
机电	419.60	492.51	717.56	331.65
杂项	112.77	133.02	230.54	106.81
植物产品	177.00	140.79	129.80	52.96
武器	0.00	0.01	0.00	0.00
珠宝	2.32	7.00	20.98	8.43
皮革制品	12.84	17.85	73.98	27.14
石料	69.85	79.62	107.44	43.11
矿产品	6.79	10.95	35.76	10.92
纸及其制品	37.97	40.56	61.36	23.36
纺织品	120.31	165.23	268.51	122.97
艺术品	0.24	0.02	0.04	0.00
贱金属	264.62	417.64	514.59	169.77
鞋帽	19.27	25.18	50.79	22.18
食品	60.73	72.24	85.35	43.05

注：本表商品类别在海关总署所用商品类别基础上加以总结、简化；2023年数据截至2023年6月。

资料来源：中华人民共和国海关总署统计数据。

长期来看，山东出口商品结构受中国产业结构、出口竞争力等供给侧因素的影响，短期受市场需求供给侧的影响。从山东对东盟国家出口商品类别来看，未来预计机电类别仍然会是山东省对东盟国家的主要出口类别。随着东盟国家经济的持续增长，其对于机电设备的需求也将稳步增加；化工产品在未来可能会继续保持较高的出口额；塑料制品是山东省对东盟国家的另一个重要出口类别，但由于全球原材料供应不稳定等因素，出口额可能会有所波动。

（三）2022 年山东对东盟国家贸易概况

1. 2022 年山东对菲律宾贸易概况

根据 2022 年全年山东对菲律宾进口商品贸易数据，电机、电气设备及其零件①，矿砂、矿渣及矿灰，核反应堆、锅炉、机械器具及零件，以及铜及其制品等成为山东主要进口类别，占据了总进口额的相当比重。这反映了山东在工业生产和制造领域的需求，同时食用水果及坚果②，橡胶及其制品，蔬菜、水果、坚果或植物其他部分的制品，有机化合品等也呈现一定程度的稳定需求。2022 年山东对菲律宾进口额商品贸易保持了整体稳定，其中铜及其制品的进口额增长尤为显著。然而，核反应堆、锅炉、机械器具及零件出现微降，可能受到全球经济环境的影响（见表 6）。总体而言，山东对菲律宾的进口商品贸易呈现多元化特点，涵盖了工业、制造业、农业等多个领域，这有助于促进两地经济的互补发展。

表 6　2022 年山东对菲律宾主要进口商品前十类

单位：亿美元，%

HS 编码	商品描述	进口额	占比	同比增长率
85	电机、电气设备及其零件；录音机及放声机、电视图像、声音的录制和重放设备及其零件、附件	2.79	33.28	0.16
26	矿砂、矿渣及矿灰	2.30	27.44	0.11
84	核反应堆、锅炉、机械器具及零件	2.05	24.38	－0.10
74	铜及其制品	0.34	4.10	8.64

① 全称为电机、电气设备及其零件；录音机及放声机、电视图像、声音的录制和重放设备及其零件、附件。本书简称为电机、电气设备及其零件。

② 全称为食用水果及坚果；甜瓜或柑桔属水果的果皮。本书简称为食用水果及坚果。

续表

HS 编码	商品描述	进口额	占比	同比增长率
8	食用水果及坚果;甜瓜或柑桔属水果的果皮	0.29	3.50	2.82
40	橡胶及其制品	0.15	1.77	0.39
20	蔬菜、水果、坚果或植物其他部分的制品	0.10	1.22	−0.24
29	有机化学品	0.06	0.74	2.60
27	矿物燃料、矿物油及其蒸馏产品;沥青物质;矿物蜡	0.06	0.73	−0.40
12	含油子仁及果实;杂项子仁及果实;工业用或药用植物;稻草、秸秆及饲料	0.04	0.46	1.01

资料来源:中华人民共和国海关总署统计数据。

根据2022年山东对菲律宾出口商品贸易数据,钢铁和钢铁制品成为山东主要出口类别,占据了出口总额的相当比重。此外,车辆及其零件、附件①,核反应堆、锅炉、机械器具及零件等也是重要的出口商品。尽管某些类别的出口额出现轻微下降,整体来看,山东对菲律宾的出口商品贸易保持了相对稳定的态势。在这些出口商品中,塑料及其制品、家具②,橡胶及其制品等也呈现出一定程度的需求。尤其需要注意的是,食用水果及坚果的出口额在2022年出现了较大幅度的下降(见表7)。总体而言,山东与菲律宾的出口商品贸易呈现多元化特点,涵盖了机械设备、汽车等多个领域。

表7　2022年山东对菲律宾主要出口商品前十类

单位:亿美元,%

HS 编码	商品描述	出口额	占比	同比增长率
72	钢铁	13.35	21.06	0.09
73	钢铁制品	5.78	9.11	−0.07
87	车辆及其零件、附件,但铁道及电车道车辆除外	5.15	8.13	0.06

① 全称为车辆及其零件、附件,但铁道及电车道车辆除外。本书简称为车辆及其零件、附件。

② 全称为家具;寝具、褥垫、弹簧床垫、软座垫及类似的填充制品;未列名灯具及照明装置;发光标志、发光名牌及类似品;活动房屋。本书简称为家具。

续表

HS 编码	商品描述	出口额	占比	同比增长率
84	核反应堆、锅炉、机械器具及零件	4.24	6.69	0.18
85	电机、电气设备及其零件；录音机及放声机、电视图像、声音的录制和重放设备及其零件、附件	3.49	5.50	0.06
44	木及木制品；木炭	3.36	5.30	−0.06
94	家具；寝具、褥垫、弹簧床垫、软座垫及类似的填充制品；未列名灯具及照明装置；发光标志、发光名牌及类似品；活动房屋	2.71	4.28	0.06
39	塑料及其制品	2.68	4.23	0.21
40	橡胶及其制品	2.33	3.67	−0.01
8	食用水果及坚果；甜瓜或柑桔属水果的果皮	1.32	2.08	−0.55

资料来源：中华人民共和国海关总署统计数据。

2. 2022 年山东对印度尼西亚贸易概况

2022 年，山东对印度尼西亚进口商品中，矿砂、矿渣及矿灰，矿物燃料、矿物油及其蒸馏产品①以及钢铁等成为主要进口类别，占据了进口总额的相当比重。这反映了山东在工业生产和能源领域的需求，同时木浆及其他纤维状纤维素浆②、橡胶及其制品等也表现出一定程度的进口需求。在进口商品中，无机化学品③的进口额同比增长明显，显示了某些化学工业的活跃。总体而言，2022 年山东对印度尼西亚的进口商品贸易保持了相对稳定的态势，主要涵盖了能源、工业原材料、化学品等领域（见表 8）。

① 全称为矿物燃料、矿物油及其蒸馏产品；沥青物质；矿物蜡。本书简称为矿物燃料、矿物油及其蒸馏产品。

② 全称为木浆及其他纤维状纤维素浆；纸及纸板的废碎品。本书简称为木浆及其他纤维状纤维素浆。

③ 全称为无机化学品；贵金属、稀土金属、放射性元素及其同位素的有机及无机化合物。本书简称为无机化学品。

表 8　2022 年山东对印度尼西亚主要进口商品前十类

单位:亿美元,%

HS 编码	商品描述	出口额	占比	同比增长率
26	矿砂、矿渣及矿灰	14.27	34.48	0.96
27	矿物燃料、矿物油及其蒸馏产品;沥青物质;矿物蜡	9.55	23.08	0.35
72	钢铁	5.93	14.33	3.51
47	木浆及其他纤维状纤维素浆;纸及纸板的废碎品	4.15	10.02	0.29
40	橡胶及其制品	1.23	2.98	0.04
44	木及木制品;木炭	1.00	2.43	0.04
38	杂项化学产品	0.95	2.28	2.53
15	动、植物油、脂及其分解产品;精制的食用油脂;动、植物蜡	0.88	2.13	0.22
28	无机化学品;贵金属、稀土金属、放射性元素及其同位素的有机及无机化合物	0.53	1.28	374.75
85	电机、电气设备及其零件;录音机及放声机、电视图像、声音的录制和重放设备及其零件、附件	0.42	1.01	0.12

资料来源:中华人民共和国海关总署统计数据。

2022 年,山东对印度尼西亚出口商品贸易中,核反应堆、锅炉、机械器具及其零件,钢铁等成为山东主要出口类别,占据了出口总额的相当比重。此外,有机化合品,电机、电气设备及其零件,塑料及其制品等也是重要的出口商品。进一步分析显示,车辆及其零件、附件的出口额同比增长明显,这反映了某些汽车工业的发展势头。矿物燃料、矿物油及其蒸馏产品的出口额同比增长率最高,可能受到能源市场波动的影响(见表 9)。总体而言,2022 年山东对印度尼西亚的出口商品贸易保持了相对稳定的态势,主要涵盖了机械设备、工业制品、化学品等领域。

表 9　2022 年山东对印度尼西亚主要出口商品前十类

单位：亿美元，%

HS 编码	商品描述	出口额	占比	同比增长率
84	核反应堆、锅炉、机械器具及其零件	10.23	15.24	0.38
72	钢铁	5.99	8.92	0.00
29	有机化合品	4.75	7.09	0.43
85	电机、电气设备及其零件；录音机及放声机、电视图像、声音的录制和重放设备及其零件、附件	4.03	6.01	0.25
39	塑料及其制品	3.39	5.05	0.18
87	车辆及其零件、附件，但铁道及电车道车辆除外	3.01	4.48	1.99
73	钢铁制品	3.00	4.47	−0.10
28	无机化学品；贵金属、稀土金属、放射性元素及其同位素的有机及无机化合物	2.39	3.56	0.89
8	食用水果及坚果；甜瓜或柑桔属水果的果皮	2.14	3.20	−0.35
27	矿物燃料、矿物油及其蒸馏产品；沥青物质；矿物蜡	2.05	3.05	15.23

资料来源：中华人民共和国海关总署统计数据。

3.2022 年山东对马来西亚贸易概况

2022 年，山东对马来西亚进口商品贸易中，矿物燃料、矿物油及其蒸馏产品成为主要的进口类别，占据了进口总额的绝大部分。电机、电气设备及其零件以及橡胶及其制品等也是重要的进口商品，显示出山东在能源和工业原材料领域的需求。进一步分析显示，核反应堆、锅炉、机械器具及零件等的进口额也占据一定比重，虽然光学、照相等精密仪器及设备①的进口额较低，但仍占据一定比重。总体而言，2022 年山东对马来西亚的进口商品贸易涵盖了能源、工业设备、橡胶及其制

① 全称为光学、照相、电影、计量、检验、医疗或外科用仪器及设备、精密仪器及设备；上述物品的零件、附件。本书简称光学、照相等精密仪器及设备。

品等多个领域(见表10)。

表10　2022年山东对马来西亚主要进口商品前十类

单位:亿美元,%

HS编码	商品描述	进口额	占比	同比增长率
27	矿物燃料、矿物油及其蒸馏产品;沥青物质;矿物蜡	253.25	81.84	1.21
85	电机、电气设备及其零件;录音机及放声机、电视图像、声音的录制和重放设备及其零件、附件	40.08	12.95	0.57
40	橡胶及其制品	6.44	2.08	−0.15
84	核反应堆、锅炉、机械器具及零件	2.37	0.77	0.64
39	塑料及其制品	1.44	0.46	0.02
90	光学、照相、电影、计量、检验、医疗或外科用仪器及设备、精密仪器及设备;上述物品的零件、附件	1.27	0.41	−0.60
26	矿砂、矿渣及矿灰	1.00	0.32	−0.22
52	棉花	0.98	0.32	−0.09
44	木及木制品;木炭	0.48	0.15	−0.12
38	杂项化学产品	0.40	0.13	0.01

资料来源:中华人民共和国海关总署统计数据。

根据2022年全年山东对马来西亚出口商品贸易数据,电机、电气设备及其零件,核反应堆、锅炉、机械器具及零件,塑料及其制品成为主要的出口类别,这些商品占据了出口总额的相当大比重。家具等消费类商品也在出口中占有一定比例。进一步分析显示,有机化合品、针织或钩编的服装及衣着附件等的出口额也具有一定规模,表明山东在化工和纺织领域的出口也保持了稳定增长(见表11)。

表 11　2022 年山东对马来西亚主要出口商品前十类

单位:亿美元,%

HS 编码	商品描述	出口额	占比	同比增长率
85	电机、电气设备及其零件;录音机及放声机、电视图像、声音的录制和重放设备及其零件、附件	18.29	18.10	0.66
84	核反应堆、锅炉、机械器具及零件	10.39	10.29	0.95
39	塑料及其制品	6.62	6.56	0.82
94	家具;寝具、褥垫、弹簧床垫、软座垫及类似的填充制品;未列名灯具及照明装置;发光标志、发光铭牌及类似品;活动房屋	5.59	5.54	0.34
73	钢铁制品	4.08	4.04	0.33
95	玩具、游戏品、运动品及其零件、附件	3.69	3.66	0.68
29	有机化合品	3.63	3.59	1.31
61	针织或钩编的服装及衣着附件	3.60	3.57	0.51
40	橡胶及其制品	3.47	3.43	−0.12
42	皮革制品;鞍具及挽具;旅行用品、手提包及类似容器;动物肠线(蚕胶丝除外)制品	2.70	2.68	1.72

资料来源:中华人民共和国海关总署统计数据。

4.2022 年山东对新加坡贸易概况

根据 2022 年山东对新加坡进口商品贸易数据,核反应堆、锅炉、机械器具及零件和电机、电气设备及其零件成为进口的主要商品类别,占据了进口总额的较大比例。塑料及其制品,光学、照相等精密仪器及设备也在进口额中占有相当比例。然而,值得注意的是,核反应堆、锅炉、机械器具及零件的进口额相比 2021 年略有下降,而钢铁制品的进口额则出现了较大的同比增长(见表 12)。这表明山东在工业设备领域的进口略有减少,但在一些基础材料如钢铁制品等方面的进口有所增加。

表 12　2022 年山东对新加坡主要进口商品前十类

单位：亿美元，%

HS 编码	商品描述	进口额	占比	同比增长率
84	核反应堆、锅炉、机械器具及零件	4.72	36.88	−0.23
85	电机、电气设备及其零件；录音机及放声机、电视图像、声音的录制和重放设备及其零件、附件	2.96	23.12	0.42
39	塑料及其制品	1.54	12.00	−0.18
90	光学、照相、电影、计量、检验、医疗或外科用仪器及设备、精密仪器及设备；上述物品的零件、附件	1.26	9.83	−0.13
27	矿物燃料、矿物油及其蒸馏产品；沥青物质；矿物蜡	1.16	9.09	−0.78
40	橡胶及其制品	0.44	3.45	0.28
38	杂项化学产品	0.17	1.31	0.00
29	有机化合品	0.13	1.03	−0.83
73	钢铁制品	0.12	0.95	15.84
34	肥皂、有机表面活性剂、洗涤剂、润滑剂、人造蜡、调制蜡、光洁剂、蜡烛及类似品、塑型用膏、“牙科用蜡”及牙科用熟石膏制剂	0.12	0.91	−0.22

资料来源：中华人民共和国海关总署统计数据。

根据 2022 年山东对新加坡出口商品贸易数据，电机、电气设备及其零件，有机化合品，塑料及其制品、皮革制品①等成为主要的出口商品类别。这些商品的出口额在出口总额中占据了较大比重，表明山东在工业制造、化学工业和皮革制品等领域具有较强的出口竞争力。此外，皮革制品、服装等也是重要的出口商品，同比增长率较高，反映出山东在多个领域的出口保持稳健增长态势。总体而言，2022 年山东对新加坡的出口商品贸易表现出多元化的特点，涵盖了工业制品、化

① 全称为皮革制品；鞍具及挽具；旅行用品、手提包及类似容器；动物肠线（蚕胶丝除外）制品。本书简称为皮革制品。

工产品、轻工业产品等多个领域(见表13)。

表13　2022年山东对新加坡主要出口商品前十类

单位:亿美元,%

HS编码	商品描述	出口额	占比	同比增长率
85	电机、电气设备及其零件;录音机及放声机、电视图像、声音的录制和重放设备及其零件、附件	14.05	15.90	2.32
84	核反应堆、锅炉、机械器具及零件	8.17	9.24	0.24
29	有机化合品	7.32	8.28	3.85
39	塑料及其制品	6.76	7.65	3.37
42	皮革制品;鞍具及挽具;旅行用品、手提包及类似容器;动物肠线(蚕胶丝除外)制品	6.08	6.88	14.43
94	家具;寝具、褥垫、弹簧床垫、软座垫及类似的填充制品;未列名灯具及照明装置;发光标志、发光名牌及类似品;活动房屋	4.73	5.35	1.47
73	钢铁制品	4.60	5.20	1.40
95	玩具、游戏品、运动品及其零件、附件	4.14	4.68	1.79
61	针织或钩编的服装及衣着附件	3.33	3.76	4.56
62	非针织或非钩编的服装及衣着附件	2.79	3.15	4.89

资料来源:中华人民共和国海关总署统计数据。

5.2022年山东对泰国贸易概况

2022年,橡胶及其制品成为山东对泰国最主要的进口商品类别,其出口额约占出口总额的一半,反映出山东在橡胶产业方面的需求较大。核反应堆、锅炉、机械器具及零件,食用蔬菜、根及块茎,食用水果及坚果等也是重要的进口商品类别,呈现一定的多样性。此外,尽管占比相对较小,但木浆及其他纤维状纤维素浆,矿物燃料、矿物油及其蒸馏产品等仍具有一定规模。总体来说,山东对泰国的进口商品贸易保持了相对稳定的态势(见表14)。

表 14　2022 年山东对泰国主要进口商品前十类

单位:亿美元,%

HS 编码	商品描述	进口额	占比	同比增长率
40	橡胶及其制品	21.92	49.22	0.04
84	核反应堆、锅炉、机械器具及零件	5.67	12.73	−0.28
7	食用蔬菜、根及块茎	4.33	9.73	−0.30
8	食用水果及坚果;甜瓜或柑桔属水果的果皮	1.99	4.47	1.61
85	电机、电气设备及其零件;录音机及放声机、电视图像、声音的录制和重放设备及其零件、附件	1.84	4.14	0.03
44	木及木制品;木炭	1.78	3.99	1.11
39	塑料及其制品	1.22	2.74	−0.15
11	制粉工业产品;麦芽;淀粉;菊粉;面筋	1.09	2.45	−0.11
27	矿物燃料、矿物油及其蒸馏产品;沥青物质;矿物蜡	0.62	1.39	−0.61
47	木浆及其他纤维状纤维素浆;纸及纸板的废碎品	0.42	0.95	−0.18

资料来源:中华人民共和国海关总署统计数据。

2022 年,山东对泰国出口商品类别中,电机、电气设备及其零件是最主要的出口商品类别,占比最高,呈现出山东在电子设备领域的出口优势。此外,核反应堆、锅炉、机械器具及零件,钢铁,钢铁制品等也是重要的出口商品类别,表明山东在重工业和机械设备领域的出口保持较大规模。塑料及其制品、有机化合品、家具、橡胶及其制品等也有一定的出口份额,出口市场呈现多元化的特点。尽管一些商品的同比增长率呈现微小的变化,但总体而言,山东对泰国的出口商品贸易保持了一定的稳定性。总结来看,2022 年山东对泰国的出口商品贸易以电子设备、机械器具和重工业产品为主导,同时也展现出塑料、有机化合品等多元产业的活跃(见表 15)。

表 15　2022 年山东对泰国主要出口商品前十类

单位：亿美元，%

HS 编码	商品描述	出口额	占比	同比增长率
85	电机、电气设备及其零件；录音机及放声机、电视图像、声音的录制和重放设备及其零件、附件	8.57	12.75	0.59
84	核反应堆、锅炉、机械器具及零件	8.06	11.99	−0.07
72	钢铁	4.85	7.22	−0.15
73	钢铁制品	4.40	6.55	0.13
39	塑料及其制品	3.60	5.36	0.02
29	有机化合品	3.31	4.93	0.15
94	家具；寝具、褥垫、弹簧床垫、软座垫及类似的填充制品；未列名灯具及照明装置；发光标志、发光名牌及类似品；活动房屋	2.58	3.84	0.10
40	橡胶及其制品	2.05	3.04	0.00
87	车辆及其零件、附件；但铁道及电车道车辆除外	1.91	2.85	0.42
28	无机化学品；贵金属、稀土金属、放射性元素及其同位素的有机及无机化合物	1.85	2.75	0.07

资料来源：中华人民共和国海关总署统计数据。

6. 2022 年山东对缅甸贸易概况

根据 2022 年山东对缅甸进口商品贸易数据，可以看出橡胶及其制品是最主要的进口商品类别，占据最高的进口份额，反映了山东对于橡胶原材料的需求。此外，食用蔬菜、根及块茎，已加工羽毛、羽绒及其制品①、珍珠宝石②等也占据了一定的进口份额，表明山东从缅甸进口了多种类型的商品。棉花的同比增长率异常地高，该商品的进口量在 2022 年出现了显著增加。总体来看，2022 年山东对缅

① 全称为已加工羽毛、羽绒及其制品；人造花；人发制品。本书简称为已加工羽毛、羽绒及其制品。

② 全称为天然或养殖珍珠、宝石或半宝石、贵金属、包贵金属及其制品；仿首饰；硬币。本书简称为珍珠宝石。

甸的商品进口以橡胶原材料和农产品为主导(见表16)。

表16　2022年山东对缅甸主要进口商品前十类

单位:亿美元,%

HS编码	商品描述	进口额	占比	同比增长率
40	橡胶及其制品	1.99	40.52	0.48
7	食用蔬菜、根及块茎	0.98	20.08	4.46
67	已加工羽毛、羽绒及其制品;人造花;人发制品	0.98	20.05	0.60
71	天然或养殖珍珠、宝石或半宝石、贵金属、包贵金属及其制品;仿首饰;硬币	0.42	8.58	−0.56
12	含油子仁及果实;杂项子仁及果实;工业用或药用植物;稻草、秸秆及饲料	0.31	6.23	0.31
44	木及木制品;木炭	0.07	1.46	0.49
52	棉花	0.05	1.02	710.71
79	锌及其制品	0.03	0.61	0
3	鱼、甲壳动物、软体动物及其他水生无脊椎动物	0.01	0.23	2.98
8	食用水果及坚果;甜瓜或柑桔属水果的果皮	0.01	0.19	0

资料来源:中华人民共和国海关总署统计数据。

2022年,山东对缅甸的出口商品贸易呈现出几个显著特点。首先,钢铁制品出口额在商品出口总额中占据最大份额,显示出山东在此领域的出口实力。其次,矿物燃料、矿物油及其蒸馏产品的出口额大幅增长,同比增长率高达126.42%,这反映出能源需求的变化和价格波动的影响。此外,电机、电气设备及其零件也在出口中占有一定份额,同比增长0.58%,显示出山东在高科技制造领域的一定竞争优势。最后,塑料及其制品、化学纤维长丝、陶瓷产品等也展现了较好的出口表现(见表17)。

表 17　2022 年山东对缅甸主要出口商品前十类

单位:亿美元,%

HS 编码	商品描述	出口额	占比	同比增长率
73	钢铁制品	2.78	17.47%	0.89%
27	矿物燃料、矿物油及其蒸馏产品;沥青物质;矿物蜡	1.50	9.44%	126.42%
72	钢铁	1.40	8.84%	−0.14%
84	核反应堆、锅炉、机械器具及零件	0.82	5.14%	0.05%
39	塑料及其制品	0.75	4.73%	0.43%
60	针织物及钩编织物	0.68	4.29%	0.46%
54	化学纤维长丝	0.68	4.26%	0.24%
69	陶瓷产品	0.60	3.81%	2.10%
85	电机、电气设备及其零件;录音机及放声机、电视图像、声音的录制和重放设备及其零件、附件	0.57	3.58%	0.58%
52	棉花	0.39	2.48%	0.25%

资料来源:中华人民共和国海关总署统计数据。

7.2022 年山东对越南贸易概况

2022 年,山东对越南的进口商品贸易中,木及木制品;木炭在进口商品中占据最大份额,达到 28.14%,这可能与建筑、制造业的需求有关。其次,橡胶及其制品也在进口额中占据一定份额,表明山东对橡胶原料及其制品的需求较大。核反应堆、锅炉、机械器具及零件等也展现了较高的进口额和占比,同比增长 1.09%,显示出山东在工业制造和高科技领域的进口需求。电机、电气设备及其零件等也保持较高的进口量,占比 12.81%。此外,食用水果及坚果、制粉工业产品①等也有一定份额,显示出消费品和食品加工领域的需求。总体而言,山东对越南的进口商品贸易,在木材、橡胶、机械制造等领域具有较大需求(见表 18)。

① 全称为制粉工业产品;麦芽;淀粉;菊粉;面筋。本书简称为制粉工业产品。

表 18　2022 年山东对越南主要进口商品前十类

单位:亿美元,%

HS 编码	商品描述	进口额	占比	同比增长率
44	木及木制品;木炭	9.47	28.14%	0.31%
40	橡胶及其制品	5.45	16.19%	0.20%
84	核反应堆、锅炉、机械器具及其零件	4.48	13.31%	1.09%
85	电机、电气设备及其零件;录音机及放声机、电视图像、声音的录制和重放设备及其零件、附件	4.31	12.81%	0.34%
25	盐;硫磺;泥土及石料;石膏料、石灰及水泥	1.49	4.43%	−0.37%
3	鱼、甲壳动物、软体动物及其他水生无脊椎动物	1.26	3.74%	1.54%
8	食用水果及坚果;甜瓜或柑桔属水果的果皮	1.13	3.34%	1.17%
11	制粉工业产品;麦芽;淀粉;菊粉;面筋	0.94	2.81%	3.88%
52	棉花	0.89	2.65%	−0.39%
95	玩具、游戏品、运动品及其零件、附件	0.48	1.41%	1.01%

资料来源:中华人民共和国海关总署统计数据。

2022 年,山东对越南的出口商品贸易表现出多个显著特点。电机、电气设备及其零件以及核反应堆、锅炉、机械器具及零件等机械制造类商品占据了出口总额的相当大比例,分别达到 14.49%和 11.81%,这反映了山东在工业制造领域的出口优势。塑料及其制品和车辆及其零件、附件也在出口中占有一定份额,分别为 6.29%和 6.08%,显示出山东在化工和汽车制造领域的出口优势。钢铁制品和钢铁的出口额分别占 4.45%和 3.94%,虽然同比增长率有所波动,但仍然保持着稳定的出口量。有机化学品和无机化学品等化工类商品出口额也呈现出一定的增长。最后,山东对越南在工业制造和化工等不同领域都有稳定的出口量(见表 19)。

表 19　2022 年山东对越南主要出口商品前十类

单位：亿美元，%

HS 编码	商品描述	进口额	占比	同比增长率
85	电机、电气设备及其零件；录音机及放声机、电视图像、声音的录制和重放设备及其零件、附件	15.34	14.49%	0.25%
84	核反应堆、锅炉、机械器具及零件	12.50	11.81%	0.29%
39	塑料及其制品	6.66	6.29%	0.24%
87	车辆及其零件、附件，但铁道及电车道车辆除外	6.43	6.08%	0.10%
73	钢铁制品	4.71	4.45%	0.34%
72	钢铁	4.17	3.94%	−0.27%
29	有机化学品	4.17	3.94%	0.33%
28	无机化学品；贵金属、稀土金属、放射性元素及其同位素的有机及无机化合物	3.36	3.17%	1.25%
40	橡胶及其制品	2.98	2.82%	0.12%
76	铝及其制品	2.79	2.63%	1.43%

资料来源：中华人民共和国海关总署统计数据。

8.2022 年山东对柬埔寨贸易概况

2022 年山东对柬埔寨的进口商品贸易中，电机、电气设备及其零件，橡胶及其制品以及核反应堆、锅炉、机械器具等机械制造类商品继续占据进口总额的相当大比重，分别达到 45.74%和 19.48%，表明山东在机械制造方面的进口需求依然强劲。橡胶及其制品也在进口中占有一定份额，为 20.85%，显示出山东在橡胶工业方面的进口需求。另外，食用水果及坚果、制粉工业产品等食品类商品也占有一定比重，分别为 4.52%和 4.48%，表明山东的食品进口需求保持稳定。鞋靴、护腿和类似产品及其零件等商品虽然在总额中占比较小，但同比增长率较为显著，显示出了某些细分领域的进口需求增长（见表 20）。

表 20　2022 年山东对柬埔寨主要进口商品前十类

单位:亿美元,%

HS 编码	商品描述	进口额	占比	同比增长率
85	电机、电气设备及其零件;录音机及放声机、电视图像、声音的录制和重放设备及其零件、附件	0.40	45.74	0.04
40	橡胶及其制品	0.18	20.85	0.01
84	核反应堆、锅炉、机械器具及零件	0.17	19.48	0.55
8	食用水果及坚果;甜瓜或柑桔属水果的果皮	0.04	4.52	−0.59
11	制粉工业产品;麦芽;淀粉;菊粉;面筋	0.04	4.48	0.97
55	化学纤维短纤	0.01	1.05	0
64	鞋靴、护腿和类似品及其零件	0.01	0.87	3.57
39	塑料及其制品	0.01	0.76	−0.07
42	皮革制品;鞍具及挽具;旅行用品、手提包及类似容器;动物肠线(蚕胶丝除外)制品	0.00	0.44	0.19
80	锡及其制品	0.00	0.30	0

资料来源:中华人民共和国海关总署统计数据。

2022 年,山东对柬埔寨的出口商品贸易中,核反应堆、锅炉、机械器具及其件是出口的主要类别,占比为 17.37%,同比增长率为 1.07%,显示了山东机械制造业对柬埔寨市场的持续供应。塑料及其制品、铝及其制品、钢铁制品等也在出口中占有一定份额,分别为 7.01%、5.46%和 5.41%。有机化学品出口额呈现显著的同比增长,增长率达到 16.69%。此外,针织物及钩编织物,家具,电机、电气设备及其零件等领域也有适度的出口份额,机械制造和一些新兴领域在出口中发挥了重要作用(见表 21)。

表 21　2022 年山东对柬埔寨主要出口商品前十类

单位:亿美元,%

HS 编码	商品描述	出口额	占比	同比增长率
84	核反应堆、锅炉、机械器具及零件	2.34	17.37	1.07
39	塑料及其制品	0.94	7.01	0.32

续表

HS 编码	商品描述	出口额	占比	同比增长率
76	铝及其制品	0.74	5.46	0.92
73	钢铁制品	0.73	5.41	0.68
52	棉花	0.72	5.37	0.12
29	有机化学品	0.70	5.20	16.69
60	针织物及钩编织物	0.69	5.14	0.00
94	家具;寝具、褥垫、弹簧床垫、软座垫及类似的填充制品;未列名灯具及照明装置;发光标志、发光名牌及类似品;活动房屋	0.52	3.89	1.36
85	电机、电气设备及其零件;录音机及放声机、电视图像、声音的录制和重放设备及其零件、附件	0.50	3.74	0.78
40	橡胶及其制品	0.43	3.20	−0.03

资料来源:中华人民共和国海关总署统计数据。

9.2022 年山东对老挝贸易概况

2022 年,山东对老挝的进口商品贸易中,纸及纸板;纸浆、纸或纸板制品是主要的进口类别,占比高达 72.03%。矿砂、矿渣及矿灰,橡胶及其制品等也占据一定份额,分别为 10.67%和 4.57%,这反映了山东在建筑和制造业方面的需求。进口的无机化学品、制粉工业产品、食用水果等也有一定份额,表明山东在化工和食品领域有着一定的进口需求(见表 22)。

表 22　2022 年山东对老挝主要进口商品前十类

单位:亿美元,%

HS 编码	商品描述	进口额	占比	同比增长率
48	纸及纸板;纸浆、纸或纸板制品	4.85	72.03	0.08
26	矿砂、矿渣及矿灰	0.72	10.67	1.30
40	橡胶及其制品	0.31	4.57	1.43

续表

HS 编码	商品描述	进口额	占比	同比增长率
47	木浆及其他纤维状纤维素浆;纸及纸板的废碎品	0.30	4.42	−0.01
28	无机化学品;贵金属、稀土金属、放射性元素及其同位素的有机及无机化合物	0.25	3.73	4.70
11	制粉工业产品;麦芽;淀粉;菊粉;面筋	0.13	1.90	0
8	食用水果及坚果;甜瓜或柑桔属水果的果皮	0.11	1.68	−0.12
27	矿物燃料、矿物油及其蒸馏产品;沥青物质;矿物蜡	0.04	0.66	0
39	塑料及其制品	0.01	0.16	0.58
67	已加工羽毛、羽绒及其制品;人造花;人发制品	0.01	0.09	2.02

资料来源:中华人民共和国海关总署统计数据。

2022 年,山东对老挝的出口商品中,主要的出口类别包括车辆及其零件、附件,核反应堆、锅炉、机械器具及零件,钢铁等。车辆及其零件、附件占据了出口总额的重要份额,达到 15.04%,核反应堆、锅炉、机械器具及零件占比为 12.68%。钢铁和钢铁制品的出口额分别占 9.44%和 7.35%,显示了山东在重工业领域的优势(见表 23)。

表 23　2022 年山东对老挝主要出口商品前十类

单位:亿美元,%

HS 编码	商品描述	出口额	占比	同比增长率
87	车辆及其零件、附件,但铁道及电车道车辆除外	0.32	15.04	0.36
84	核反应堆、锅炉、机械器具及零件	0.27	12.68	0.27
72	钢铁	0.20	9.44	0.35
40	橡胶及其制品	0.18	8.28	0.14
73	钢铁制品	0.16	7.35	0.33

续表

HS 编码	商品描述	出口额	占比	同比增长率
32	鞣料浸膏及染料浸膏;鞣酸及其衍生物;染料、颜料及其他色料;油漆及清漆;油灰及其他类似胶粘剂;墨水、油墨	0.12	5.74	45.46
38	杂项化学产品	0.11	5.16	0.63
85	电机、电气设备及其零件;录音机及放声机、电视图像、声音的录制和重放设备及其零件、附件	0.11	5.02	−0.22
39	塑料及其制品	0.11	4.98	0.73
86	铁道及电车道机车、车辆及其零件;铁道及电车道轨道固定装置及其零件、附件;各种机械(包括电动机械)交通信号设备	0.09	4.13	−0.43

资料来源:中华人民共和国海关总署统计数据。

10.2022 年山东对文莱贸易概况

2022 年,山东对文莱的进口商品贸易呈现以下特点。第一,主要进口类别包括矿物燃料、矿物油及其蒸馏产品,钢铁制品,电机、电气设备及其零件等。第二,矿物燃料、矿物油及其蒸馏产品进口额占据了进口总额的绝大部分,占比高达99.70%,但同比增长率为负,达−0.56%。第三,其他类别如钢铁制品,电机、电气设备及其零件等的进口额相对较小。总体而言,山东对文莱的进口商品以矿物燃料、矿物油及其蒸馏产品为主导,进口量相对集中在少数几个主要类别,呈现出相对单一的特点(见表 24)。

表 24　2022 年山东对文莱主要进口商品前十类

单位:亿美元,%

HS 编码	商品描述	进口额	占比	同比增长率
27	矿物燃料、矿物油及其蒸馏产品;沥青物质;矿物蜡	0.15	99.70	−0.56
73	钢铁制品	0.0002218	0.14	0

续表

HS 编码	商品描述	进口额	占比	同比增长率
85	电机、电气设备及其零件；录音机及放声机、电视图像、声音的录制和重放设备及其零件、附件	0.0000825	0.05	0
76	铝及其制品	0.0000451	0.03	0
63	其他纺织制成品；成套物品；旧衣着及旧纺织品；碎织物	0.0000393	0.03	0
56	絮胎、毡呢及无纺织物；特种纱线；线、绳、索、缆及其制品	0.0000306	0.02	0
87	车辆及其零件、附件，但铁道及电车道车辆除外	0.000028	0.02	0
84	核反应堆、锅炉、机械器具及零件	0.000013	0.01	−0.85
98	特殊交易品及未分类商品	0.0000034	0.00	−0.45
44	木及木制品；木炭	0.0000003	0.00	0

资料来源：中华人民共和国海关总署统计数据。

2022 年，山东对文莱的出口商品贸易呈现以下特点。第一，主要出口商品类别包括有机化学品，橡胶及其制品，钢铁制品，钢铁，核反应堆、锅炉、机械器具及零件等。有机化学品和橡胶及其制品是出口的主要组成部分，占比分别为 17.24%和 11.74%。有机化学品的出口额同比增长了 28.76%，而橡胶及其制品的同比增长率相对较低，仅为 0.10%。钢铁制品，钢铁和核反应堆、锅炉、机械器具及零件等类别的出口额相对稳定，同比增长率仅小幅波动。家具，食用蔬菜、根及块茎等类别的出口额相对较小且呈现不同程度的下降。总体而言，山东对文莱的出口商品贸易呈现相对稳定的态势，有机化学品和橡胶及其制品是主要的出口商品（见表 25）。

表 25　2022 年山东对文莱主要出口商品前十类

单位：亿美元，%

HS 编码	商品描述	出口额	占比	同比增长率
29	有机化学品	0.12	17.24	28.76
40	橡胶及其制品	0.09	11.74	0.10
73	钢铁制品	0.08	11.17	0.08
72	钢铁	0.06	7.96	−0.03
84	核反应堆、锅炉、机械器具及零件	0.06	7.77	0.00
94	家具；寝具、褥垫、弹簧床垫、软座垫及类似的填充制品；未列名灯具及照明装置；发光标志、发光名牌及类似品；活动房屋	0.05	6.49	−0.36
7	食用蔬菜、根及块茎	0.03	3.87	−0.03
87	车辆及其零件、附件，但铁道及电车道车辆除外	0.02	3.40	0.87
39	塑料及其制品	0.02	3.27	−0.11
38	杂项化学产品	0.02	2.96	2.44

资料来源：中华人民共和国海关总署统计数据。

四、未来山东东盟经贸合作的机遇与挑战

（一）菲律宾

菲律宾拥有丰富的农产品和海产品资源，如水果、棕榈油、海鲜等，出口是其经济的重要组成。服务业在菲律宾经济中占据重要地位，特别是海外劳工和外包服务。菲律宾是全球最大的海外劳工输出国之一，其公民在世界各地的劳动市场上扮演着重要角色。

山东是中国的农业大省，而菲律宾拥有丰富的农产品资源。两地可以在农产品贸易方面合作，满足彼此的市场需求。双方可以在技术和创新领域加强合作，推动数字经济、绿色技术等方面的发展。

(二)印度尼西亚

印度尼西亚经济规模和市场潜力巨大,拥有丰富的自然资源,包括石油、天然气、煤炭、金属矿产等,资源出口在国民经济中占有重要地位。农业在印度尼西亚经济中占有一席之地,种植业和农产品出口是其重要产业。棕榈油、橡胶、咖啡等是主要农产品。印度尼西亚的制造业逐渐崛起,汽车、纺织、电子等领域的制造业正在稳定发展。印度尼西亚的农产品出口在经济中占有重要地位,山东作为农业大省,可以与印度尼西亚在农产品贸易方面合作。山东企业可以考虑在印度尼西亚投资,尤其是在制造业、资源开发和基础设施建设等领域。

(三)马来西亚

马来西亚是出口导向型经济体,以电子产品、石油和天然气、橡胶等为主要出口商品。马来西亚拥有丰富的天然资源,包括石油、天然气、橡胶、棕榈油等,这些资源对经济贡献巨大。马来西亚的资源与山东的工业需求有互补性,双方可以在资源开发、加工和贸易方面展开合作。电子产业在马来西亚的经济中占有重要地位,包括半导体、电子零件制造等领域。山东在电子产业领域具有一定实力,与马来西亚在电子制造、半导体等领域可以开展产业链合作。

(四)新加坡

新加坡在金融领域具有强大竞争力,是亚洲重要的金融中心之一,地处东南亚交通枢纽,是全球重要的国际贸易和物流中心,以自由贸易政策吸引了大量国际企业,在金融科技领域取得了突出成就。作为国际商业中心,新加坡在金融、法律、咨询等商业服务领域有优势。山东和新加坡可以在金融领域开展合作,包括金融科技、投资合作等,提升金融服务水平。新加坡作为物流中心,可以加强与山东在物流和贸易领域的合作,优化供应链。在创新领域,新加坡具有丰富经验,山东可以与新加坡共同推动技术创新,提高产业竞争力。

(五)泰国

泰国是制造业强国,主要出口商品包括汽车、电子产品、食品等,出口是其经济的重要支柱。山东和泰国在制造业领域具有互补性,可以在汽车、电子、纺织等领域展开产业合作。泰国的农产品出口与山东市场需求紧密相关,双方可以在农产品贸易和农业技术合作方面开展合作。泰国的制造业和出口优势可以与山东的制造业实力相结合，实现制造业转移和合作。

（六）缅甸

缅甸位于中国、印度和东南亚的交汇点，具有重要的地缘战略地位，有利于发展跨区域贸易和投资。缅甸拥有丰富的自然资源，包括能源、矿产、农产品等，这些资源对经济发展具有重要作用。缅甸资源丰富，而山东在制造业、加工业等领域有优势，可以在资源开发、加工和贸易方面展开合作。缅甸是新兴市场，山东企业可以考虑在缅甸投资，参与能源、制造业、基础设施等领域的项目。

（七）越南

越南以制造业为主要支柱，出口产品包括电子、纺织品、鞋类等，是全球重要的制造业出口国之一。越南地理位置优越，与中国、东南亚等国家接壤，具备便捷的跨境贸易条件。山东和越南在制造业领域具有互补性，可以在电子、纺织、鞋类等制造业领域展开合作。越南的制造业优势可以与山东的产业实力相结合，实现制造业转移和合作。在中美贸易摩擦影响下，山东可以与越南等国家加强贸易合作，拓展国际市场。

（八）柬埔寨

柬埔寨的劳动力成本相对较低，吸引了制造业等劳动密集型产业。柬埔寨的劳动力成本优势与山东的制造业需求相契合，双方可以在劳动密集型产业领域展开合作。

（九）老挝

老挝位于东南亚地区，与中国、泰国等国家接壤。老挝拥有丰富的水力资源，具备发展水电等能源产业的潜力。而山东能源消耗大，双方可以在能源领域展开合作。老挝在基础设施建设方面有合作需求，山东企业可以参与基础设施项目，推动合作。

（十）文莱

文莱是石油和天然气出口国，山东可以与文莱在能源采购、技术合作等领域展开合作，实现资源互补，确保能源供应的稳定性。文莱发展了稳定的金融体系，成为国际金融中心之一。山东在金融领域有实力，可以与文莱合作推动金融服务、投资等方面的合作。

五、结论与展望

(一)菲律宾

考虑到菲律宾农产品出口的特点,山东可以与菲律宾合作建立一个农产品贸易平台,促进双方农产品的互通和合作;还可以在农产品贸易、港口物流、投资合作、技术创新等领域开展合作,以实现经济的多元化和可持续发展。这有助于应对中美贸易摩擦带来的经济风险,推动双方经济合作蓬勃发展。

(二)印度尼西亚

考虑到印度尼西亚的资源和市场潜力,山东企业可以在印度尼西亚寻找投资机会,拓展海外市场。鉴于印度尼西亚海洋资源丰富,而山东在渔业和海产品加工领域拥有优势,建议深化双方在海产品贸易方面的合作。两地可以在海产品供应链上实现协同,印度尼西亚提供丰富的海产品资源,山东进行加工、包装、销售等环节。定期举办山东—印度尼西亚海产品贸易展览会,推动双方企业之间的交流与合作。

(三)马来西亚

马来西亚的电子产业发达,而山东在高科技产业方面也有优势,建议加强双方在高科技领域的合作。建立山东—马来西亚高科技创新合作平台,促进科技企业、科研机构之间的交流与合作,共同开展项目研发。两地可以在电子、通信、信息技术等领域实现产业链协同发展,提高产业附加值,在双方合作城市建设高科技产业园区,为科技企业提供便利条件,吸引企业投资和合作。

(四)新加坡

基于新加坡在金融、科技创新和高科技产业方面的优势,以及山东在制造业和创新领域的实力,建议建立创新科技合作平台,促进双方在科技创新、产业升级等领域的合作。通过推动山东—新加坡创新科技合作平台,充分利用双方在科技创新领域的优势,实现资源互补,推动产业升级和经济增长。同时,这也有助于加强两地在全球科技创新领域的竞争力,共同推动可持续发展。

（五）泰国

基于泰国在农产品出口方面的优势，以及山东在农业和食品加工领域的实力，建议加强双方在农产品贸易和农业合作方面的合作。双方可以在农产品加工领域展开合作，提高农产品附加值，开发更多深加工产品。

（六）缅甸

考虑到缅甸的地缘优势和基础设施建设需求，以及山东在制造业和投资领域的实力，建议加强双方在基础设施建设与投资方面的合作。缅甸可以为山东企业提供更多投资便利，鼓励山东企业在缅甸投资，参与基础设施建设项目等。

（七）越南

考虑到越南在制造业出口方面的优势，以及山东在制造业和供应链管理领域的实力，建议加强双方在制造业和供应链整合方面的合作。建议建立山东—越南制造业合作平台，并且通过推动山东—越南制造业合作与供应链整合，充分发挥双方在制造业领域的优势，实现资源互补，提高产业附加值，同时也有助于优化供应链，提升效率，推动经济的可持续增长。

（八）柬埔寨

考虑到柬埔寨在外国直接投资和制造业领域的优势，以及山东在制造业和人才培训方面的实力，建议加强双方在制造业和人才培训方面的合作。促进山东—柬埔寨制造业合作与人才培训，不仅可以实现资源互补，提升产业附加值，还有助于促进柬埔寨制造业的发展，提高就业率，推动经济的可持续增长。

（九）老挝

基于老挝的水力资源潜力和基础设施建设需求，以及山东在能源领域和基础设施建设方面的实力，建议加强双方在能源和基础设施建设方面的合作。山东企业可以参与老挝的水电项目建设，实现能源合作共赢。通过深化山东—老挝能源合作与基础设施建设，可以实现双方资源互补，推动老挝的能源开发和基础设施建设，为其经济发展提供支持，同时也为山东企业拓展海外市场提供机会。

(十)文莱

考虑到文莱在能源和金融领域的特点,以及山东在能源和金融领域的实力,建议加强双方在能源和金融方面的合作。山东企业可以与文莱在石油和天然气领域展开合作,实现资源互补和合作共赢。通过加强山东—文莱能源与金融合作,可以实现双方资源互补,推动文莱能源开发和金融服务创新。

山东绿色低碳高质量发展经验服务“中国—东盟命运共同体”建设

纪　杰*

一、山东省在服务“山东—东盟命运共同体”绿色低碳高质量发展中的定位

（一）东盟国家的绿色低碳领域发展阶段与现实需求

东盟地区拥有丰富的矿产和热带经济作物资源，并在种植业、农产品加工业、海洋工业、造船业、电子工业和旅游业等领域形成了产业发展优势。东盟充分发挥其在吸引外资、建立东盟和亚太层面的区域贸易协定等政策优势，不断推动产业链和供应链的跨国跨地区优化，在跨境电商、数字经济等领域逐步培育了发展空间和潜力。东盟也是《巴黎协定》的缔约者和全球低碳减排的积极参与者，各成员国不仅陆续制定了以碳净零排放为目标的减排措施，而且先后向联合国递交了自主贡献报告和新增目标，将应对气候变化置于与经济发展同等重要的地位，并在投资节能、替代能源、环保等绿色产业出台了一系列优惠政策。当地绿色经济的发展需要大量的投资支撑，每年需要2000亿美元的绿色投资而年供给只有约400亿美元，投资缺口巨大。

印度尼西亚的经济总量、人口和碳排放总量都远超东盟其他国家，如能实现转型，减排潜力也最大。印尼能源绿色转型面临的最主要问题是：实现煤电退出

* 纪杰，德州学院东盟研究中心兼职研究员，德州学院生态与资源环境学院讲师，主要研究方向为油气地质、油气能源领域。

存在巨大资金缺口，现有电网不利于可再生能源电力输送。

马来西亚、菲律宾、泰国和越南是东盟经济发展较好、可再生能源发展有一定政策实践基础的国家，但都面临着跨越中等收入陷阱、实现可持续发展转型的挑战，在绿色低碳转型中面临共性问题。它们有发展可再生能源的战略与雄心，但均存在煤电占比较大的现实情况，同时对外国参与能源行业投资有严格限制。

柬埔寨、老挝、缅甸经济相对落后，产业结构相对简单，这几个国家水力、风力、太阳能资源均较为丰富，但上述三国在能源绿色低碳转型方面存在的问题是经济欠发达，且农村人口比重高，多处于分散、偏远的农村地区，城镇化率与用电气化普及率极低，环境法律法规尚不完善。

文莱与新加坡两国人口较少，国土面积小，经济发展水平高，太阳能资源相对丰富，但水能、风能、地热能等可再生能源资源贫乏。

(二)东盟国家与中国其他省(区、市)在绿色低碳领域的合作状况

江苏省与东盟在过去的 30 年合作中硕果累累，在货物贸易、投资贸易、服务贸易和机制建设等领域都取得了令人瞩目的成就。目前东盟已跃升为江苏第三大贸易伙伴，江苏对东盟投资额位列各省区市对东盟投资额的前 1/8，东盟在江苏实际投资额占对华实际投资额的近 1/5。经过多年发展，东盟已成江苏“请进来”“走出去”的重要对象和对外贸易增长最快的重要伙伴。“世界光伏看中国，中国光伏看江苏!”江苏一直是中国光伏产业重镇，这里集中了全国甚至全球顶尖的光伏企业，出产的光伏产品源源不断供应全球。随着东盟国家对绿色能源的重视不断加强，江苏省对东盟光伏市场的影响越来越强。

广西壮族自治区作为中国面向东盟开放合作的前沿和窗口，始终坚持打好“东盟牌”，2023 年 1～7 月广西与东盟国家的进出口额达到 1880.8 亿元，占广西进出口总额的 47.8%，同比增长 71.6%。

近五年来，广西对东盟国家协议投资总额累计 37.4 亿美元，占比 59%。东盟国家在广西投资设立外资企业达到 335 家，涉及制造业、租赁和商务服务业、交通运输仓储和邮政业等多个领域。[①] 目前广西积极与东盟各国深化在绿色技术、绿色装备、绿色服务、绿色基础设施等方面的交流与合作，积极推动中国绿色低碳技术、产品走出去，探索建立中国—东盟清洁能源合作中心，打造国际联合实验室等

---

① 《广西加快打造高水平开放新高地》，新华网，http://www.gx.xinhuanet.com/20230914/70967198a3ad42658c6d52e4603d0195/c.html。

科技创新的合作平台。

广东省2023年外贸进出口逆势而进，实现正增长，创历史同期新高。2023年一季度，广东外贸进出口1.84万亿元，增长0.03%。其中，出口1.22万亿元，增长6.2%；进口6223.3亿元，下降10.2%。东盟是广东的第一大贸易伙伴，对“一带一路”共建国家进出口额增长10.9%。[①] 当前，中国新能源汽车有一个向国际化发展的巨大机会，那就是出口东盟。当下东盟正面临汽车消费转型升级，新能源汽车开始逐步市场化是东盟汽车市场的一个重大变化。但东盟市场缺乏足够的产品供给，广东有着面向东南亚市场的得天独厚、无可替代的区位优势，目前广东省正积极推动构建“广东—东盟”新能源汽车出口走廊，构筑中国新能源汽车国际化基地。

近年来，东盟一直保持云南省第一大贸易伙伴的地位。2022年，云南与东盟贸易额共计1273.7亿元，占全省外贸总额比重为38.1%。2023年1～5月，云南与东盟贸易额共计469.5亿元，占全省外贸总额比重为45.6%。云南对东盟贸易从以一般贸易和边境贸易为主，向加工贸易、保税物流等方式多元化并存发展转变。截至2023年6月，东盟国家在云南累计设立投资企业921户，到位外资14.09亿美元，主要涉及房地产、制造、交通运输、仓储和邮政等投资领域。[②]

（三）东盟国家与其他国家在绿色低碳领域的合作现状

2023年，日本与东盟建立交流已近50周年，双方已升级为“全面战略伙伴”。近期日本在半导体和航空航天等擅长领域，推进与东盟企业的协作，“抗衡中国在东盟的影响力”。积极扶持东盟绿色低碳产业发展，配合美国“印太战略”，意欲限制我国在东盟的影响力。

近年来，韩国持续推进与东盟合作，加快韩国在东盟国家的经济布局。随着韩国—东盟特别峰会和首届韩国—湄公河流域国家峰会在韩国釜山相继召开，韩国与东盟国家的合作呈现以扩大经济合作为主，同时向其他领域延伸的趋势。在韩国外贸投资、对外交往领域，东盟的重要性进一步得到提升。越南是韩国东盟政策中的重要伙伴和最优先伙伴，而且也是韩国与世界各国合作政策的首要伙伴之一。韩越于1992年建交，2009年双边关系升格为战略伙伴关系。2024年，韩

① 《出口增6.2% 一季度广东进出口增速回正》，广东省人民政府网站，https://www.gd.gov.cn/gdywdt/ydylygd/content/post_4156919.html。

② 《云南与东盟双边贸易额稳步增长》，云南省发展和改革委员会网站，https://yndrc.yn.gov.cn/html/2023/yunnanjingjiyunxing_0703/12291.html。

越双边贸易额达867亿美元；[①]越南是韩国第四大贸易伙伴，韩国是越南第三大贸易伙伴。在新冠肺炎疫情背景下，2021年双边贸易额创历史新高(807亿美元)。值得注意的是，自2019年至2021年，韩国在东盟国家的电动汽车销售额占比急剧下降，已经从最初的42%降到了仅有8.2%的份额。在同一时期，中国在东盟电动汽车销售额的比重从25.7%飙升至了46.1%。[②]

2022年5月13日，美国与东盟举行特别峰会，承诺进一步以符合东盟相关协议和框架的方式探索在互益领域中的合作。在应对气候变化方面，将加强双方在清洁能源转型中的合作，支持东盟采用先进和新兴的低碳能源技术，扩大和增强能源服务接入和能源安全，支持加速能源转型并加强东盟的能源复原力，尤其是通过东盟电网的“东盟能源合作行动计划”，增强东盟抵御灾难的能力和对气候变化的适应力等。

欧盟于2021年12月正式发布“全球门户”计划，宣称2027年前要投入高达3000亿欧元用于在发展中国家投资基建项目。外媒分析称，该计划旨在帮助欧盟与中国“一带一路”倡议进行竞争，并为发展中国家提供“一带一路”倡议的战略替代方案。虽然欧盟官员曾表态称，“全球门户”计划的项目选择无关地缘政治，但一些外媒认为，其中一些敏感项目可能会产生地缘政治影响。据“政治新闻网”报道，欧盟计划在中国和俄罗斯的“后院”落地多个项目，例如与印尼建立能源转型伙伴关系，在菲律宾建设数字互联项目，接手哈萨克斯坦的氢能项目，建设中亚的交通线路。

(四)山东与东盟国家在绿色低碳领域合作的优势和趋势

2023年是山东建设绿色低碳高质量发展先行区起步之年。回顾五年历程，山东新旧动能转换探索出一条特色路径，不同城市依据自身比较优势有侧重点地发展新经济、新产业。在增强制造业核心竞争力、强化科技创新、深化重点领域改革等四个方面做文章，为经济绿色低碳高质量发展提供强力支撑。同时，五年的艰难历程也让山东省在绿色低碳发展的道路上积累了宝贵的经验。山东省与东盟国家在绿色低碳之路上可以实现“优势互补、融合共进”。根据东盟各国需求，针

---

① 《2024年越南继续保持韩国第三大贸易伙伴地位》，中华人民共和国商务部网站，https://vn.mofcom.gov.cn/jmxw/art/2025/art_5d26c2d9f28545f39363630a8a6599ab.html。

② 《韩国调查：中国在东盟电动汽车市场占有率居首位，超过韩国》，澎湃新闻网，https://baijiahao.baidu.com/s? id=1767403266068711481&wfr=spider&for=pc。

对不同国情宣传山东省的优势技术，扩大高附加值出口合作。

针对越南、印尼等仍将煤电作为电力重要来源的煤电大国，推广容量大、参数高的先进煤电机组。针对泰国等电力系统规模相对较小的国家，进行高效清洁的小机组项目合作，将山东省在节能减排方面的有效成果加以技术推广。

泰国的光伏发展潜力巨大，然而泰国电力严重依赖进口，亟须通过各种方式提升其光伏与生物质能等可再生能源本地组合，这是山东省企业的一次较大机会。针对马来西亚、印度尼西亚、文莱、泰国等国家油气及非常规油气资源的勘探、开采，推广山东省环保、绿色和低碳标准，实现油气资源合作的绿色低碳化。针对马来西亚太阳能、水电资源丰富，菲律宾地热、风能与光伏发电潜力较大的实际情况，与两国一起推动可再生能源发展的积极政策，加大对上述市场的开拓合作。

针对自然资源匮乏，但是太阳能资源比较丰富的新加坡和文莱，推广发展屋顶式光伏市场。

二、山东与东盟绿色低碳高质量发展现状

（一）山东省绿色低碳领域现状

山东省在绿色低碳发展方面一直积极探索和推动，统筹工业化、城镇化、信息化和农业现代化建设，取得了较大进展。

1. 工业化方面

山东省以调整产业结构、推进绿色制造为核心，推动传统产业转型升级和新兴产业发展。重点发展高端装备制造、新能源汽车、新材料、海洋经济等战略性新兴产业，提高资源利用效率，减少环境污染和碳排放。例如，在钢铁产业中，山东省钢铁行业采用先进的清洁生产技术和设备，降低污染物排放和能源消耗。山钢集团两个钢铁基地（日照、莱芜）全部成为国家级绿色工厂，绿色低碳发展走在了全国钢铁企业前列。

2. 城镇化方面

山东省坚持以人为本、以生态为先的理念，在城镇化建设中注重生态保护和环境友好。推动建设城市绿色建筑并推广低碳交通，鼓励利用可再生能源供暖和供电，加强城市垃圾分类和资源回收利用，建设智慧城市，提高城市生态环境质量。例如，优先发展城市公共交通等低能耗交通方式，除应急救援车辆外，新增城

市公共汽(电)车全部采用新能源汽车,到2023年,全省新能源城市公共汽(电)车占比达到60%。新建公共领域充换电站2000座、充电桩6万个、加氢站50座。

3. 信息化方面

山东省推进信息化与绿色低碳发展的融合。加快数字经济和“互联网+”产业的发展,推动绿色数字技术、大数据应用和人工智能在各个领域的应用,提高资源利用效率和生产效率,降低碳排放。山东省积极推动智慧农业发展,应用物联网、大数据和人工智能技术,提高农业生产效率,减少农药和化肥使用。山东省已经建成了16市全覆盖的全国首套省域5G电力示范网。

4. 农业现代化方面

山东省致力于推进农业绿色化、生态化、可持续发展。建设农业数字平台,构建农业发展的智慧大脑。近年来,山东省建设了一批数字农业骨干支撑平台,安装10万台农机应用数字终端设备,建成智能化玻璃温室2万多亩,创建智慧农业应用基地530余家,形成一大批全国先进水平的智慧农业解决方案和发展模式。认定智慧畜牧业应用基地203个、智能牧场95个,大中型畜牧养殖及加工企业普遍完成全链条数字化改造,130多个国家级与省级海洋牧场实现数字化管控。实施“互联网+农业”工程,全国“农产品数字化百强县”中,山东有17个县市上榜,数量位居全国首位。农业基础日益稳固,由农业大省向农业强省转变。2021年,全省第一产业增加值为6029.0亿元,比2012年增加1982.0亿元,现价总量扩大了1.5倍,按可比价格计算年均增长3.6%。2020年成为全国首个农林牧渔业总产值过万亿元省份,2021年达到11468.0亿元,全省粮食总产量首次突破1100亿斤大关,连续8年稳定在千亿斤以上。肉蛋奶总量达到1564万吨,稳居全国首位。累计建设海洋牧场132.75万亩,创建国家级海洋牧场示范区54处,数量全国第一。水产品加工量达646.5万吨,加工产值1099亿元,居全国首位。

(二)东盟绿色低碳领域现状

1. 工业化方面

东盟国家正在推动工业升级,以提高竞争力和可持续发展能力。各国在不同领域都有了长足进展。新加坡积极推动智能制造和工业4.0的发展,建立了智能制造中心,支持企业采用物联网和机器人技术,提高生产效率和灵活性。马来西亚在电子产业方面取得了显著进展,建立了高科技园区和电子制造基地,发展了半导体、电子零部件制造和测试等领域,在全球电子产业中占有重要地位。泰国建立了完整的汽车生产供应链,已成为全球重要的汽车生产国家之一。越南的电子制造业快速发展，三星、富士康、英特尔等均在越南设立了大型生产基地。印度尼西亚的石油和化工行业发展迅速，汽车制造业不断壮大。菲律宾提高电子制造业的价值链水平，其电子制造企业逐渐向提供高附加值产品和服务转型。

2. 城镇化方面

东盟国家正朝着城镇化的目标迈进，通过城市的规划和发展，提高基础设施建设水平和改善居民生活条件。然而，每个国家的城镇化进程可能受到各种因素的影响，包括政府政策、经济条件和社会文化背景等。东盟国家内部城镇化率差异较大，新加坡城镇化率达到100％，位居世界第一，柬埔寨城镇化率仅为23％；印尼政府已决定将国家首都从雅加达迁至加里曼丹省的努山塔拉市。这项被称为“印尼新首都计划”的规划旨在打造一个更可持续、现代化和宜居的首都。

3. 信息化方面

东盟国家在信息化建设方面也取得了一定的进展。新加坡作为东盟科技和创新中心，在信息化建设方面一直处于领先地位，在数字经济、电子政务和智慧城市方面进行了大规模投资和推动。马来西亚推动了广泛的信息化和数字化转型，推出了“马来西亚数字经济蓝图”计划，致力于打造具有创新技术、数字化商业环境且有利于数字人才培养的数字经济生态系统。泰国实施了“泰国 4.0”战略，旨在推动数字经济、智能制造和智慧城市的发展。菲律宾政府 2019 年发布了《菲律宾数字转型战略 2022》，旨在提高数字技术普及率，推动电子商务和数字金融发展，并改善公共服务的数字化程度。印度尼西亚电子支付、电子政务、数字金融以及互联网和移动通信也已经普及，正在为其社会经济发展和数字化转型做出贡献。

4. 农业现代化方面

东盟国家在农业现代化方面采取了不同的措施，但均着重通过引入先进的农业技术、改善农业基础设施、推动科技研发和农业培训，努力实现农业生产的现代化和提高农产品的质量和增值。菲律宾是东南亚地区开展生态农业建设起步较早、发展较快的国家之一，战略核心是通过政府干预的农场集聚和整合，例如提供农业贷款、免费农资以及市场支持，扩大农业 4.0 的实施范围，促进农业产值增长。其中以玛雅农场最具有代表性。新加坡重点发展现代化集约的农业科技园，建设发展垂直农场。泰国从 2015 年开始优化农业产业结构，推出有机农产品“有机泰国”。

(三)山东省优化产业结构,工业转型升级,优化能源结构现状

1. 产业结构优化提升

近年来,山东省坚持巩固加强第一产业、改造提升第二产业、加快发展第三产业,扎实推动三次产业融合发展,加速构建现代产业体系。2021 年,全省三次产业增加值分别为 6029.0 亿元、33187.2 亿元、43879.7 亿元,三次产业结构由 2012 年的 9.4∶49.5∶41.1 调整为 7.3∶39.9∶52.8。2015 年,全省产业结构实现由“二三一”到“三二一”的历史性转变,2018 年,第三产业比重跃升到 50%以上。

2. 工业转型升级加快

2021 年,全省第二产业增加值为 33187.2 亿元,比 2012 年增加 11911.3 亿元,现价总量扩大了 1.6 倍,按可比价格计算年均增长 6.1%。其中工业增加值为 27243.6 亿元,比 2012 年扩大了 1.5 倍,年均增长 6.2%。2021 年,全省制造业增加值达到 23506.6 亿元,同比增长 9.3%,比工业增加值增速高 0.7 个百分点,占全部工业增加值的比重为 86.3%。2018 年以来,累计治理“散乱污”企业 11 万余家,化工园区由 199 个压减至 84 个。

3. 能源结构不断优化

加快构建清洁低碳现代能源体系。“十四五”以来,累计完成煤电机组“三改联动”86 台次、4230.5 万千瓦,争取新增煤电建设规模 900 万千瓦,“先立后改”淘汰落后产能建设规模达 502.5 万千瓦,分别居全国第二和第一。海上风电实现并网发电“零突破”,累计并网规模达 310 万千瓦,光伏发电装机容量持续保持全国第一。截至 2023 年 5 月底,全省新能源和可再生能源发电装机达到 8143 万千瓦,占比达到 41.2%,比 2022 年底提高 1.8 个百分点;接纳省外电量 517.8 亿千瓦时,同比增长 13.1%。

(四)东盟优化产业结构,工业转型升级,能源结构优化现状

1. 产业结构现状

东南亚国家产业结构的发展演变过程各有不同,到 2018 年为止,大多数国家都实现了“三二一”的产业结构模式,少数以石油、天然气等自然资源开发为经济支柱的国家仍呈现“二三一”产业结构模式。新加坡产业结构已经比较成熟,1970 年以来其第一、二、三产业增加值基本保持为 0∶3∶7。2010 年前后,泰国稳定了“三二一”的产业结构模式;1984 年前后,菲律宾产业结构调整为“三二一”;1994 年,越南产业结构由“三一二”转变为“三二一”。2006 年后,老挝产业结构由“三一

二”转变为“三二一”。文莱长期依靠石油和天然气的开采，始终保持着“二三一”的产业结构。2015 年，柬埔寨第二产业增加值的占比超过第一产业，产业结构由“三一二”转变为“三二一”。2012 年，缅甸形成了“三二一”的产业结构模式。

2. 工业转型升级现状

东盟努力把握第四次工业革命带来的机遇，实施“工业 4.0”战略，促进传统制造工业的转型，推动新兴制造业的发展，提升工业制成品的国际竞争力，以此扭转或延缓“去工业化”的进程。从东盟国家“工业 4.0”战略看，各国将“工业 4.0”蓝图纳入国家整体发展战略，旨在推进经济转型和产业升级。印尼提出通过“工业 4.0”保持经济年均增速 6%～7%，制造业对 GDP 的贡献率达到 21%～26%；马来西亚的“工业 4.0”战略订立的四大目标是提升制造业的劳动生产率、扩大制造业产出、增强创新能力、提高制造业高技能就业比重；泰国“工业 4.0”战略的目标是通过创新驱动和应用数字技术提高产品附加值，将传统的农业种植转变为智能化作业，将传统的中小企业转变为智能型企业，将传统的服务业转化为高附加值产业，促进经济转型升级，提升国际竞争力，从而摆脱“中等收入陷阱”；越南“工业 4.0”战略希望到 2025 年全球创新指数位居东盟前三，数字经济产值占 GDP 的 20%，建成三个国内智慧城市，到 2030 年全球创新指数跻身世界前 40 位，数字经济产值占 GDP 的 30%，到 2045 年使越南成为亚洲智慧生产和服务中心、创业创新中心之一。在各国的“工业 4.0”战略中，制造业的智能化和数字化成为核心内容。

3. 能源结构优化现状

东盟的能源结构现状为高碳结构突出、用电水平落后、需求增长旺盛。化石能源资源具有一定规模但分布不均，清洁能源开发潜力巨大。

截至 2017 年，东南亚区域煤炭探明储量为 340 亿吨，但印尼一国的储量占总量的 80%，越南的储量占 12%；石油探明储量为 133.8 亿桶，占全球储量的 15.2%，主要分布在越南、印尼、马来西亚、文莱四国；天然气同样集中在上述四国。东盟多数国家拥有丰富多样的清洁能源资源，区域内水电开发潜力预计达到 2.41 亿千瓦，开发潜力重点为中南半岛和加里曼丹岛的主要河流，两个地区的水电开发比例目前分别仅为 21%、8%。有关机构统计，风能的理论蕴藏量约为 20 万亿千万时/年，沿海地带风能资源优势明显，越南、缅甸、泰国、菲律宾等国的沿海地区平均风速可达到 8～11 米/秒。区域太阳能资源得天独厚，光伏理论蕴藏量为 7614 万亿千瓦时/年，越南东南部、印尼南部部分地区的太阳能年总水平面辐射量大于 2000 千瓦时/平方米。区域地热资源的已探明发电潜力为 2890 万千瓦，主要分布在印尼和菲律宾，印尼拥有全球最大的地热能源储量，占世界总量的40％。目前东盟能源和电力供给以高碳化石能源为主。2017年，化石能源在一次能源供应总量中的占比为78％，清洁能源的占比仅为12％。同年，区域电源总装机容量为2.35亿千瓦，化石能源占73％，清洁能源占27％，其中水电装机容量为4670万千瓦，占全部清洁能源装机容量的73％，非水清洁能源的开发处于起步阶段。从区域发电量看，化石能源的发电量占76％，清洁能源的发电量占23％。

(五)山东—东盟绿色低碳领域经贸现状

近年来，山东省与东盟开启多渠道合作，东盟已跃升山东第一大贸易伙伴和第一大出口市场。

2020年，山东对东盟进出口总额为3019.2亿元，同比增长24.9％；2021年，山东对东盟进出口总额为4311.2亿元，同比增长42.8％；2022年，山东与东盟进出口总额为6593.73亿元，同比增长52.9％(见图1)。

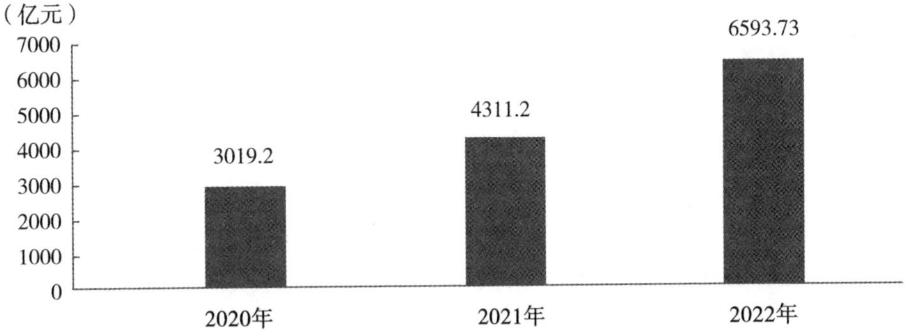

图1　2020～2022年山东对东盟进出口总额

2020～2022年，山东对马来西亚的进出口贸易总额达5004.42亿元，其次为越南(2177.73亿元)、泰国(1927.45亿元)、印度尼西亚(1640.51亿元)、新加坡(1361.95亿元)、菲律宾(1170.93亿元)、缅甸(292.32亿元)、柬埔寨(194.32亿元)、老挝(130.38亿元)、文莱(24.02亿元)。马来西亚成为山东在东盟的第一大贸易伙伴(见图2)。2020～2022年，东盟10国与山东省的贸易额几乎是逐年上升；只有与新加坡2021年的贸易额同比出现轻微下降，但是2022年的贸易额增加明显，远超2020年和2021年。

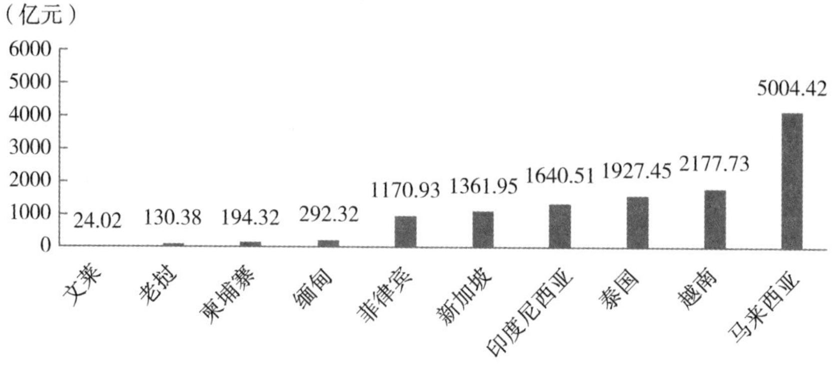

图 2　2020～2022 年山东对东盟各国进出口总额

1. 集成电路制造领域

机电产品是山东出口的主要支柱，在对东盟国家的出口中占据重要地位。山东省始终致力于提高集成电路产品的质量和竞争力，满足东盟国家多样化的市场需求。同时，山东省也积极从东盟国家进口集成电路，以满足本地市场需求和促进本地集成电路产业的发展。

山东对泰国、马来西亚、越南的集成电路出口额增长较快，泰国从 2020 年的 7.526 亿美元增至 2022 年的 17.950 亿美元，同期马来西亚从 8.889 亿美元增至 26.891 亿美元，越南从 17.3015 亿美元增至 28.911 亿美元（见图 3）。对马来西亚的集成电路出口，在最近的 29 个月中，有 27 个月的出口额超过 1 亿美元；单月最高出口额达 4.678 亿美元。对东盟其他国家的集成电路出口额也均实现增长。

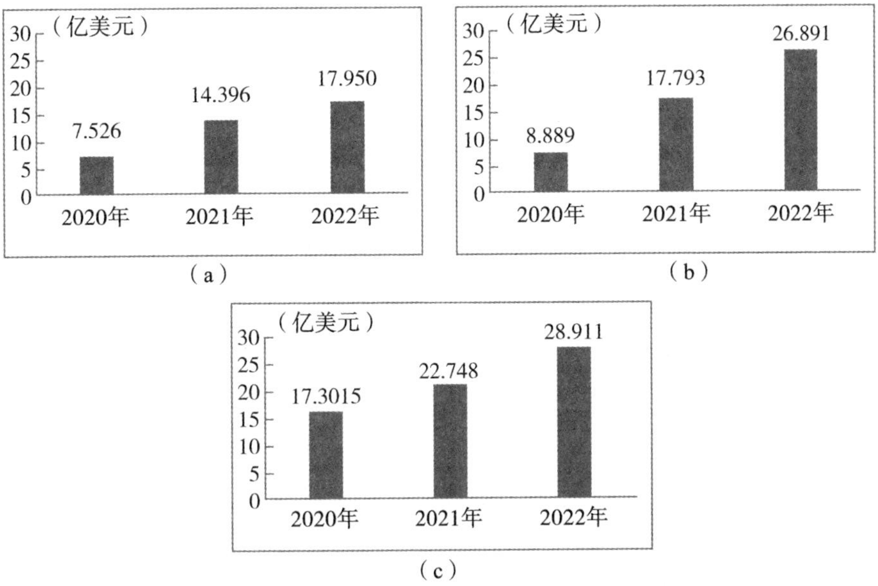

图 3　2020～2022 年山东对泰国(a)、马来西亚(b)、越南(c)集成电路出口额

同时，山东省也积极从东盟国家进口集成电路，以满足本地市场需求和促进本地集成电路产业的发展。2020 年，山东对马来西亚的集成电路进口额为 18.146 亿美元，2021 年为 30.196 亿美元，2022 年为 43.72 亿美元。2020 年，山东对泰国的集成电路进口额为 9.697 亿美元，2021 年为 10.866 亿美元，2022 年为 7.811 亿美元。2020 年，山东对越南的集成电路进口额为 3.831 亿美元，2021 年为 5.573 亿美元；2022 年为 8.938 亿美元(见图 4)。马来西亚、泰国、新加坡、越南、菲律宾等五个国家占了山东对东盟集成电路进口额的近 95%，其余五国出口量较小。

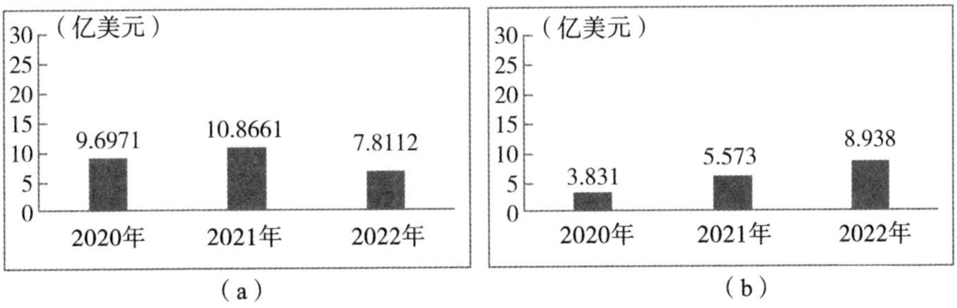

图 4　2020～2022 年山东对泰国(a)和越南(b)的集成电路进口额

山东对马来西亚的机电设备进口额，从2020年的17.5亿美元增长到2022年的40亿美元，但其对我国出口额的占比逐渐下降，从2020年的26.23%下降到2022年的12.95%。对山东省的石油和天然气出口额在出口总额中的比重，从2020年的55.35%上升到81.84%。山东省已经成为马来西亚最大的能源进口方。

2. 绿色交通领域

中国是目前世界上主要的电动汽车生产与出口国，东盟国家目前的纯电动汽车占有率较低。2020～2022年，中国对东盟出口纯电动汽车的主要国家为泰国、新加坡、菲律宾、马来西亚四国。2023年1～5月，山东出口的纯电动汽车，占全国出口额的0.53%，为0.757亿美元；东盟国家中泰国占我国出口总量的6.81%，马来西亚占0.76%，新加坡占0.29%。2020～2022年，纯电动汽车出口额快速增长，对东盟的出口额也有所增加（见表1）。

表1　2020～2022年中国纯电动汽车出口额及部分占比

单位：亿美元，%

	2020年	2021年	2022年
中国	15.1	86	198.5
山东出口额占比	0.80	0.73	0.53
出口东盟占比	0.61	1.80	3.03

中国纯电动汽车对东盟出口的主要国家为泰国、新加坡、菲律宾、马来西亚四国。

3. 清洁能源领域

（1）风力发电设备领域

根据国际可再生能源机构（IRENA）的数据，截至2020年，越南的风力发电容量已近10吉瓦，成为东南亚地区最大的风能市场之一。预计到2030年，越南的风能容量将继续增长，预计超过20吉瓦。近三年的数据也与这一状况吻合，东盟国家中，越南从山东进口的风力发电设备金额占据第一的位置（见图5）。

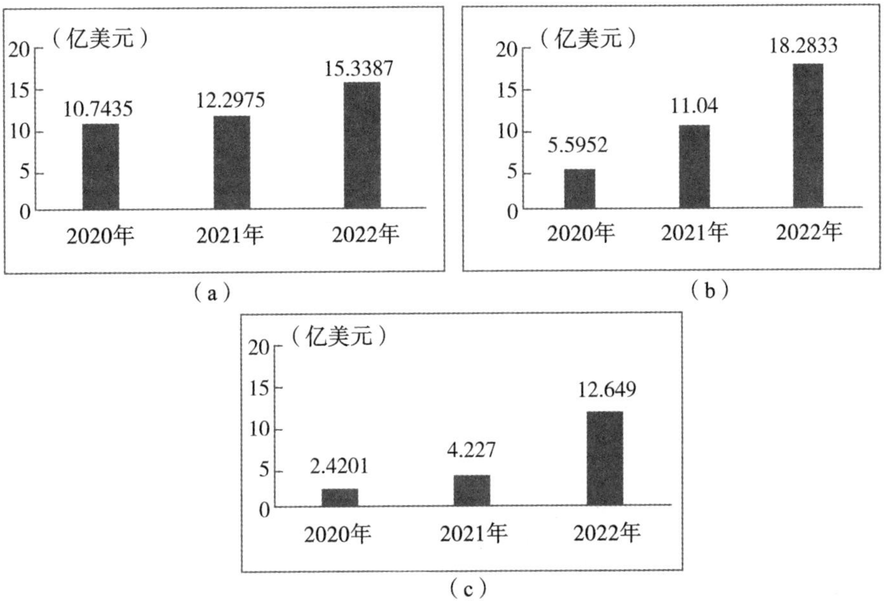

图 5　山东对越南(a)、马来西亚(b)和新加坡(c)风力发电设备的出口额

越南对我国风电设备进口额从 2020 年的 10.7435 亿美元、2021 年的 12.2975 亿美元，上升至 2022 年 15.3387 亿美元。2020 年至 2023 年 3 月共进口 48.1 亿美元风力发电设备，我国风电设备占其进口总量的 77.06%。马来西亚和新加坡风力发电设备进口额增长迅速：新加坡从 2020 年的 2.42 亿美元增长为 2022 年的 12.64 亿美元；马来西亚从 2020 年的 5.59 亿美元增长为 18.28 亿美元。

(2)天然气(LNG)领域

中国与东盟国家之间的能源合作一直紧密而深入。天然气(LNG)是中国从东盟国家进口的重要能源之一。其中主要的进口国为马来西亚和印度尼西亚。对马来西亚的进口额逐年上升，从 2020 年 36.9 亿美元增长至 2022 年 253.18 亿美元(占山东—马来西亚贸易总额 66.2%)，2023 年 1～6 月已从马来西亚进口 138.93 亿美元；从印度尼西亚进口也逐年增加，但是数额较小，2022 年也仅为 9.543 亿美元(见图 6)。

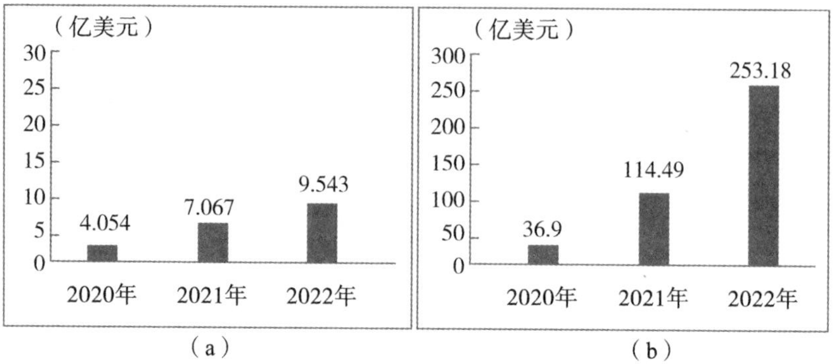

图 6　2020～2022 年印尼(a)、马来西亚(b)对山东天然气(LNG)出口额

(3)光伏发电领域

国家能源局数据显示,2023 年第一季度我国光伏新增并网容量 3365.6 万千瓦,集中式光伏并网 1552.5 万千瓦,分布式光伏并网 1813 万千瓦。截至 2023 年 3 月底,光伏累计并网容量达 42522.2 万千瓦,光伏行业复苏强劲。在累计光伏装机量中,山东省卫冕全国第一。截至 2023 年 3 月底,山东省再次成为累计并网容量最大的省区市,达 4550.9 万千瓦。作为中国光伏产业的重要基地,山东省拥有先进的光伏技术和生产能力,能够提供高质量、高效能的光伏产品。2020 年对马来西亚出口光伏产品 5.5952 亿美元,2022 年增长至 18.278 亿美元;2020 年对越南出口光伏产品 10.746 亿美元,2022 年增长至 15.355 亿美元(见图 7);对泰国、新加坡、菲律宾、缅甸、文莱等国的光伏产品出口额都实现了同比增长。

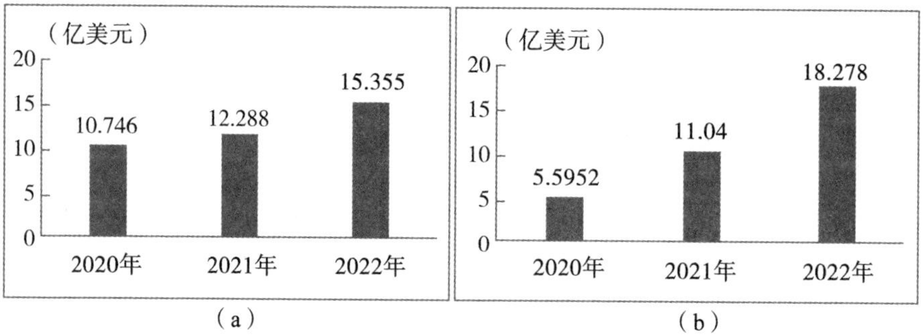

图 7　2020～2022 年山东对越南(a)和马来西亚(b)的光伏产品出口额

(4)地热能利用领域

东盟拥有丰富的地热资源,山东作为中国地热能开发的领先地区,具备丰富

的经验和技术，可以为东盟国家提供相应的解决方案。2020～2022 年，山东向东盟出口近 130 亿美元地热能等清洁能源发电设备。2022 年，出口印度尼西亚、新加坡、越南、菲律宾、马来西亚、泰国六国超 50 亿美元（见图 8）。

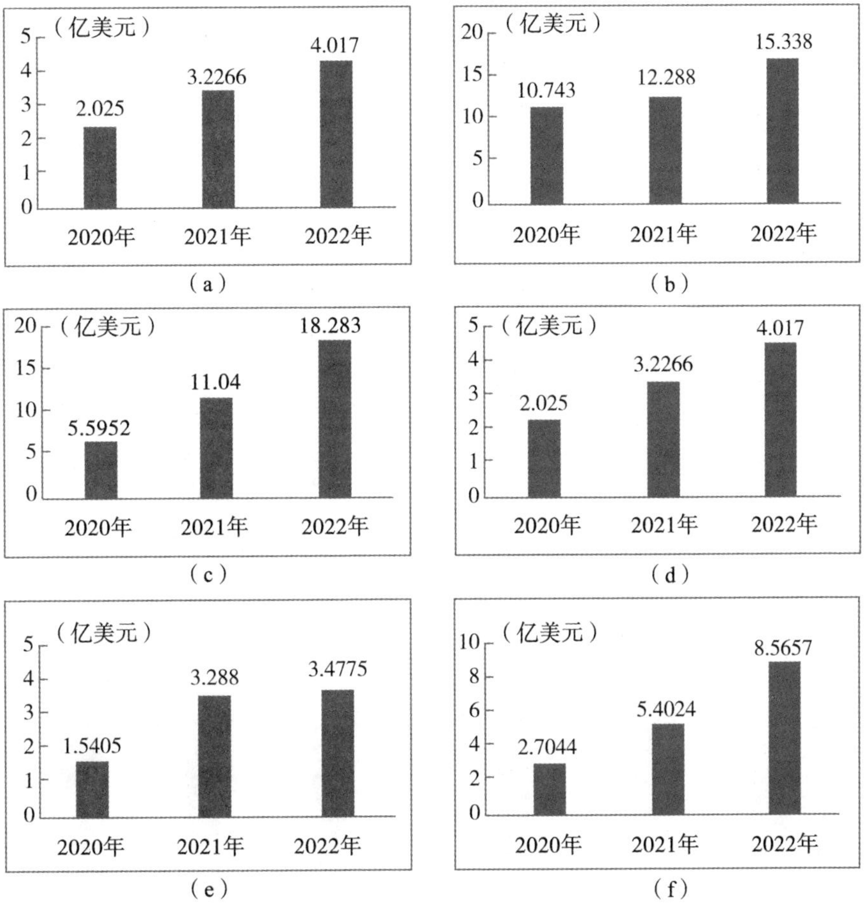

图 8　2020～2022 山东对印度尼西亚（a）、越南（b）、马来西亚（c）、新加坡（d）、菲律宾（e）、泰国（f）地热能等清洁能源发电设备出口额

4. 农业领域

2020～2022 年，山东对东盟收割机出口额大幅增长，达到 251 亿美元。2022 年，对马来西亚、泰国、新加坡、越南、印度尼西亚、菲律宾六国出口额超 115 亿美元。对马来西亚出口额增长最为明显，2020 年出口额为 8.431 亿美元，2022 年增长为 28.675 亿美元，约为 2020 年的 3.4 倍（见图 9）。

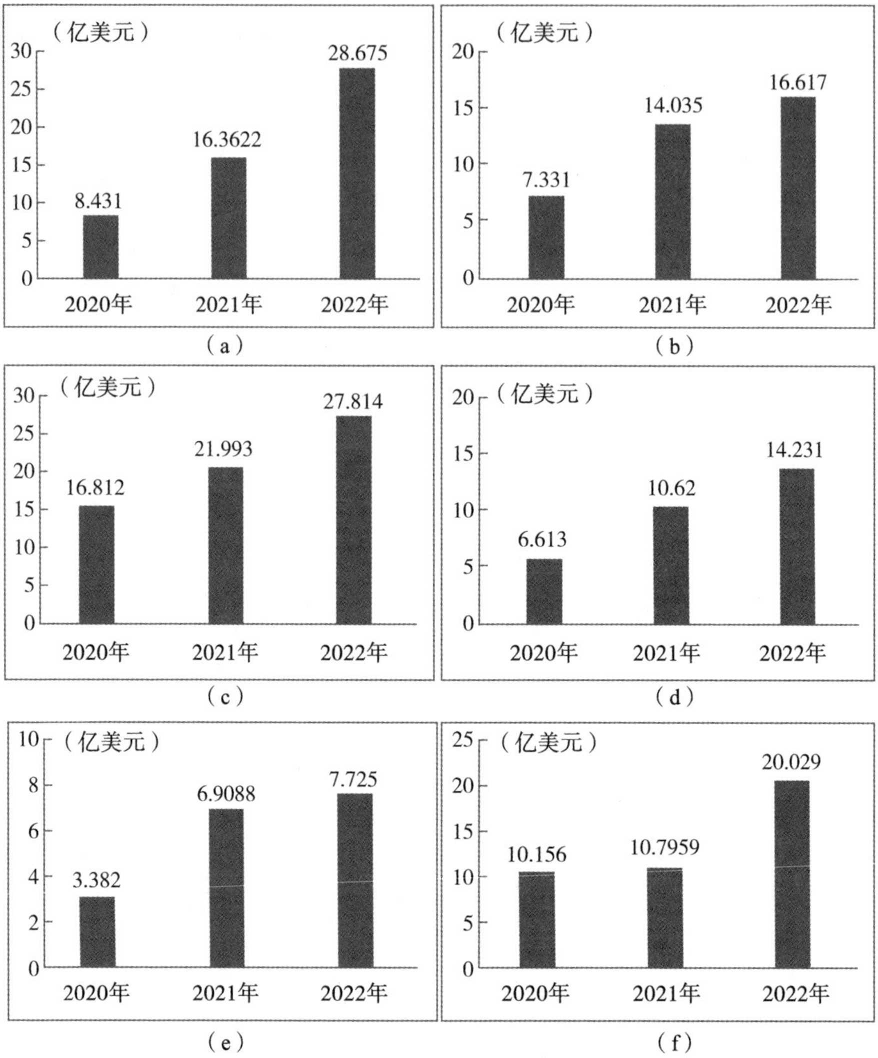

图 9　山东对马来西亚(a)、泰国(b)、越南(c)、印度尼西亚(d)、菲律宾(e)、新加坡(f)收割机出口额

中国是东盟国家农产品的最大进口国，同时是东盟国家农资的主要出口国之一。例如，2020 年至 2023 年 3 月，越南出口谷物及水果类商品 65.9 亿美元，中国占其对外出口额的 33.21%；越南进口化肥 14.5 亿美元，中国占其进口总额的 38.03%。2017 年 1 月至 2023 年 5 月，泰国农机设备进口总量的 38.06%来自中

国;2017 年 1 月至 2023 年 4 月,泰国化肥进口总额的 38.09%出自中国。但是东盟国家的农资市场竞争激烈,澳大利亚、美国、日本、俄罗斯都在不同领域有较大的市场份额。

5. 传统优势领域

在对东盟出口的一些主要产品上,山东都保持了良好的势头;2020～2022 年,山东省对东盟出口机械产品 129.952 亿美元,电器产品 130.729 亿美元,钢材产品 83.667 亿美元,主要进口国为越南、马来西亚、泰国、菲律宾、印度尼西亚、新加坡等国(见图 10、图 11、图 12)。

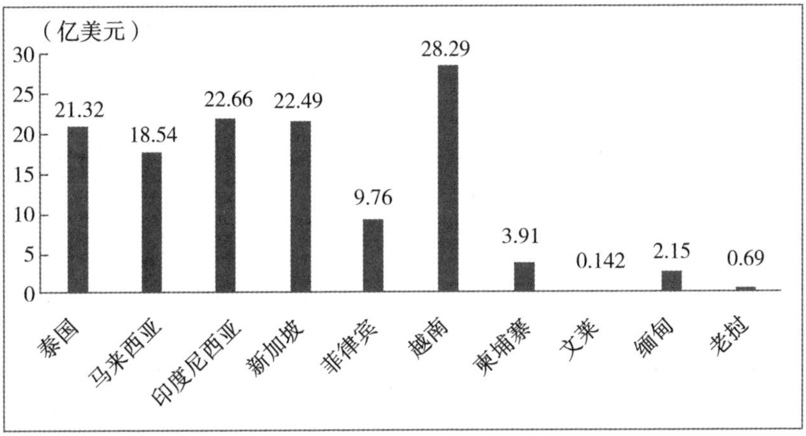

图 10　2020～2022 年山东对东盟机械产品出口额

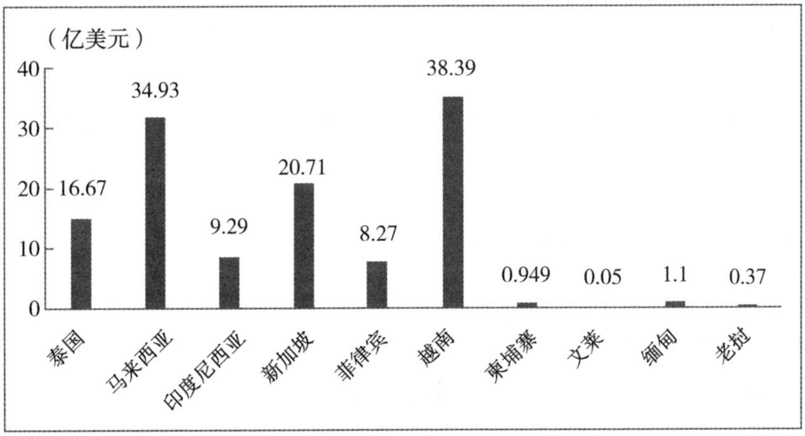

图 11　2020～2022 年山东对东盟电器产品出口额

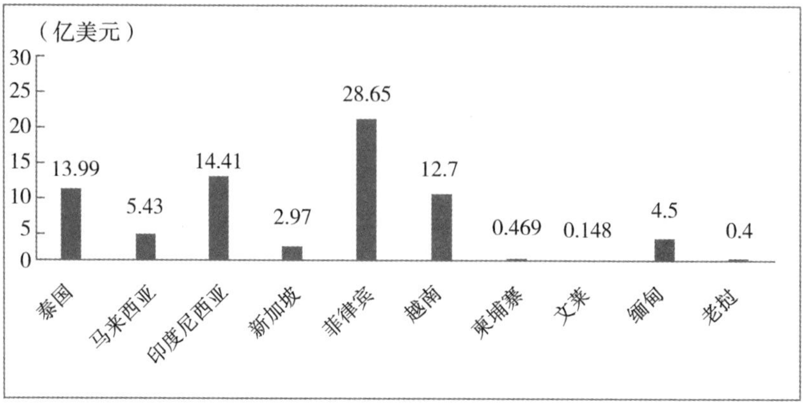

图 12　2020～2022 年山东对东盟国家钢材产品出口额

轮胎产业是山东支柱产业之一，为山东省的经济增长和就业创造提供了重要驱动力。山东省轮胎产业出口，在我国对外出口中，一直占据榜首的位置，始占全国出口量的 60%左右。近年来，东盟国家从我国轮胎的进口逐年增加(见表 2)。

表 2　2020～2022 年中国轮胎出口额及部分占比

单位：亿美元，%

	2020 年	2021 年	2022 年
中国	111.7	167.1	187
山东出口额占比	60.28	61.06	59.25
东盟占比	9.04	9.37	9.40

三、山东与东盟绿色低碳高质量发展存在的问题与挑战

(一)东盟发展光伏产业的隐忧

近年来，由于美国、欧洲等针对中国光伏制造的双反政策，众多中国光伏企业前往越南、马来西亚等国家投资建厂。马来西亚很早就被光伏巨头们选为海外代工厂的所在国家，是继中国大陆与中国台湾后第三大电池片和组件产地，现在已拥有相对完整的产业链。当地生产的光伏产品 90%以上出口至欧美等地。由于马来西亚与欧美多国签有互惠贸易协议，可规避中国面临的高额税收壁垒，这也

是中国光伏企业在马来西亚设立工厂的另外一个重要原因。至2018年底，包括天合、晶科等知名企业设立的生产基地在内，马来西亚光伏企业的电池片产能达到6GW，光伏组件产能达到7.4GW。越南、泰国面向光伏电池片和组件等厂商提出了减免关税等优惠条件，吸引了晶澳、天合、中利腾晖等中国组件企业的生产投资。随着大批光伏产业第一梯队厂商在东盟国家释放产能和各企业光伏发电综合解决方案的实施，山东省光伏企业对东盟的出口面临巨大压力。

（二）东盟“工业4.0”战略对山东省制造业出口的挑战

东盟国家强势推进“工业4.0”战略，大力扶持电子行业、智能制造行业发展，对山东省向东盟国家出口相关产品必定产生一定的影响。一方面，随着东盟国家电子行业、智能制造行业的发展，其对集成电路和山东省工业产品的需求可能会增加。这意味着山东省出口集成电路的市场潜力可能会提升。但是东盟国家本身也在努力发展本地的电子产业、制造业，这将增强集成电路、机械产品的本地生产能力，并最终加剧市场竞争。山东省的集成电路、机械产品出口将面临更大的竞争压力。随着东盟国家电子行业、智能制造行业的发展，山东省企业对其出口合作的机会将大幅减少。东盟国家“工业4.0”战略，具有双重影响，既带来机遇，也带来挑战。

（三）东盟能源出口缩减，山东省能源进口须未雨绸缪

马来西亚国内能源需求正在快速增加，这主要受到经济发展、人口增长、城市化进程加快、工业需求和交通需求增强的推动。这些因素导致马来西亚对能源的依赖不断加深，亟须采取措施来提高能源利用效率、促进可再生能源发展，以满足国内的能源需求并确保可持续发展。未来会对山东省的天然气进口产生影响。

印度尼西亚国内能源需求正处于增长阶段。印度尼西亚是东南亚最大的经济体之一，人口众多且快速城市化，这导致了能源需求的快速增长。马来西亚的天然气主要通过输气管道或液化天然气运输到印度尼西亚，然后用于发电、工业、家庭用途等。这有助于满足印度尼西亚不断增长的能源需求，并确保能源供应的可靠性。但是无形中对山东省对马来西亚的天然气进口产生负面影响。在国际势力影响下，马来西亚能源政策处于动态变化状态，这成为山东省天然气能源安全保障的一大隐患，需要未雨绸缪。

(四)国际新形势下,东盟经济的竞争力不断增强

相对于中国,东盟地区具有更低的劳动力成本和生产成本。这使得东盟国家如越南、泰国、印度尼西亚等成为吸引厂商的目标地区。一些国际厂商和国内厂商将其生产基地从中国转移到东盟,降低了生产成本,扩大了利润空间。东盟地区通过实施自由贸易协定和贸易便利化措施,促进了区域内的贸易流通和市场准入。这为国际厂商提供了更加灵活和便捷的商业环境,更好地满足当地需求并方便其进入其他市场。山东省加强经济结构调整、提升技术创新和竞争力,以保持其吸引力和竞争力的压力增强。

四、山东与东盟绿色低碳高质量发展对策及建议

(一)发挥山东省能源行业优势,做好清洁能源全要素、全体系出口

山东省在清洁能源开发方面具有丰富的风能、光伏能、生物质能等资源,并且拥有雄厚的技术优势,在风能和光伏发电、生物能源和地热能等领域取得了显著成果,技术创新和产业化水平在全国处于领先水平。东盟国家清洁能源市场的潜力非常大,对清洁能源的需求日益增长。东盟已经采取了积极的政策措施来促进清洁能源市场的发展。这些政策包括鼓励投资、提供财政支持、制定优惠税收政策和引入可再生能源配额制度等。东盟还成立了东盟可再生能源中心,以促进成员国之间的技术合作和交流。在东盟国家推动清洁能源发展的背景下,许多国际能源公司和技术企业已经进入该市场,提供先进的清洁能源技术和解决方案。这为山东省清洁能源产业的发展提供了良好的机遇。

(二)利用山东省机电优势,深耕东盟农机市场,发展壮大山东品牌,整合打造更多农机大型企业

目前,东盟国各国政府在不断推进农业机械化,但总体来看,这些国家的农业机械化水平仍然较低,仅相当于欧美发达国家20世纪60年代的水平。近年来,农机大省山东向智能制造转型,越来越多农机“智造”企业走进海外市场。山东现有农机装备制造企业2000余家,其中规模以上企业约450家,2022年山东农机装备产业实现营业收入870亿元,同比增长6%,产业规模继续保持中国首位。农机具行业要想稳定客户群,真正的看点是售后系统,也就是零件耗材的供应链和维修

网点的布局。山东农机厂子多、水平参差不齐，且都是中小微模式，质量可靠性不强，靠的是先期售价低和售后运维，基本没有自己的系统。“走出去只是开始，长久的待下去才是今后的重点。”政府可以牵头制定整合计划，包括资源整合、品牌建设和市场开拓等，组建专业的整合团队负责规划和协调执行；加强研发创新，提升产品质量和技术水平；加强人才培养，培养具备农机领域专业知识和管理能力的人才。同时，政府应提供支持和政策倾斜，确保整合顺利推进。这些措施将促进资源协同、提高市场竞争力，推动农机企业做大做强。

(三)加强山东—东盟绿色发展经验互鉴，实现双方更好、更快发展

1. 乡村振兴经验互鉴

近年来，山东省和东盟国家的成功经验和做法有一定的相似性，但是又有不同，值得双方相互借鉴。

一是产业融合发展，山东省以龙大、得利斯、滨州中裕等为代表的一批农业产业化龙头企业，在“公司＋农户”基础上，带动发展农民合作社、家庭农场、专业大户等新型农业经营主体，把小农户与现代农业发展更加紧密地衔接起来，打造全产业链，实现一二三产业融合。马来西亚推行的 UK 休闲农场是以生态农业体验为特色的园区典范，该模式同样也是一二三产业融合模式，以第三产业为推手，推动一二三产业的发展。泰国农户与公司合作的农场，也是“公司＋农户”的方式，农户提供土地和劳力，公司提供资金和技术，风险共担。

二是片区联合发展，21 世纪全球化背景下，城乡发展功能相互转移，城乡边界逐渐模糊。虽然乡村发展被纳入更大的范畴，但是乡村地区仍然保留着自身经济、社会和自然环境等方面的特殊性，国内外许多学者提出“乡村的区域化发展”，以行政区划、流域或片区等为单元，统筹规划布局，通过产业聚合、资源整合、组织联合等方式，实现区域整体提升。

三是生产托管服务发展。山东省以及越南、泰国都围绕解决“谁来种地，地怎么种”的问题，结合土地流转，将农业生产的一个或多个环节委托给社会化服务组织，发展适度规模经营。

四是数字赋能驱动发展。各地借助新一代信息技术，使无人机撒药、App 种菜、“直播带货”等成为新农活，推动电商农业等新业态快速成长。全国农产品数字化百强县中，山东有 17 个县(市)上榜，数量最多。印尼和越南成为东盟电商市场的引领者，马来西亚的 TikTok、Shopee、Ladaza 平台直播带货也十分火爆。

五是人才智力支撑发展，诺贝尔经济学奖获得者西奥多·舒尔茨认为，农村

经济发展过程中，农民的能力比土地和物质资本都重要。加强农民素质的提升，培养现代化农业人才，是实施乡村振兴战略的根本。各地培养造就了一大批“土专家”“田秀才”，集聚了一大批现代化、复合型人才服务乡村振兴。例如，济宁培育了“乡村振兴合伙人”，威海招募了“乡村规划师”，聊城“棚二代”返乡创业等，都是推进乡村人才振兴的创新做法。泰国推动培养“智慧农民”，越南建设“农业技术俱乐部”“合作经济小组”。

2. 绿色低碳发展经验互鉴

山东省可以借鉴东盟国家在绿色低碳发展方面的以下经验。

一是借鉴东盟国家在可再生能源发展、节能和提高能源利用效率、可持续交通等领域制定的明确政策和目标，制定具体的可再生能源比例目标、能源强度指标以及排放减排目标，为绿色低碳发展提供指引和保障。

二是可以借鉴东盟国家在可再生能源、节能技术和绿色建筑等领域采取的激励措施和财政支持政策。例如，通过提供税收减免、补贴和优惠贷款等方式，吸引投资者参与可再生能源项目、采用节能技术和推广绿色建筑。

三是山东省可以借鉴东盟国家在绿色低碳发展方面的技术创新和合作经验。加强与国内外科研机构、企业和国际合作伙伴的合作，推动技术研发和转移，加快绿色低碳技术的应用和推广。

四是借鉴东盟国家在社会参与和教育宣传方面的经验。鼓励社区、企业和个人参与绿色低碳行动，加强公众对绿色低碳发展的认知和意识，通过宣传、教育和培训活动推动广大群众的积极参与。

五是借鉴东盟国家在绿色低碳发展过程中面临的困难和解决挑战的经验。积极寻求创新解决方案，研究并适应本地实际情况，克服资源有限和空间限制等具体问题，与各利益相关方合作共同推动绿色低碳发展。

东盟国家可以学习借鉴山东省在绿色低碳发展方面的以下经验和做法。

一是能源结构优化、多样化。由于山东省经济发展起步较早，在能源结构上具有多样化的特点，包括传统能源和可再生能源并存。东盟国家可以学习山东省平衡利用不同能源，优化能源结构，实现能源多元化以及逐步向可再生能源过渡的经验。

二是应对特定挑战的经验。山东省面临空间有限、用地紧张等特定挑战，这些问题在一些国家和地区也存在。东盟可以借鉴山东省在这方面的经验，学习如何在有限的空间内高效利用可再生能源，如何平衡经济发展和环境保护等，以应对类似的挑战。

三是借鉴城市规划和建设经验，东盟可以学习山东省在促进绿色建筑认证、推动节能建筑技术和设备应用、改善城市绿地等方面的做法，以及如何在城市规划中融入低碳发展理念，打造可持续的城市环境。

四是借鉴创新技术研发和产业发展方面的经验，山东省在新能源技术研发和产业发展方面取得了一些成就。东盟可以借鉴山东省在与科研机构、企业和国际合作伙伴的合作方面的经验，推动创新技术的研发与转移，促进绿色低碳产业的发展。

(四)针对东盟国家不同需求，强化绿色低碳发展领域的出口

在山东—东盟应对绿色低碳发展方面，山东省可以根据不同国家的需求和发展情况，加强出口。对于东盟国家中经济相对发达的国家(新加坡、马来西亚)，山东可以加强出口清洁能源技术和设备。这些国家通常有更高的能源消耗水平和排放标准，因此山东可以出口先进的太阳能和风能技术、设备，帮助其发展可再生能源产业，减少对传统能源的依赖。对于东盟国家中面临能源供应安全性问题的国家(柬埔寨、老挝)，山东可以加强出口能源储备和能源保障技术。山东可以提供天然气储备设施、储气罐建设技术等，帮助这些国家增强能源供应的可靠性和稳定性。

对于东盟国家中面临城市化和交通领域碳排放问题的国家(菲律宾、印尼)，山东可以加强出口低碳交通和城市环境保护技术，加强纯电动汽车出口，促进这些国家减少汽车尾气排放、改善城市环境质量。对于东盟国家中农业发展较为落后的国家(越南、缅甸)，山东可以加强出口农业技术和设备，促进绿色农业发展，帮助这些国家实现可持续农业发展，减少农业对环境的影响。

(五)管控山东省天然气(包括 LNG)多元化采购战略动态配比，保证天然气安全性与经济性的双平衡

随着全省工业化和城镇化进程不断加快，新旧动能转换重大工程实施落地和清洁取暖“煤改气”等加速推进，山东省天然气消费需求持续快速增长。山东省积极作为、多措并举，持续加大外部气源引进力度，已形成以省外调入和国外进口为主，自产气、海气为辅的多气源、多类型、多方向供应格局，为加快推进全省能源结构调整、优化步伐提供了强有力的支撑。

但是在进口国的占比上，从受域外大国政治势力影响较强的国家进口比例过高，而且 2020～2022 年其进口额占比持续上升，2023 年依然呈增长趋势，这对于

山东省工业和民生,都是重大的安全隐患,一旦进口中断,山东省将面临重大困难。建议省政府及时宏观管控天然气(包括 LNG)多元化采购的国别配比,综合考量战略安全性和经济性,保障山东省天然气能源安全。

五、结论与展望

绿色低碳合作是联合国 2030 年可持续发展议程和中国全球发展倡议的重要内容,也是山东与东盟合作的重点领域。双方已经开展绿色制造、绿色增长、绿色能源、新材料、新技术的合作,这些努力已经成为经济增长的新动力。山东—东盟有着相似的经济基础和能源转型需求,均在大力推进能源低碳绿色发展和高质量发展。

对于山东而言,也应有自己的策略,在与东盟的合作中,应以“短、平、快、小、多”为合作策略与方针。以出口为主,注重短期项目、成本投入低的项目、效益增速快的项目、小型项目,用集腋成裘、聚沙成塔的策略多做项目;既要勤劳耕耘东盟市场,也要做好预防制裁的准备。山东省既要做细做实与东盟的合作工作,扎实推进“一带一路”共建,促进与东盟全方位的合作,又要以不变应万变,未雨绸缪,维护自身的利益。

山东—东盟农业合作服务“中国—东盟命运共同体”建设调查研究

吕志轩*

2000年,中国—东盟自由贸易区(CAFTA)的构想第一次被提出;2002年,中国与东盟签订《中国—东盟全面经济合作框架协议》,标志着中国—东盟自由贸易区的建设进程正式启动,随后双方先后实施了“早期收获”计划。2004年和2007年,双方又签署了《货物贸易协议》和《服务贸易协议》,在经贸领域合作有了深入发展,贸易水平不断提高。经过10年的努力,2010年1月1日,中国—东盟自由贸易区如期建成。2010年1月1日,中国对东盟的关税水平从平均9.8%降到0.1%;新加坡、文莱、马来西亚、泰国、印尼和菲律宾对中国的关税水平降到平均0.6%;越南、缅甸、老挝和柬埔寨对中国的关税水平降为平均5.6%。CAFTA的建立标志着双方经贸关系站在了一个新的起点上,进入了一个崭新的发展阶段。这是中国同其他国家或区域建立的第一个自由贸易区。

2015年,中国—东盟自由贸易区全面建成,这是发展中国家中最大的自由贸易区,其成员包括中国和东盟十国,涵盖19亿人口,双方贸易将占到世界贸易的13%。不断扩大和加深中国和东盟之间的经贸合作,给双方带来了切实的利益。2020年11月15日,东盟十国以及中国、日本、韩国、澳大利亚、新西兰等15个国家,正式签署区域全面经济伙伴关系协定(RCEP),标志着全球规模最大的自由贸易协定正式达成。目前,东盟已经成为中国第一大贸易伙伴,是山东第一大贸易伙伴和第一大出口市场。

---

* 吕志轩,德州学院东盟研究中心兼职研究员,德州学院生态与资源环境学院院长,主要研究方向为食物安全与农业绿色发展。

东盟国家与山东省在农业领域有着明显不同，调研东盟农业既能为其发展提供策略建议，十个国家的不同成果又可为山东农业发展提供新思路，有利于推动山东—东盟合作高效发展。本报告主要包括五项内容：对山东省乡村振兴、农业现代化发展理论和实践基础与东盟农业现代化建设理论依据的对比分析，山东省乡村振兴、农业现代化评价体系与东盟农业现代化评价体系构建，基于山东省乡村振兴、农业现代化发展经验的东盟农业现代化体系分析，山东—东盟农业合作进展的分析，关于山东—东盟农业合作的政策建议。

一、东盟国家农业及合作概况

（一）东盟国家农业现代化建设的现实需求

1. 将传统农业技术与现代农业技术合理地结合使用

东盟国家从国外引进的农业技术的使用率较低，这是由于东盟国家与其他国家间的农业技术交流程度还处于较低水平，对国外农业新技术不了解，国际之间农业技术交流合作少，农业技术引进过程中存在政策障碍等。

东盟国家使用的农业技术具有以下特征：一是当前东盟国家使用的农业技术以祖传技术为主，以当地农业相关部门推广技术为辅；二是农业新技术在东盟国家的推广使用，以当地农业相关部门为核心推广方，以东盟国家国内企业推广为辅；三是东盟国家最希望从日韩引进农业新技术，其次是中国。根据调研数据可知，部分东盟国家（印度尼西亚、泰国、越南、老挝、缅甸和柬埔寨等 6 个国家）有 77%的被访者希望从日韩引进农业新技术，有 70%的被访者希望引进中国农业技术，也有 41.6%的被访者想从欧美国家引进技术。通过数据分析发现，东盟国家引进的农业新技术的来源国具有以下特点：第一，在农业技术上，中国仍是东盟国家最理想的合作伙伴；第二，日韩将是中国与东盟国家在农业技术合作上的最大竞争对手。

2. 对农业机械、种子、养殖技术、农产品加工技术的需求较大

目前东盟国家对农业机械、种子、养殖技术、农产品加工技术的需求占比都超过了 30%。东盟国家最想引进的是农业机械，其次是种子，再次是农产品加工技术。数据表明，有 63.7%的受访者表示希望从中国引进农业机械，36.1%希望从中国引进养殖技术，农产品加工技术和种子的需求比例分别为 33.1%和 26.7%。中国与东盟国家农业技术未来合作的趋势具有以下特征：一是从东盟国家对农业

技术种类的需求来看，东盟是中国农业技术产业的主要市场；二是未来中国—东盟的农业技术合作重点依然是农业机械和种子；三是农产品深加工技术将成为合作的新方向，农产品深加工行业将是未来合作的朝阳产业。

3. 跨境农业科技合作须加强

越南、缅甸、柬埔寨和菲律宾等大多数东盟国家虽然具有农业发展区位条件优越、农业土地肥沃广袤和农业劳动力资源丰富等有利条件，但是这些国家农业技术研发投入有限和农业基础设施投资不足，导致其农业技术水平相对落后、农业机械化水平和农业现代化程度不高等问题。大部分东盟国家迫切需要引入中国相对发达的农业技术和投资改变其落后的农业面貌。

(二)东盟国家与中国其他省(区、市)在农业领域的合作情况

中国与东盟拥有得天独厚的地缘优势与互联互通的优越条件，这为中国与东盟开展跨境农业科技合作提供了外部条件。一是中国与东盟开展跨境农业科技合作地缘优势明显。中国与越南陆地接壤，有通往越南、泰国和新加坡等东盟国家的便捷陆路大通道，以及拥有沿海临港的通边达海的独特区位优势。二是中国西南地区与越南、缅甸和老挝等东盟国家的自然地理和人文环境相似。广西、云南与周围毗邻东盟国家农业方面互相学习与交流的历史悠久，为跨境农业科技合作创造了良好的人文社会环境。三是广西、云南与东盟互联互通条件不断改善，为跨境农业科技合作提供了良好的外部条件。

中国以农业技术示范、技术培训与指导等形式，依托国内不同省(区、市)与东盟各国开展了广泛的农业技术合作(见表1)。东盟国家中的柬埔寨、老挝、缅甸、越南和泰国是传统的农业国家，自然条件和农业资源优越，但农业基础设施差，农业机械设备陈旧，对农业技术的需求较大。近年来，随着中国与东盟国家农业合作的不断深化，双方农业技术合作也在快速推进。中国通过在东盟各国的40多个农业技术试验示范项目，展示中国优良品种、农业机械与栽培管理技术，并组织了60多次农业技术培训活动，为东盟各国培训了1000多名农业领域的管理人员与技术人员。由于广西和云南与东盟国家相邻，具备地缘和资源优势，是双边科技合作最有条件、最有需求、也是最容易推进的省(区、市)，所以双方国家的农业技术合作大多集中在广西和云南两地，其他省(区、市)也有参与，但是与广西和云南相比，参与项目少，程度低。

表1　中国部分省(区、市)与东盟国家农业技术合作情况

省(区、市)	依托单位	合作内容	对接国家	年份
广西	广西壮族自治区亚热带作物研究所	葛根种植与加工技术	柬埔寨	2016
	广西农业科学院	建立“联合防控实验案”,进行病虫害防治研究	越南	2016
	万川种业有限公司	农作物新品种推广与销售	越南	2015
	西双版纳州农业厅	签订动物疫病预防控制合作项目协议,在动物疫病预防控制方面进行合作	老挝	2015
	南宁邦尔克生物技术有限责任公司	啤酒制造中的酶制剂应用技术	越南	2014
	广西农业职业技术学院	建立优良品种试验站,试验与推广优良品种,培训农业技术人员	老挝	2013
	广西农业科学院	建立中越农业科技示范基地,进行水稻、玉米、蔬菜等农作物新品种和新技术的集成示范	越南	2013
云南	云南农业大学	建立中缅农业研究院,围绕水稻、玉米、马铃薯、豆类等缅甸主要农作物进行品种选育、生物技术等领域的科研与教学工作	缅甸	2017
	云南省热带作物研究所	成立橡胶科技合作中心,开展围绕橡胶展开的合作研究、试验示范、技术交流与培训	老挝	2016
	云南省农业科学院粮食作物研究所	围绕水稻品种需求、产量及栽培技术开展合作	泰国	2014

续表

省(区、市)	依托单位	合作内容	对接国家	年份
上海	荣和船舶融资租赁有限公司	海洋资源开发合作	马来西亚	2015
安徽	江淮园艺科技有限公司	进行蔬菜种子资源的引进与筛选,开展蔬菜新品种栽培示范及病虫害防治技术研究	印度尼西亚	2015
湖北	洛克希德(武汉)无人机研究院	无人机喷洒有机化肥和农药技术	印度尼西亚	2017
湖南	商务厅	打造天然橡胶产业链,进行橡胶加工与销售	老挝	2014
	袁隆平高科技股份有限公司	建立农业技术示范中心,开展杂交水稻试验示范与新品种研究	菲律宾	2006
浙江	农业厅	建立种猪示范场,对有关人员进行培训	柬埔寨	2007
海南	海胶集团	进行橡胶生产与加工,全面开展生产技术合作	老挝	2018
	中国热带农业科学院	举办东盟国家自然橡胶生产与加工技术培训班	东盟各国	2008
广东	广东省农业科学院蚕业与农产品加工研究所	蚕、桑、蚕药新品种的示范推广	泰国	2014
四川	农业厅	建立中缅农业技术合作示范园,开展农业新技术示范、技术支持和技术培训	缅甸	2005
江苏	农业农村部南京农业机械化研究所	进行水产饲料加工装备技术和水产养殖装备技术培训	越南	2009

(三)东盟国家与其他国家在农业领域的合作

自1977年起,日本改进对东盟的“经济外交”,援助主要集中于民生项目。日本对东盟投资规模大、产业层次高,对东盟的投资额也远远超过中国。与中国集中投资经济欠发达的缅甸、柬埔寨、老挝相比,日本对东盟的投资主要集中于经济相对发达的新加坡、泰国、印尼、马来西亚和菲律宾。日本投资的产业层次已从资源开发提升到提炼加工、从劳动密集型产业转向资金技术密集型产业,服务业投资以金融保险和通讯为主。

近年来,美国对东盟合作从以前的“忽略”转为“积极重返”。在经济上,抛出“美国—东盟扩大经济合作(E3)计划”;在政治上,美国提出“善治、公平和可持续发展及安全伙伴关系计划”;在人员交流上,美国启动“富布赖特美国—东盟行动计划”,每年向东盟提供735项奖学金,用于学习、研究和教学。

(四)山东与东盟国家在农业领域合作的优势和趋势

1. 山东是中国蔬菜出口第一大省

东盟已成为山东农产品极为重要的贸易市场。2022年,山东对东盟进出口总额372.6亿元,其中进口124.8亿元,出口247.8亿元。2022年,印度尼西亚、马来西亚、菲律宾、越南、泰国是山东蔬菜出口额前几位国家。2023年1～7月,山东对东盟进出口总额共计192.8亿元,其中进口额63.9亿元,出口额128.9亿元。出口农产品种类丰富,涵盖花生油、花生、苹果、大蒜、生姜、粮食、水海产品、肉制品等。①

2. 东盟国家高层频繁来鲁,关系日益密切

政治交往层面,东盟高层来访频繁标志着双方政治关系日益密切。这也是增进相互了解、推动合作、服务国家外交大局的重要契机。从双方今后合作潜力来看,东盟人口众多,消费水平渐升,产业结构与山东省具有一定互补性,建设“21世纪海上丝绸之路”将为双方开展合作提供重要机遇,合作前景良好;从双方合作的进展来看,中国—东盟自贸区启动后,双方在经贸领域的合作飞速发展,山东四分之一的境外投资集中在东盟。东盟已成为山东的重要合作伙伴。

3. 山东省在农机、农副产品生产方面有着独特优势和特点

为鼓励相关企业积极参会、扩大生产和实现对外成交,并保持良好的发展势头,山东省有关部门正在积极协商,采取措施,准备推出相关优惠政策,强化宣传

---

① 中华人民共和国海关总署官网,http://www.customs.gov.cn/。

与指导，帮助企业充分利用东盟自贸区的相关优惠条件，降低成本、增强竞争力；把东盟作为重点的新兴市场，创建信息平台，为企业提供强有力的信息支持和服务；积极鼓励企业“走出去”，在东盟建立生产加工基地，提高区域性国际竞争力，推动企业快速、健康发展。

二、山东—东盟农业合作研究

(一)山东省乡村振兴、农业现代化发展理论和实践基础与东盟农业现代化建设理论依据的对比分析

1. 现代农业的内涵和基本特征

现代农业是指资本化了的农业，是用知识、信息、技术、管理、人才、商业资本等要素武装起来的企业群或企业体系，其更加广泛地应用现代科学技术和管理方法，反映的是与较高生产力水平相对应的农业经济状态。现代农业与传统农业的本质区别体现在经营目标不同、经营规模不同、技术含量不同。现代农业更强调节约资源、保护环境。

2. 山东省乡村振兴、农业现代化发展理论和实践基础

纵观全球近现代乡村发展历史，随着城市现代化进程加快，乡村地区人口逐步向城市转移，使得城市边界不断扩宽，这种趋势引发了乡村衰退甚至消亡。英美法德等西方国家在20世纪中叶就已进入城镇化高级阶段，随之乡村产业空心化、土地荒废、房屋空置及乡村人口老少比例过大等现象日益严重，发展活力和动能日益减弱。乡村衰败不仅带来人口减少和收入降低，更导致乡村社会的活力丧失，引发人口老龄化、乡村公共性衰退等社会性问题。面对如此巨大的挑战，西方发达国家相继采取积极应对措施。

美国通过完善立法规划及加强乡村基础设施建设，发展农村特色产业及提升农业科技水平，加大农村教育投入从而有效遏制了乡村衰败。欧盟制定“共同农业政策”来提高农业生产力，并着力解决农业支出负担过重、农产品生产过度、农村环境保护不足等问题，同时组建保障政农之间具有良好沟通关系的专业合作社，统筹推进城乡一体化。日、韩等东亚国家相继实施了“造村运动”“新村建设”“农村再生计划”助推乡村复兴，通过延长农副产品加工制造链、优化乡村产业结构等举措，提升农产品市场竞争力，使乡村发展动能继续健康增长。

对于中国来说，过去几十年里快速的工业化和城镇化虽极大地拉动了乡村整

体经济，但城乡之间出现了巨大鸿沟，大部分乡村呈现衰落现象。乡村振兴是国内外乡村从衰败走向复兴的战略选择，是中国乡村建设百年探索的历史延续。

习近平总书记在参加十四届全国人大一次会议江苏代表团审议时强调："农业强国是社会主义现代化强国的根基。农业是基础，基础不牢大厦不稳。无论社会现代化程度有多高，14 亿多人口的粮食和重要农产品稳定供给始终是头等大事。"①习近平总书记的重要讲话为做好当前及今后一个时期的"三农"工作提供了根本遵循，为加快推进农业农村现代化指明了方向。

3. 山东—东盟农业现代化建设政策措施

(1)山东农业现代化建设政策措施

2001 年 7 月，科技部发布《现代农业园区指南》，指出现代农业园区是农业科技成果化、技术组装集成及现代农业生产的示范载体。全国各省区市在多种农业领域积极开展国家现代农业产业园区建设，为当地乡村振兴和农业现代化注入了新的活力。截至 2020 年，山东省已累计建设各类省级农业产业园区 200 多个。

2005 年，山东省政府出台《关于鼓励和引导农民专业合作经济组织发展的意见》，指出各级财政要像扶持农业产业化龙头企业那样扶持农民专业合作经济组织。2010 年、2011 年，山东省先后颁布了《山东省农民专业合作社条例》《山东省人民政府关于促进农民专业合作社健康发展的意见》。农民专业合作社遍布全省各地和农村各业，提供的服务涉及农业生产、粮食耕种、农业初产品加王、农副产品物流储藏、农超对接等各个方面，成为带领农民致富奔小康的重要力量。至 2022 年底，全国仅有山东和河南两省的农民专业合作社数量在 20 万家以上，其中，山东省的存续农民专业合作社数量排全国第一，达 24.36 万家。

2018 年，山东出台历史上第一个现代高效农业专项规划——《山东省新旧动能转换现代高效农业专项规划(2018—2022 年)》，提出了发展现代高效农业、加快实现农业由传统产业到高质高效产业转变的指导思想、基本原则、战略定位和目标任务；2021 年，《全国高标准农田建设规划(2021—2030 年)》发布，2022 年，山东省政府批复《山东省高标准农田建设规划(2021—2030 年)》，各县市稳步推进高标准农田建设；2021 年、2022 年，山东省政府印发了《共同推进现代农业强省建设方案(2021—2025 年)》《山东省"十四五"推进农业农村现代化规划》，推动山东农业现代化水平走在全国前列，明确了乡村振兴齐鲁样板示范省、农业农村高质量发展先行省、推进现代农业强省建设引领省的发展定位；2023 年，依照《中共中央、国

① 习近平：《加快建设农业强国推进农业农村现代化》，《求是》2023 年第 6 期。

务院关于做好2023年全面推进乡村振兴重点工作的意见》，山东省锚定“走在前、开新局”目标定位，加快建设农业强省。

(2)东盟农业现代化建设政策措施

由于东盟农业系统无法提供足够的营养食物，并且经济因素阻碍了现有食物的公平分配，导致数亿人仍然营养不良。在此背景下，2022年东盟成员国通过了东盟可持续农业指导方针，目的是在不扩大农业用地的情况下生产更多粮食，以保护对生物多样性和减缓气候变化来说至关重要的自然生态系统。

印度尼西亚发布实行“食物庄园计划”(Food Estate Project)，提高现有农田产量并开发新的农田，以增加农业产出，提出应允许外来劳动力自由流动、出台负责任的粮食政策以及实行强有力的措施应对气候变化等。

新加坡、马来西亚大力发展城市农业。新加坡借助先进的现代高科技农业技术，大力发展小而精的现代农业科技园；而马来西亚则启动“食用花园”和“社区花园”项目，建设都市农业型社区。

被称为“东南亚粮仓”的泰国高度重视农业创收、农村发展和农民收入，积极推动农业产业发展可持续的商业模式，充分利用泰国旅游国家的资源，大力宣传农产品。积极推动农业机械化，出台了农业现代化政策、农业出口发展政策，积极开展农业合作。

文莱农业总体水平落后，土壤贫瘠，农业基础设施不完善。在文莱苏丹的亲自督促下，发展水稻种植成为农业领域的重中之重，目前已有中国、韩国、菲律宾、新加坡等国通过各种形式参与文莱的稻米实验和发展项目。

越南实行农业轻税政策，重视粮食生产、改良土地，支持农业科技发展，增加对农业的投资。

2021年，《实现小农农业规模化：菲律宾的政策选择》报告指出，在过去的25年里，由于政策方向错误，菲律宾农业在亚洲仍处于落后水平。2022年，菲律宾引入“新思维”，从种植端开始直至最终消费端完善整个农业综合产业价值链，计划2027年实现大米自给自足。

农业是柬埔寨国民经济的支柱之一，该国重视农业，务农人口约占总人口的85%。2022年，柬埔寨政府制定《2021—2030年农业发展政策》，努力提高农业领域劳动生产率。

缅甸农业生产规模较大，但是农业生产力水平相对较低。为了促进农业发展，缅甸政府采取了一系列政策措施，例如实行农业税收优惠、加强对农业科技的投入、提高农产品市场化水平等。

作为农业国的老挝，重视发展农业生产，加大农业投入，兴修水利，鼓励扩大旱稻种植面积，鼓励私营企业加大对化肥和动物饲料的投资和生产。

(二)山东省农业现代化评价体系与东盟农业现代化评价体系构建

1. 构建山东、东盟农业现代化评价体系

乡村振兴战略的提出体现了国家全面发展对农业和农村领域的更高要求，其主要内容形成了新时期中国乡村全面发展的理论体系。产业兴旺、生态宜居、乡风文明、治理有效和生活富裕，既是乡村振兴战略的总要求，也是本报告评价农业现代化水平的维度。在此基础上构建可以全面深入剖析山东、东盟农业现代化水平的评价指标体系，是分析山东、东盟农业发展特征的重要保障。

(1)山东省农业现代化评价体系

在构建山东省乡村振兴、农业现代化评价体系时，笔者参考借鉴了前人成果，以产业兴旺、生态宜居、乡风文明、治理有效和生活富裕等五个维度为一级指标，选取了8个二级指标，以2020年标准作为评价参照，山东省2020年实际数据均优于评价标准，说明山东省已实现乡村振兴、农业现代化。2022年实际数据对比2020年实际数据，除农村居民恩格尔系数出现较小波动外，其他指标均为上升趋势(见表2)，说明山东省加大力度巩固乡村振兴、农业现代化建设成果，不断完善提高农业现代化水平。

表2　山东省乡村振兴、农业现代化评价指标

一级指标	二级指标	2020年标准	2020年数据	2022年数据
产业兴旺	农民人均纯收入(元)	8000	18753	22110
	农作物耕种收综合机械化率	75%	88.5%	89.0%
生态宜居	农村自来水普及率	90%	95%	98%
	卫生厕所普及率	80%	90%	93%
乡风文明	文化休闲场所覆盖率	85%	100%	100%
治理有效	农民对社会治安的满意度	95%	97%	98%
生活富裕	农村居民恩格尔系数	40%	29%	29.5%
	农村人口平均预期寿命(岁)	75	79	79.5

资料来源：顾风岐、王爽：《构建社会主义新农村指标体系研究》，《统计与信息论坛》2006年第5期。

(2)东盟农业现代化评价体系

由于东盟十国国情与中国不同,因此在选择指标时,更多借鉴国外具有权威代表性的前人成果,即英克尔斯指标体系。但实际收集数据过程中,各国统计条目存在差异,研究时在不影响结果的前提下,对部分指标(见表3)进行了相近数据替代。由此形成一级指标2个,即产业发展(权重为40%)、设施宜居(权重为60%);二级指标9个,即农业增加值年增长率(权重为10%)人均GDP(权重为17%)、农业就业人数占就业总人数比重(权重为13%)、新生儿死亡率(权重为11%)、城镇人口占总人口比重(权重为11%)、人口增长率(权重为11%)、出生时的预期寿命(权重为11%)、成人识字率(权重为11%)、通电率(权重为5%)。2022年东盟农业现代化评价体系见表4。

表3　东盟农业现代化评价参考指标

指标	标准
出生时的预期寿命(岁)	70岁以上
新生儿死亡率(每千例活产儿)	3%以下
农业就业人员(占就业总数比例)	30%以下
城镇人口(占总人口比例)	50%以上
人均GDP(现价美元)	3000美元以上
人口增长(年度百分比)	1%以下
识字率(占15岁以上人口比例)	80%以上

资料来源:秦妍:《我国乡村振兴的目标评价体系构建研究》,厦门大学博士学位论文,第125页。

表4　2022年东盟农业现代化评价体系

国家	农业增加值年增长率(%)	人均GDP(现价美元)	农业就业人数占就业总人数比重(%)	新生儿死亡率(‰)	城镇人口占总人口比重(%)	人口增长率(%)	出生时的预期寿命(岁)	成人识字率(%)	通电率(%)
缅甸	1.73	1149.21	46.47	22.20	31.77	0.71	66.80	89.07	70.40
老挝	3.22	2054.43	58.76	21.60	37.59	1.40	68.50	87.52	100.00
印度尼西亚	1.77	4788.00	29.57	11.70	57.93	0.64	68.81	96.00	96.95

续表

国家	农业增加值年增长率(%)	人均GDP(现价美元)	农业就业人数占就业总人数比重(%)	新生儿死亡率(‰)	城镇人口占总人口比重(%)	人口增长率(%)	出生时的预期寿命(岁)	成人识字率(%)	通电率(%)
柬埔寨	0.62	1759.61	39.42	13.30	25.11	1.07	70.42	83.78	86.40
菲律宾	(0.19)	3498.51	24.77	12.70	47.98	1.46	72.12	96.28	96.84
越南	3.04	4163.51	32.61	10.70	38.77	0.91	75.38	95.75	100.00
文莱达鲁萨兰国	14.39	37152.48	1.34	6.20	78.85	0.81	74.80	97.59	100.00
马来西亚	(2.43)	11993.19	9.95	4.20	78.21	1.08	75.94	94.97	100.00
泰国	(3.46)	6990.96	31.39	4.90	52.89	0.13	79.27	94.10	100.00
新加坡	(4.23)	82807.63	0.34	0.80	100.00	3.31	84.47	97.13	100.00

资料来源：世界银行官网，https://www.shihang.org/zh/home。

2. 山东—东盟农业发展现状对比

中国与东盟地理位置相邻，双边经济联系密切，中国和大部分东盟国家都是农业国，农业在中国和东盟中都占有举足轻重的地位，中国—东盟自由贸易区的建立和发展及RCEP协议签署生效，对于双边农产品贸易和农业发展具有重要影响。

近年来，山东认真贯彻落实习近平总书记重要指示要求，实施“藏粮于地、藏粮于技”，深入推进农业供给侧结构性改革，加快构建现代农业产业体系，全力促进粮食稳产增产和重要农产品有效供给。截至2021年底，全省农业科技进步贡献率达65.81%。龙大、得利斯、中裕等一大批龙头企业创新发展，新型经营主体数量居全国前列。休闲农业、创意农业等新业态竞相涌现，“直播带货”成为新农活。齐鲁大地上，农业生产尽显“科技范儿”，现代高效农业发展势头正劲。截至2022年，山东已累计创建国家优势特色产业集群6个，省级以上现代农业产业园100个，省级以上农业产业强镇336个，省级乡土产业名品村2753个，县、乡、村三级产业联动发展格局初步形成，产业发展对农民增收形成有效支撑。

关于东盟农业方面的研究侧重自然环境和农产品生产、农产品贸易和农业政策等方面。东南亚大陆过渡性经济较依赖农业，稻谷是这些国家最重要的农作物，10 个东南亚国家的自然资源、政治制度和经济制度各不相同，它们的发展水平也存在差异，但在农业方面，它们也存在一些共同点，如农业用水主要靠从 6 月持续到 10 月的雨季。农技推广、农业基础设施和高产品种引进，以及诸如农业信贷等制度因素，也对东盟农业发展进程起着非常重要的作用。另外还存在对农业不利的全国性政策，例如通过关税与数量限制、工业出口补助和难以负担的财政赤字来保护重工业，因此农村居民在收入、教育、保健和供水等方面的生活水平便相对恶化了。

3. 东盟国家农业发展需求

一是提高农业生产能力：通过提高农业生产技术、改善农业生产设施、加强农业资源保护和治理等措施，提高农产品的产量和品质，满足国内市场需求。

二是加强农业合作和贸易：共同推动区域内的农业发展和合作，促进农产品的流通和贸易，提高农业的整体效益。

三是推动农业现代化：推进农业产业升级和转型，提高农业的竞争力和可持续发展能力，促进农村经济的发展和农民生活的改善。

四是加强农业科技创新：推广先进的农业技术和设备，提高农业生产的效率和品质，促进农业的可持续发展。

五是加强农业教育和培训：提高农民的素质和技能水平，增强他们的市场意识和竞争能力，促进农业的发展和农村经济的增长。

(三)基于山东省乡村振兴、农业现代化发展经验的东盟农业现代化体系分析

1. 东盟农业现代化体系分析

依照东盟农业现代化评价体系，对东盟十国进行农业现代化体系评价，得出东盟十国农业现代化程度存在差异。

(1)缅甸

2015～2022 年，缅甸人口出生时的预期寿命均低于 70 岁，新生儿死亡率最高为 25‰，人口增长率均低于 1%，说明其医疗健康水平差；农业就业人数占比高于 30%，城镇人口占比低于 50%，说明其城镇化程度低，农业是重要产业；人均 GDP 均低于 3000 美元，说明经济发展仍处于较落后的阶段；成人识字率在 2016 年低于 80%，2020 年高于 80%，说明其教育事业有所发展(见表 5)。

2015～2022 年，食品进口额占商品进口总额比重、食品出口额占商品出口总额比重、谷物产量在 2016 年和 2019 年出现变化拐点，农业原材料出口在 2018 年出现变化拐点，农业增加值在 2016 年和 2017 年出现变化拐点，农业用地面积在

2016 年有明显拐点。

表 5　2015～2022 年缅甸农业现代化部分指标

指标	2015 年	2016 年	2017 年	2018 年	2019 年	2020 年	2021 年	2022 年	标准
出生时的预期寿命(岁)	65.56	65.69	65.84	66.47	66.61	66.80	65.67	66.80	70 岁以上
新生儿死亡率(‰)	25	24.4	23.8	23.2	22.6	22.2	21.7	22.20	3%以下
农业就业人数占就业总人数比重(%)	51.69	51.38	51.34	48.94	49.76	46.47	—	46.47	30%以下
城镇人口占总人口比重(%)	29.86	30.08	30.32	30.579	30.85	31.14	31.45	31.77	50%以上
人均 GDP(现价美元)	1224.56	1161.86	1175.20	1274.916	1295.20	1477.45	1231.70	1149.21	3000 美元以上
人口增长率(%)	0.80	0.79	0.76	0.72	0.71	0.72	0.7	0.71	1%以下
成人识字率(%)	—	75.55	—	—	89.07	—	—	89.07	80%以上

资料来源：世界银行官网，https://www.shihang.org/zh/home。

(2)老挝

2015～2022 年，老挝公民出生时的预期寿命均低于 70 岁，新生儿死亡率最高为24.6‰，但人口增长率高于1%，说明其医疗健康水平差，但生育率高；农业就业人数占比高于30%，城镇人口占比低于50%，说明其城镇化程度低，以农业为产业支柱；人均GDP大于2000美元小于3000美元，成人识字率高于80%，说明其经济水平相对较好，重视教育事业（见表6）。

2015～2022年，老挝食品进口额占商品进口总额、食品出口额占商品出口总额、农业增加值在2016年和2019年出现变化拐点，农业原材料出口额占商品出口总额比重在2018年出现变化拐点，农业用地面积、谷物产量呈持续下降趋势。

表6　2015～2022年老挝农业现代化部分指标

指标	2015年	2016年	2017年	2018年	2019年	2020年	2021年	2022年	标准
出生时的预期寿命（岁）	66.67	67.17	67.43	67.63	68.14	68.50	68.06	68.50	70岁以上
新生儿死亡率（‰）	24.6	23.9	23.3	22.7	22.1	21.60	21	21.6	3%以下
农业就业人数占就业总人数比重（%）	64.03	62.65	61.05	60.05	59.19	58.76	58.09	58.76	30%以下
城镇人口占总人口比重（%）	33.74	34.37	35.00	35.65	36.29	36.94	36.94	37.59	50%以上
人均GDP（现价美元）	2125.46	2309.05	2439.46	2553.36	2598.51	2593.36	2535.62	2054.43	3000美元以上

续表

指标	2015 年	2016 年	2017 年	2018 年	2019 年	2020 年	2021 年	2022 年	标准
人口增长率(%)	1.52	1.53	1.52	1.50	1.48	1.43	1.43	1.40	1%以下
成人识字率(%)	84.66	—	—	—	—	87.07	—	87.52	80%以上

资料来源:世界银行官网,https://www.shihang.org/zh/home。

(3)印度尼西亚

2015～2022 年,印度尼西亚公民出生时的预期寿命虽低于 70 岁(除 2018～2019 年外),但已处于接近水平,新生儿死亡率最高为 14.2‰,人口增长率在 1%上下波动,说明其医疗健康水平高于缅甸;农业就业人数占比低于 30%,城镇人口占比高于 50%,说明其城镇化程度较高;人均 GDP 高于 3000 美元,成人识字率在 90%以上,说明其经济水平较高且重视教育事业(见表 7)。

2015～2022 年,印度尼西亚食品出口额占商品出口总额的比重在 2017 年和 2019 年出现变化拐点,食品进口额占商品进口总额的比重小幅度增长,农业增加值在 2019 年后急剧下降,农业用地面积持续增长至 2017 年后,几乎不再变化,谷物产量和农业原材料出口额占商品出口总额的比重呈动态波动,无大幅度增减。

表 7 2015～2022 年印度尼西亚农业现代化部分指标

指标	2015 年	2016 年	2017 年	2018 年	2019 年	2020 年	2021 年	2022 年	标准
出生时的预期寿命(岁)	69.70	69.80	69.94	70.34	70.52	68.81	67.57	68.81	70 岁以上
新生儿死亡率(‰)	14.2	13.6	13.1	12.6	12.1	11.7	11.3	11.70	3%以下

续表

指标	2015 年	2016 年	2017 年	2018 年	2019 年	2020 年	2021 年	2022 年	标准
农业就业人数占就业总人数比重(%)	33.04	31.82	30.79	29.71	28.72	29.57	28.99	29.57	30%以下
城镇人口占总人口比重(%)	53.31	53.99	54.66	55.33	55.99	56.64	57.29	57.93	50%以上
人均 GDP(现价美元)	3322.59	3558.82	3839.79	3902.66	4151.22	3894.27	4334.22	4788.00	3000 美元以上
人口增长(年度百分比)	1.11	1.06	1.01	0.97	0.94	0.84	0.69	0.64	1%以下
成人识字率(%)	95.22	95.38	—	95.66	—	96	—	96.00	80%以上

资料来源:世界银行官网,https://www.shihang.org/zh/home。

(4)柬埔寨

2015～2022 年,柬埔寨公民出生时的预期寿命约为 70 岁,新生儿死亡率最高为 16.4‰,人口增长率均高于 1%,说明其医疗健康状况较好,生育率相对较高;农业就业人数占比高于 30%低于 43%,城镇人口占比低于 50%,说明其城镇化程度低,农业是主要产业之一;人均 GDP 少于 3000 美元,成人识字率高于 80%,说明其经济水平一般,但比较重视教育事业(见表 8)。

2015～2022 年,柬埔寨食品进口额占商品进口总额比重在 2016 年和 2019 年出现变化拐点,农业增加值在 2017 年和 2019 年出现变化拐点,农业原材料出口额占商品出口总额比重在 2017 年出现变化拐点,农业用地面积、谷物产量呈持续增长趋势,食品出口额占商品出口总额比重在 2016 年和 2018 年出现变化拐点。

表 8　2015～2022 年柬埔寨农业现代化部分指标

指标	2015 年	2016 年	2017 年	2018 年	2019 年	2020 年	2021 年	2022 年	标准
出生时的预期寿命(岁)	69.87	70.22	70.52	70.56	70.69	70.42	69.58	70.42	70 岁以上
新生儿死亡率(‰)	16.4	15.6	15	14.4	13.8	13.3	12.80	13.30	3‰以下
农业就业人数占就业总人数比重(%)	42.47	37.54	38.21	39.03	39.87	39.42	38.85	39.42	30%以下
城镇人口占总人口比重(%)	22.58	22.98	23.39	23.81	24.23	24.67	24.67	25.11	50%以上
人均 GDP(现价美元)	1281.11	1400.90	1533.32	1671.39	1577.91	1625.24	1625.24	1759.61	3000 美元以上
人口增长率(%)	1.33	1.31	1.22	1.13	1.16	1.17	1.17	1.07	1%以下
成人识字率(%)	80.53	—	—	—	—	83.91	—	83.78	80%以上

资料来源：世界银行，https://www.shihang.org/zh/home。

(5)菲律宾

2015～2022 年，除 2021 年外，菲律宾公民出生时的预期寿命均高于 70 岁，新生儿死亡率大于最高为 14.20‰，人口增长率高于 1%，说明其医疗健康水平相对较好；农业就业人数占比低于 30%，城镇人口占比接近 50%，说明其城镇化程度较高；除 2015 年外，人均 GDP 高于 3000 美元，2022 年成人识字率高达 96.28%，说明其经济水平较高且重视教育事业（见表 9）。

2015～2022 年，菲律宾食品进口额占商品进口总额比重、食品出口额占商品出口总额比重、农业原材料出口额占商品出口总额比重和农业用地面积整体呈增长趋势，在 2016 年和 2019 年出现变化拐点，农业增加值在 2016 年和 2017 年出现变化拐点，谷物产量在 2016 年出现变化拐点。

表 9　2015～2022 年菲律宾农业现代化部分指标

指标	2015 年	2016 年	2017 年	2018 年	2019 年	2020 年	2021 年	2022 年	标准
出生时的预期寿命（岁）	71.27	71.39	71.52	71.69	71.87	72.12	69.27	72.12	70 岁以上
新生儿死亡率（‰）	14.20	14.00	13.70	13.30	13.00	12.70	12.30	12.70	3%以下
农业就业人数占就业总人数比重（%）	29.19	26.99	25.44	24.29	22.86	24.77	24.27	24.77	30%以下
城镇人口占总人口比重（%）	46.48	46.68	46.91	47.15	47.41	47.68	47.68	47.98	50%以上
人均 GDP（现价美元）	2974.30	3038.15	3077.44	3194.67	3413.85	3224.42	3460.54	3498.51	3000 美元以上

续表

指标	2015 年	2016 年	2017 年	2018 年	2019 年	2020 年	2021 年	2022 年	标准
人口增长率(%)	1.67	1.77	1.76	1.70	1.66	1.63	1.49	1.46	1%以下
成人识字率(%)	98.18	—	—	—	96.28	—	—	96.28	80%以上

资料来源：世界银行，https://www.shihang.org/zh/home。

(6)越南

2015～2022 年，越南公民出生时的预期寿命均高于 70 岁，新生儿死亡率最高为 11.20‰，人口增长率在 1%上下波动，说明其医疗健康水平相对较好；农业就业人数占比除 2021 年外高于 30%低于 45%，城镇人口占比低于 50%，说明其城镇化程度不高；人均 GDP 在 2018 年前低于 3000 美元，2018～2020 年高于 3000 美元；2019 年成人识字率高于 90%，说明其经济水平较高且重视教育(见表 10)。

2015～2022 年，越南食品进口额占商品进口总额比重、食品出口额占商品出口总额比重、农业原材料出口额占商品出口总额比重、谷物产量呈下降趋势，农业增加值在 2016 年和 2018 年出现变化拐点，农业用地面积在 2018 年和 2019 年出现变化拐点。

表 10　2015～2022 年越南农业现代化部分指标

指标	2015 年	2016 年	2017 年	2018 年	2019 年	2020 年	2021 年	2022 年	标准
出生时的预期寿命(岁)	73.88	73.94	73.96	73.98	74.09	75.38	73.62	75.38	70 岁以上
新生儿死亡率(‰)	11.20	11.10	11.00	10.90	10.80	10.70	10.5	10.70	3%以下

续表

指标	2015 年	2016 年	2017 年	2018 年	2019 年	2020 年	2021 年	2022 年	标准
农业就业人数占就业总人数比重(%)	44.02	41.86	40.16	37.72	34.98	32.61	29.04	32.61	30%以下
城镇人口占总人口比重(%)	33.81	34.51	35.21	35.92	36.63	37.34	38.05	38.77	50%以上
人均 GDP(现价美元)	2595.23	2760.72	2992.07	3267.23	3491.09	3586.35	3756.49	4163.51	3000 美元以上
人口增长率(%)	1.04	1.01	0.97	0.93	0.90	0.91	—	0.91	1%以下
成人识字率(%)	—	—	—	—	95.75	—	—	95.75	80%以上

资料来源：世界银行，https://www.shihang.org/zh/home。

(7)文莱

2015～2022 年，文莱公民出生时的预期寿命均高于 70 岁，新生儿死亡率最高为 6.20‰，人口增长率在 1%上下波动，说明其医疗健康水平相对较好；农业就业人数远低于 30%，城镇人口占比高于 50%，说明其城镇化程度较高；人均 GDP 远高于 3000 美元，成人识字率高达 90%以上，说明其经济水平较高且重视教育事业(见表 11)。

2015～2022 年，文莱的食品进口额占商品进口总额比重和农业原材料出口额占商品出口总额比重呈下降趋势，谷物产量呈增长趋势，农业增加值在 2017 年和

2018 年出现变化拐点，食品出口额占商品出口总额比重在 2016 年和 2018 年出现变化拐点，农业用地面积未发生明显变化。

表 11　2015～2022 年文莱农业现代化部分指标

指标	2015 年	2016 年	2017 年	2018 年	2019 年	2020 年	2021 年	2022 年	标准
出生时的预期寿命(岁)	74.75	74.73	74.72	74.71	74.75	74.80	74.64	74.80	70 岁以上
新生儿死亡率(‰)	5.20	5.40	5.60	5.80	6.00	6.20	6.20	6.20	3%以下
农业就业人数占就业总人数比重(%)	1.36	1.36	1.36	1.06	1.95	1.34	1.29	1.34	30%以下
城镇人口占总人口比重(%)	76.66	76.99	77.31	77.63	77.94	78.25	78.55	78.85	50%以上
人均 GDP(现价美元)	30681.68	26762.95	28186.80	31241.45	30748.74	27179.41	31448.91	37152.48	3000 美元以上
人口增长率(%)	1.14	1.08	1.00	0.92	0.87	0.84	0.82	0.81	1%以下
成人识字率(%)				97.21		97.59	97.59	97.59	80%以上

资料来源：世界银行，https://www.shihang.org/zh/home。

(8)马来西亚

2015～2022 年,马来西亚公民出生时的预期寿命均高于 70 岁,新生儿死亡率最高为 4.30‰,人口增长率高于 1%,说明其医疗健康水平相对较好;农业就业人数占比远低于 30%,城镇人口占比远高于 50%,说明其城镇化程度高;人均 GDP 超三倍标准,成人识字率高达 90%以上,说明其经济水平较高且重视教育事业(见表 12)。

2015～2022 年,马来西亚食品出口额占商品出口总额比重、农业原材料出口额占商品出口总额比重、谷物产量呈下降趋势,农业增加值在 2016 年和 2017 年出现变化拐点,食品进口额占商品进口总额比重在 2018 年出现变化拐点,农业用地面积增长至 2016 年后不再变化。

表 12　2015～2022 年马来西亚农业现代化部分指标

指标	2015 年	2016 年	2017 年	2018 年	2019 年	2020 年	2021 年	2022 年	标准
出生时的预期寿命(岁)	75.09	75.29	75.48	75.64	75.76	75.94	74.88	75.94	70 岁以上
新生儿死亡率(‰)	4.20	4.20	4.20	4.20	4.30	4.20	4.20	4.20	3%以下
农业就业人数占就业总人数比重(%)	12.47	11.37	11.02	10.59	10.23	9.95	9.65	9.95	30%以下
城镇人口占总人口比重(%)	74.84	75.45	76.04	76.61	77.16	77.70	77.70	78.21	50%以上

续表

指标	2015 年	2016 年	2017 年	2018 年	2019 年	2020 年	2021 年	2022 年	标准
人均 GDP（现价美元）	9699.58	9555.65	9979.80	11074.06	11132.02	10160.78	11134.62	11993.19	3000 美元以上
人口增长率(%)	1.46	1.42	1.32	1.24	1.20	1.12	1.12	1.08	1%以下
成人识字率(%)	—	94.88	95.08	94.85	94.97	—	—	94.97	80%以上

资料来源：世界银行，https://www.shihang.org/zh/home

(9)泰国

2015～2022 年，泰国公民出生时预期寿命均高于 70 岁，新生儿死亡率最高为 6.10‰，人口增长率低于 1%，说明其医疗健康水平相对较好，但生育率低；农业就业人数占比高于 30%，城镇人口占比在 50%上下浮动，说明其城镇化程度一般；人均 GDP 高于 3000 美元，成人识字率高达 90%以上，说明其经济水平较高（见表 13）。

2015～2022 年，泰国食品进口额占商品进口总额比重、食品出口额占商品出口总额比重、农业用地面积呈增长趋势，农业增加值在 2018 年出现变化拐点，农业原材料出口额占商品出口总额比重几乎保持不变，谷物产量在 2018 年和 2019 年出现变化拐点。

表 13　2015～2022 年泰国农业现代化部分指标

指标	2015 年	2016 年	2017 年	2018 年	2019 年	2020 年	2021 年	2022 年	标准
出生时的预期寿命（岁）	77.72	78.05	78.39	78.66	78.98	79.27	78.72	79.27	70 岁以上

续表

指标	2015年	2016年	2017年	2018年	2019年	2020年	2021年	2022年	标准
新生儿死亡率(‰)	6.10	5.90	5.60	5.40	5.10	4.90	4.70	4.90	3‰以下
农业就业人数占就业总人数比重(%)	32.33	31.23	31.53	32.20	31.49	31.39	31.60	31.39	30%以下
城镇人口占总人口比重(%)	47.69	48.45	49.20	49.95	50.69	51.43	52.16	52.89	50%以上
人均GDP(现价美元)	5708.80	5854.46	6436.79	7124.56	7630.04	6990.94	7060.91	6990.96	3000美元以上
人口增长率(%)	0.48	0.44	0.41	0.32	0.25	0.24	0.18	0.13	1%以下
成人识字率(%)	92.87	—	—	93.77	—	94.10	94.10	94.10	80%以上

资料来源：世界银行，https://www.shihang.org/zh/home。

(10)新加坡

2015～2022年，新加坡公民出生时的预期寿命均高于70岁，甚至超过80岁，新生儿死亡率最高为1.10‰，人口增长率部分年份小于1%，说明其医疗健康水平高；农业就业人数占比远低于30%，部分年份甚至低于0.5%，城镇人口占比均为100%，说明其已完成城镇化；人均GDP远高于3000美元，成人识字率均高于90%，说明其经济水平高且重视教育事业(见表14)。

2015～2022年，新加坡食品出口额占商品出口总额比重呈增长趋势，食品进口额占商品进口总额比重在2016年和2018年出现变化拐点，农业增加值增长至2019年后大幅度下降，农业原材料出口额占商品出口总额比重在2017年出现变化拐点，谷物产量为零，农业用地面积未发生明显变化。

表14 2015～2022年新加坡农业现代化部分指标

指标	2015年	2016年	2017年	2018年	2019年	2020年	2021年	2022年	标准
出生时的预期寿命（岁）	82.74	82.85	83.10	83.30	83.60	84.47	83.44	84.47	70岁以上
新生儿死亡率（‰）	1.10	1.10	1.00	1.00	0.90	0.80	0.70	0.80	3‰以下
农业就业人数占就业总人数比重（%）	0.58	0.48	0.44	0.40	0.40	0.34	0.32	0.34	30%以下
城镇人口占总人口比重（%）	100.00	100.00	100.00	100.00	100.00	100.00	100.00	100.00	50%以上
人均GDP（现价美元）	55646.62	56860.41	61150.73	66859.34	65831.19	60729.45	77710.09	82807.63	3000美元以上
人口增长率（%）	1.19	1.30	0.09	0.47	1.14	－0.31	－4.2	3.31	1%以下

续表

指标	2015 年	2016 年	2017 年	2018 年	2019 年	2020 年	2021 年	2022 年	标准
成人识字率(%)	96.83	97.05	97.20	97.34	97.48	97.13	—	97.13	80%以上

资料来源：世界银行，https://www.shihang.org/zh/home。

根据评价标准，可将农业现代化程度划分为低、中、高三个等级。基于 2020 年、2021 年、2022 年数据，评估东盟十国农业现代化程度(见表 15)。结果显示，缅甸、老挝、菲律宾为低等级($I>15\%$)，文莱、印度尼西亚、越南、柬埔寨为中等级($12\%<I<15\%$)，泰国、马来西亚、新加坡为高等级($I<12\%$)。

表 15　东盟十国农业现代化水平评价结果

单位：%

国家	农业现代化水平(I)
缅甸	19.85
老挝	20.98
印度尼西亚	14.77
柬埔寨	14.95
菲律宾	16.59
越南	13.76
文莱	12.41
马来西亚	11.65
泰国	9.54
新加坡	8.02

综上可知，印度尼西亚、缅甸、菲律宾、老挝等虽然农业现代化程度不高，但农业作为以上四个国家的重要产业，具有很大的发展潜力；马来西亚、文莱、新加坡经济发展水平高，城镇化水平高，教育事业发展好，具有较好的合作条件；山东省可以与越南、泰国、柬埔寨，尤其以旅游业为主的泰国和柬埔寨，合作发展特色农业。

2. 东盟农业现代化体系存在的问题

一是东盟国家劳动力素质较低，新技术推广难度大。越南、菲律宾、柬埔寨等东盟国家当地农民普遍经济条件较差、受教育程度不高、接受新事物较慢，农作物新品种、新技术的推广难度较大。

二是东盟国家气候条件多变，病虫害多发。越南、菲律宾、柬埔寨等东盟国家终年高温，雨季台风多，旱季缺水干旱，农作物病虫害多发，同时缺少高效低毒农药。

三是从农产品生产种类上看，东盟国家盛产热带经济作物。根据数据统计，泰国和印尼采用大型养殖业，而中国则以家庭小规模养殖为主，所以对动物产品有较大影响，不具有比较优势。

四是从人才储备上来看，东盟国家的廉价劳动力数量庞大，但是由于每年面临农业产业结构失衡的问题，再加上东盟大部分国家的劳动力受教育程度不高，农业技术人才后备不足，高素质劳动力资源相对来说较为紧缺。

（四）山东—东盟农业合作的政策建议

中国与东盟经济依存度较高，东盟为中国产业结构调整提供了更多的机遇，并成为中国的原料来源地与农产品进口市场，同时，蓬勃发展的中国经济也为东盟国家提供了新的机遇与广阔市场，有助于其扩大对中国的贸易和投资。新时期，在以国内大循环为主体、国内国际双循环相互促进的新发展格局下，山东在对外投资合作方面应当抓住新机遇，提出新思路，做出新部署，实现新突破。长期以来，山东坚持发挥对外开放的良好优势，积极推进与东盟的发展战略及政策对接，并在与东盟双向投资合作方面不断取得新成绩。本报告在全面深入细致分析中国和东盟的农业产业的特点及比较优势的基础上，从比较优势的角度积极探索山东—东盟农业合作的战略选择，为加强山东省和东盟农业合作提供政策建议参考。

1. 推动贸易结构转型，优化升级产业结构

扩大现代农业的技术与市场合作，推进打造东盟国家水果集散地建设，加强与东盟国家在农产品加工、食品加工等方面的合作，推动山东与泰国在水果深加工项目上的合作，推进水产加工、食品加工等优势传统产业集群式发展，推动打造东盟农副产品加工基地建设，共同开发旅游所需的速食果品、即食产品，完善冷链物流等配套设施，提高产品生产销售的一站式服务支撑能力。

促进山东省农产品加工等重点传统产业的转型升级，促进农业产业现代化和产业结构优化。加强双方在现代农业领域的合作，提高农民的专业化水平，推动新型农业经营体系的快速发展，推进山东省与东盟贸易结构转型升级。

2. 打响“好品山东”品牌，促进双方农产品贸易

2022年，柬埔寨龙眼、巴沙鱼、玉米、胡椒、燕窝、椰子、野生水产品、食用水生动物等的出口稳步推进。泰国将其大米、乳胶制品、蚕丝制品三大产品成功推广成为国外游客消费必选产品。而山东烟台苹果、金乡大蒜、莱阳梨等优势农产品虽然深受东盟友人欢迎，但是国际知名度仍然有限。山东省应参考借鉴泰国充分利用旅游国家的资源，对国内外游客大力宣传的方式，推出山东优势农产品葱、姜、蒜等。东南亚气候湿热、对此类农产品需求巨大，应进一步做大做强山东省特色蔬菜产业出口龙头企业，培育特色农产品品牌。

大力推行果品出口品牌化战略，加大力度培育扶持大型果品出口平台型企业，推动现有中小果品出口企业的有效整合，尽快实现“公司＋农户”向“公司＋基地＋标准化”模式转变，以高标准、高信誉和规模化生产、品牌化销售开拓国际市场渠道。

3. 多渠道推进农业贸易合作

加强信息交流平台、企业与产品形象展示平台以及贸易合作服务平台的建设。一方面，要广泛“请进来”。通过举办展会、推介会、对接会等形式，邀请国外客商现场体验对接，提升品牌认知度。另一方面，要支持“走出去”。鼓励、支持优势企业主动参与国际化产销对接、品牌推介，引导农产品品牌与电商融合发展，利用跨境电商线上销售平台、直销直供等方式，使出口品牌搭上“互联网＋”的快车。

4. 积极推动农业科技创新，开展山东—东盟农业科研合作项目

2018年，山东中农天泰种业与印度尼西亚国家谷物研究共同实施国家重点研发计划“印尼优异玉米新品种选育合作研究与示范”项目，该项目集基因挖掘、种质创制、品种选育、示范推广和人才培养为一体，有益于推进中国玉米新品种“走出去”，布局“一带一路”东南亚区域，实现玉米产业化。不仅印度尼西亚重视农业科技发展，泰国、文莱、柬埔寨、越南、缅甸等国家也加大了投资力度。因此应加快山东省高校、科研院所、企业在农业领域取得的科研成果转化，助力建设“农业强省”的同时服务山东与东盟农业贸易合作。

5. 发展智慧农业，打造乡村振兴齐鲁样板

近年来，数字农业已成为中国农业农村经济发展的新亮点，东盟国家也已进入数字化转型快车道，中国与东盟数字农业合作潜力巨大。2022年，在第25次中国—东盟领导人会议上，双方将2023年确定为“中国东盟农业发展和粮食安全合作年”，重点深化数字农业与智慧农业等领域的合作。2023年，智慧农业博览会和中国—东盟数字农业论坛等系列活动在山东举办，举办方聚焦智慧农业“高精尖”

技术，面向全球邀请了科研机构、知名企业、领军人才等，近千家单位和个人参展或出席学术交流活动，为山东智慧农业发展带来了前所未有的机遇，为山东农业农村现代化发展注入了新动能。

山东把智慧农业作为打造乡村振兴齐鲁样板的重要抓手，着力加强数字山东、智慧农业、数字乡村等建设。重点提升数字大田、数字果园、数字畜牧、数字水产养殖等多元数字农业技术，在智慧育种、智慧种植、数字农服、无人农场、智慧农场方面与东盟国家进行深入交流合作，实现新一代信息技术与农业农村深度有机融合，强化数字农业的人才培养，最终加强产业链、教育链、人才链和创新链的有效对接。

6. 重视国际农机市场需求，提高中国农机产品美誉度。

做好同东盟国家农牧机械产品领域的对接，从装备制造业合作来看，东盟国家对农机产品的需求量大，山东省在农业人才、技术和中小型农机方面具有优势，应依托省内各农机企业，大力发展农业机械，做好与越南、马来西亚的农机产品合作，建立完善产品售后服务体系，开办农业机械化培训班、搭建先进农业机械技术交流平台，提高中国农机产品美誉度。

7. 促进农业企业有序“走出去”

一方面，健全农业“走出去”的管理和监督制度，构建涵盖各部门的支持农业企业“走出去”的财税、信贷、外汇、统计等制度体系。另一方面，应健全针对“走出去”农业企业的支持和服务体系。目前，还没有专门针对农业的更深入详细的服务体系，应组织相关专家和学者，对东盟各国的农业生产、市场、政策、法规等情况进行深入的系统研究，并在此基础上建立相关信息服务平台，为农业企业“走出去”提供有效的信息咨询服务。

三、结论与展望

通过调查研究发现，在“一带一路”建设背景下，虽然在东盟国家农业技术需求市场上，中国面临日韩、欧美等竞争者，但是东盟国家对中国的农业技术需求空间大。本报告依据山东省在山东—东盟农业合作发展中的定位，从合作领域、合作模式、合作层次有针对性地提出中国—东盟农业技术合作建议，旨在推进中国与东盟国家的农业国际合作。在合作领域上，农业机械和种子将是和东盟国家合作的重点项目，农产品深加工技术是合作的新方向，农业机械和种子是中国的优势农业技术；在合作模式上，“中国企业＋东盟企业”合作模式能发挥最大合作效用，因此需要鼓励中国“走出去”的农业企业积极与东盟农业龙头企业合作；在合作层次上，需要加大对农业技术使用者的培训，针对不同农业技术种类进行不同形式培训，让农业技术合作进入深层合作。

山东—东盟教育人文交流服务“中国—东盟命运共同体”建设

张国强　宋　伟*

一、山东省的定位

山东作为一个教育大省、文化强省，在与东盟国家的经贸往来和交流合作中，在推进国际中文教育和人文交流方面有着独特的文化和人力资源优势，理应在双方教育人文交流服务“中国—东盟命运共同体”建设方面“走在前，挑大梁”。

（一）东盟国家开展国际中文教育的现实需求

随着全球化和区域一体化的深化发展，区域性国际组织逐渐成为影响世界局势、社会发展与人民生活的重要力量，其成员国共同倡导和遵循的政策制度直接影响组织内的中文教育发展。东盟是“一带一路”的核心区域，在亚太地区扮演重要角色，与南太平洋地区互动频繁。中文纳入海外国家教育体系是中文全球地位提升的显著标志。中文教育在东盟的良好发展，对“一带一路”共建国家、中欧班列沿线区域、南太平洋等区域的中文教学有积极的带动和示范作用，对支持配合将中文纳入更多国家国民教育体系起到有益的参考和借鉴作用。面向东盟的区域中文教育研究对丰富区域国别中文教育研究案例、凝练区域化中文教育高质量发展规律具有重要意义。

* 张国强，德州学院东盟研究中心副主任，德州学院外国语学院教授，主要研究方向为区域与国别学、英汉翻译、教育学；宋伟，德州学院东盟研究中心讲师，主要研究方向为区域与国别学、职业教育、国际中文教育。

中国—东盟语言文化交流日趋丰富多样，助力“五大家园”建设。中文纳入海外国家国民教育体系是国际中文教育本土化、高质量发展的重要标志，东盟是中文纳入国民教育体系发展最好的区域之一，开展中文纳入东盟国家国民教育体系研究具有重要意义。

语言是拉紧我国与东盟交流纽带的重要依托。国际中文教育在东盟国家被称为华文教育，东盟国家国际中文教育历史悠久，教育特色鲜明，成绩斐然。东盟国际中文教育形式多样，有业余补习班、家庭式补习班、进修班、全日制教育等教学层次，形成了从小学到大学完整的教育体系，学习人数众多。东盟国家中除了缅甸和文莱以外，印度尼西亚、老挝、马来西亚、菲律宾、新加坡、泰国、越南、柬埔寨8个国家已将中文纳入其国民教育体系（见表1），纳入比例达到80%。中文纳入东盟国家国民教育体系特色鲜明、成效显著，不仅纳入比例较高，纳入程度更为深入，纳入层级也更高，是中文纳入发展最好的区域之一。

表1　东盟国家将汉语纳入其国民教育体系情况

东盟国家	官方语言	是否纳入国民教育体系
泰国	泰语	√
印度尼西亚	印尼语	√
马来西亚	马来语、汉语、英语	√
新加坡	汉语、英语、马来语	√
越南	越南语	√
柬埔寨	高棉语、英语	√
缅甸	缅甸语	×
老挝	老挝语	√
文莱	马来语	×
菲律宾	菲律宾语、英语	√

注：√代表已将汉语纳入国民教育体系，×代表未将汉语纳入国民教育体系。

资料来源：孔子学院全球门户网站。

随着“一带一路”倡议的实施和推进，“汉语热”越来越高涨。与中国地缘近、血缘亲、文化渊源深厚的东盟国家是“一带一路”核心区，也是“汉语热”浪潮发挥影响的重要区域。随着中国—东盟经贸合作的不断深化，汉语作为重要沟通工具之一，也"火了"起来，架起了中国和东盟国家间民心相通、相交的桥梁。特别是随着中老铁路、雅万高铁、中泰铁路、越南河内轻轨等大批接地气、惠民生的"一带一路"重点项目在东盟国家稳步推进，汉语成了许多东盟国家民众争相学习的"香饽饽"。随着中国与东盟经贸合作的加深，"汉语热"带来的影响已扩展到各个领域，汉语学习者对单纯的中文和中国文化的学习需求，正逐渐向基于中文的职业技能教育转变。很多海外中资企业对熟悉汉语的当地员工需求越来越大，尤其是对从事国际贸易的企业来说，懂汉语的员工具有较大优势。

(二)东盟国家与中国其他省区市开展国际中文教育合作状况

广西是中国唯一与东盟海、陆相连的省区市，作为与东盟沟通交流的"桥梁"，广西有着天然的地理优势。广西壮族自治区中，对东盟国家汉语国际教育发展发挥较大影响力的高等院校有广西民族大学、广西师范大学、广西大学、广西医科大学、广西师范学院等。在中国与东盟国家建立的 42 所孔子学院中，广西 4 所高校与东盟国家(泰国、老挝、越南、柬埔寨、印度尼西亚)共建立了 8 所孔子学院。以孔子学院为平台大力推进"中华文化走出去"，广西已成为中国接收东盟国家留学生最多的省区市之一，"留学广西"品牌效应不断扩大。广西高校在东盟国家还建立了 10 余所职业院校协同企业"走出去"，为驻外中资企业和东盟国家培养技术技能型人才。

云南由于自身地缘优势，与东盟国家在地理、民俗、气候、发展需求上有相同、相通之处。云南作为全国少数民族最多的省区市，加大对少数民族地区教育的支持力度，建立起了包括 14 个民族 18 个文种的教材体系，4 所高校建立了民族语言师资培训基地，在东南亚国家建立了 5 所孔子学院，为不通汉语的民族地区发展教育打下了良好基础。

江苏目前有 17 所高校和中小学建立了 27 所孔子学院和独立孔子课堂，遍布世界 4 个大洲，是国际中文教育事业的有力建设者。2021 年 12 月 29 日，江苏省国际中文教育工作联盟成立，联盟首批成员共 26 所高校，将对接国家和江苏省发展战略需求，结合江苏地方和院校的各自优势，打造国际中文教育发展的江苏模式。2022 年由南京工业职业技术大学和柬埔寨柬华理事总会共建的柬华理工大学孔子学院是全球第一所实施"中文＋职业教育"的特色孔子学院。该校以服务柬埔寨社会经济发展为导向，结合柬埔寨学生多样化的学习需求，以中文和技能为切入点，逐渐向其他领域延伸，打造出各类"中文＋"项目，培养既懂中文又懂技术的专业人才。

二、山东省开展小语种和国际中文教育发展现状

近年来，国际中文教育越来越受到东南亚各国的关注和重视。国际中文教育是指在全球范围内推广汉语教学，让更多的外国人学习汉语，了解中国文化和社会，促进中外文化交流和合作。国际中文教育的意义不仅在于传授语言知识，更在于推动文化交流和促进世界和平发展。另外，全面调研山东省与东盟国家经贸、人文交流现状及其对小语种人才的需求情况与自主培养的匹配度也是服务“中国—东盟命运共同体”建设的题中应有之意。

（一）东盟国家的语言教育政策

东盟十国语言种类丰富，是名副其实的“语言博物馆”，各国普遍存在1～4种官方语言。由于受到殖民统治、宗教传统和外来人员的影响，其国内语言受外来语影响普遍较大。各国政府多措并举推广国语，以巩固国语地位。东盟国家中7个国家的官方语言包括英语，其国语的发展与英语密切相关。国语在增进民族融合、去殖民化等方面起到重要作用，从众多民族语言中脱颖而出。马来西亚、新加坡、印度尼西亚、泰国、菲律宾实施多语教育政策。

马来西亚1967年制定国家语言法，废除英语作为官方语言的规定，以马来语作为教学媒介语。印度尼西亚的印尼语与马来西亚、新加坡和文莱使用的马来语是“一种语言，两个称谓”。印尼语是带有浓厚政治色彩的马来语。尽管独尊印尼语的语言教育政策促进了印尼语的大面积普及，但也导致印尼学生阅读能力低的状况。新加坡华文教育政策经历了从华文学校的改制到华文教育的改性再到华文教学的改良的演变过程。这一演变过程主要呈现出以下特征：以华文作为华族母语的定位为逻辑起点和发展基调，制度断裂与制度渐进两种路径交织，从语言的政治性到民族性再到经济性的政策取向变化等。国内外生存环境与语言环境的变化、稳定的政治体制和实用理性的执政理念共同构成推动政策变迁与转型的内外动力因素。中国的发展为新加坡华文教育带来了良好发展机遇，在不改变英文占据主导地位的情况下，华文教育将得到政府和社会的更多重视，中文在社会上的应用也将愈加普遍。泰国1992年对华文教育全面解禁，1998年汉语正式进入泰国的国民教育体系。菲律宾语言和教育政策的变迁促进了菲律宾三语（菲律宾语、英语、地方语言）的和谐共生，体现了菲律宾的多元文化的特色，这也成为菲律宾政府促进社会和谐、国家发展的重要基础。2011年起，汉语作为正式外语被

纳入菲律宾国民基础教育体系，这正是中国—东盟区域经济一体化催生的结果。

（二）山东省高校开设东盟国家小语种教育现状

笔者于 2023 年 5 月 29 日至 6 月 7 日赴印度尼西亚教育部、印度尼西亚大学、印度尼西亚雅西大学、茂物农业大学，中国驻马来西亚大使馆，马来西亚拉曼大学、马来西亚汉文化中心、马来西亚发林集团，新加坡国立大学、国立教育学院、科技设计大学、南洋管理学院等高校，山东大学南洋理工大学孔子学院调研考察。与印尼教育部教育文化与研究技术部高等教育司副司长吉吉教授、印尼驻中国大使馆教育参赞李健等工作人员进行了座谈，介绍"山东东盟研究中心"情况，参观了印尼高等教育信息数据平台，就邀请印度尼西亚高校研究人员来校开展科学研究进行座谈交流。

马来西亚发林公司董事长、商业联盟会长林玉唐先生介绍了集团的业务、在山东投资的情况和取得的荣誉，观看了企业发展的纪录片，表达了商会对东盟建设的希望和支持，特别强调了作为一名华侨，关心祖国建设和发展，愿意为山东发展做贡献的决心。拉曼大学尤方达校长介绍了孔子学院的建设准备情况，几位老师分享了孔子学院建设的目标和方向。对既懂语言又懂技术服务中国（山东）—东盟命运共同体建设的人才给予了很高的期望，也愿意为培养此类人材付出努力。

笔者访问中国驻马来西亚大使馆时，大使馆教育参赞赵长涛、秘书张天，拉曼大学尤方达校长参加活动。赵参赞对德州学院积极开展东盟研究促进中马文化交流的做法给予肯定评价，表示会继续支持我们的工作。

访问马来西亚汉文化中心时，汉文化中心主席、德州学院客座教授、马来西亚翻译与创作协会会长拿督吴恒灿先生，介绍了汉文化中心的基本情况，分享了汉文化中心的图书出版，特别是翻译四大名著的历程，表达了作为一名海外华人对祖国热爱，表达了在人才短期交流或游习、庆祝中马建交 50 周年工作的推进等方面进行合作的意愿。笔者还实地调研汉文化中心马来西亚翻译与创作室，汉语口语水平测试室、培训室，面向汉语爱好者介绍了德州学院汉语言文学专业教育情况、留学生招生政策。

通过到东盟国家实地调研考察，笔者了解到国家对加强与东盟国家合作的重视和支持，深化了对中国（山东）—东盟命运共同体建设的理解。东盟国家使用印尼语的人口大约有 3 亿，目前山东省没有一所高校设立印尼语专业，在商务往来、文化融通方面造成障碍。建议省委省政府支持高校设立印尼语专业，培养语言人才，加强文化交流，为经济发展做出贡献。

2023 年 6 月 27 日上午，德州学院东盟中心调研团队一行 10 人，在校长赵长林的带领下到德州玲珑轮胎有限公司、山东凯地兰科技股份有限公司、中椒英潮辣业发展有限公司和馨赛德（德州）生物科技有限公司进行实地调研，与武城县委、县政府领导，商务局和企业负责人进行了深入的交流沟通和对接洽谈。

德州玲珑轮胎有限公司是一家专业化、规模化的技术型轮胎生产企业，在泰国设有分公司，有招收当地员工、开展语言及技能培训的需求。山东凯地兰科技股份有限公司生产的医疗器械、机织地毯等产品行销泰国、越南等国，对产品本地化服务的需求强烈，有意进一步深耕东南亚市场。中椒英潮辣业发展有限公司以辣椒制品为核心形成了“研发、育种、种植、精深加工、仓储、物流、销售、服务”八位一体的全产业链，成为中国辣椒全产业链的领航者。目前与印度、韩国、日本等国有贸易往来，对开辟东南亚市场，储备外语人才，乃至马来语等小语种人才感兴趣。馨赛德（德州）生物科技有限公司系印度馨赛德实业私人有限公司在华投资的外商独资企业，需要当地技术人才，同时对于山东与南亚、东南亚海外市场的拓展很有帮助。

通过到国内企业实地调研了解到，近年来武城外贸进出口总额由 7.44 亿元（2018 年）增长至 30.82 亿元（2022 年）。其国外市场主要是泰国、越南等东盟国家。政府积极鼓励外经贸企业通过发展跨境电商、设立海外仓等新模式开拓新的国际市场，特别是东盟市场。由东盟中心承办的山东—东盟中小企业论坛等活动对于企业了解东盟市场、对接东盟产业起到了很好的促进作用。政府和企业都希望高校特别是东盟中心能发挥智库作用，在东盟外贸政策、加强跨境商贸语言服务、推进会展经济发展等方面提供帮助。

截至 2023 年，我国主要外语院校和地方院校所开设的 8 种东盟关键语种专业中，印度尼西亚语全国有 16 所本科院校开设，分布在北京（3 所）、天津（1 所）、辽宁（1 所）、吉林（1 所）、上海（1 所）、浙江（1 所）、安徽（1 所）、广东（1 所）、广西（3 所）、云南（2 所）、陕西（1 所），每年的毕业生规模为 200～250 人。马来语全国有 10 所本科院校开设，分布在北京（2 所）、天津（1 所）、广东（1 所）、广西（1 所）、重庆（1 所）、四川（1 所）、云南（2 所）、陕西（1 所），每年的毕业生规模为 100～150 人（见表 2、表 3）。

表 2　2023 年印度尼西亚语开设学校分布

单位：所

	北京	天津	辽宁	吉林	上海	浙江	安徽	广东	广西	云南	陕西	总计
印度尼西亚语	3	1	1	1	1	1	1	1	3	2	1	16

资料来源：中华人民共和国教育部网站。

表 3　2023 年马来语开设学校分布

单位：所

	北京	天津	重庆	四川	广东	广西	云南	陕西	总计
马来语	2	1	1	1	1	1	2	1	10

资料来源：中华人民共和国教育部网站。

山东还没有院校开设印尼语或马来语。这对于山东—东盟进一步加强合作交流，实现深度融合发展极为不利，建议增设相关专业，培养英语＋马来语（印尼语）、马来语（印尼语）＋专业方向等既懂语言又懂技术的复合型人才。

（三）山东省在东盟国家开展国际中文教育现状

1. 山东省高校设立孔子学院开展国际中文教育

根据中国国际中文教育基金会网站公布的数据，孔子学院和孔子课堂已成为东盟十国民众学习汉语言文化、了解中国的重要窗口和桥梁。截至 2023 年 7 月，共有孔子学院 42 所，孔子课堂 16 间，与 2015 年相比，孔子学院增加了 12 所，孔子课堂减少了 15 个（见表 4 和表 5）。

从 2015 年到 2023 年，泰国一直都是东盟国家中孔子学院和孔子课堂数量最多的国家。缅甸和文莱两个国家一直没有开设孔子学院。与 2015 年相比，除了缅甸和文莱两个国家以外，其他东盟国家的孔子学院数量都呈增长趋势。与 2015 年相比，孔子课堂数量没有变化的国家是老挝、缅甸、越南、文莱和菲律宾，孔子课堂数量减少的国家是泰国、印度尼西亚、新加坡、柬埔寨，孔子课堂数量增加的国家只有马来西亚。

表 4　2023 年东盟十国孔子学院和孔子课堂分布

单位:所(间)

	老挝	缅甸	越南	泰国	印度尼西亚	新加坡	马来西亚	柬埔寨	文莱	菲律宾
孔子学院	2	0	1	16	8	2	5	3	0	5
孔子课堂	0	3	0	11	0	1	1	0	0	0

资料来源:孔子学院全球门户网站。

表 5　2015 年东盟十国孔子学院和孔子课堂分布表

单位:所(间)

	老挝	缅甸	越南	泰国	印度尼西亚	新加坡	马来西亚	柬埔寨	文莱	菲律宾
孔子学院	1	0	1	14	6	1	2	1	0	4
孔子课堂	0	3	0	18	1	2	0	3	0	0

资料来源:孔子学院全球门户网站。

根据孔子学院全球门户网站公布的数据,山东省 14 所学校(单位)参与合作建立的孔子学院(课堂)共 30 所(间)(见表 6),其中在东盟国家合作建立的孔子学院(课堂)仅 2 所(间),其他 28 所(间)孔子学院(课堂)主要在韩国、加拿大、俄罗斯等国家。山东省在东盟国家建立的孔子学院,一所是山东大学与新加坡与南洋理工大学共同建立的南洋理工大学孔子学院,另一所是德州学院与马来西亚拉曼大学共同建立的拉曼大学孔子学院。

表 6　山东省学校(单位)建立的孔子学院(课堂)分布

单位:所(间)

序号	名称	数量
1	山东大学	6
2	中国石油大学(华东)	1
3	济南大学	1
4	聊城大学	2
5	临沂大学	1
6	鲁东大学	1

续表

序号	名称	数量
7	青岛大学	3
8	曲阜师范大学	2
9	山东师范大学	7
10	青岛第二中学	1
11	山东大学附属中学	1
12	山东淄博实验中学	1
13	山东省教育厅	2
14	德州学院	1
总计		30

资料来源：孔子学院全球门户网站。

2. 山东省职业院校与东盟国家职业院校交流合作情况

为推动中国（山东）—东盟职业教育产学研基地落实落地，深化山东省与东盟国家职业教育交流合作，共享职业教育发展成果，2022 年 7 月 29 日，中国（山东）—东盟职业教育产学研交流会作为中国—东盟市长论坛暨协同创新发展大会平行论坛之一，在山东德州成功举办。该交流会旨在加快对接山东与东盟国家职教领域合作需求，建立常态化对话机制，推出更多合作成果，推动山东省与东盟国家职教国际交流合作再上新台阶。

2023 年 3 月，推动国际中文教育（面向东盟地区）高质量创新发展经验交流会在百色召开，教育部中外语言交流合作中心党委书记、主任马箭飞表示，要进一步利用和发挥高校的资源优势，调动起高校参与面向东盟地区的国际中文教育的积极性；满足东盟各国对中文教育日益增长的需求；要明确“中文＋”教育是国际中文教育的新方向，通过“中文＋专业”“中文＋技能”等一系列项目，培养兼具中文语言能力和某一专业技能的复合型人才。

根据山东省各职业学院官方网站上公布的数据，山东省共 34 所学校与东盟国家大学有合作交流。数据统计显示，潍坊护理职业学院与 10 所东盟国家院校建立了交流，数量最多。其次是淄博职业学院（9 所），再次是潍坊职业学院（7 所）。排名前三的职业院校主要分布在山东省中部地区，沿海地区职业院校与东盟国家大学交流合作较少（见表 7）。

表7　与山东省职业院校建立交流的东盟院校数量

单位:所

序号	学校名称	数量
1	威海职业学院	2
2	山东职业学院	2
3	潍坊职业学院	7
4	烟台职业学院	3
5	东营职业学院	1
6	山东科技职业学院	4
7	山东服装职业学院	1
8	山东力明科技职业学院	1
9	山东水利职业学院	7
10	山东畜牧兽医职业学院	2
11	东营科技职业学院	1
12	淄博职业学院	9
13	山东外贸职业学院	3
14	山东经贸职业学院	4
15	山东化工职业学院	3
16	济南职业学院	2
17	枣庄科技职业学院	1
18	山东旅游职业学院	1
19	山东药品食品职业学院	1
20	山东轻工职业学院	6
21	山东城市建设职业学院	2
22	菏泽家政职业学院	1
23	临沂职业学院	3
24	枣庄职业学院	1
25	山东理工职业学院	2
26	山东文化产业职业学院	2

续表

序号	学校名称	数量
27	青岛远洋船员职业学院	1
28	济南护理职业学院	1
29	山东海事职业学院	1
30	潍坊护理职业学院	10
31	潍坊工程职业学院	4
32	菏泽职业学院	1
33	威海海洋职业学院	2
34	潍坊环境工程职业学院	1

资料来源：山东省各职业学院官方网站。

山东省21所职业院校与泰国的院校有交流合作，16所职业院校与马来西亚的院校有交流合作，10所职业院校与菲律宾的院校有交流合作，8所大学与新加坡的院校有交流合作。根据统计结果可知，山东省职业院校与泰国院校的交流合作最多，与缅甸、文莱、柬埔寨、印度尼西亚、老挝、越南等国家的院校没有交流合作（见表8）。

表8　与山东省职业院校建立交流的各东盟国家院校数量

单位：所

序号	国别	院校数量
1	马来西亚	16
2	菲律宾	10
3	泰国	21
4	新加坡	8
5	缅甸	0
6	文莱	0
7	柬埔寨	0
8	印度尼西亚	0
9	老挝	0

续表

序号	国别	院校数量
10	越南	0

资料来源：山东省各职业学院官方网站。

随着“一带一路”建设的推进，中国企业持续开展广泛的国际经贸合作，复合型专业技术人才，特别是“精技术、通语言、懂文化”的复合型人才需求大幅增长。以“中文工坊”为代表的“中文＋职业技能”教育新模式蓬勃发展，进一步推动国际中文教育高质量发展。目前，中外语言交流合作中心已在泰国、马来西亚、阿根廷等国家建立19个“中文工坊”。山东省共9所职业院校建立了10个“中文工坊”，其中山东理工职业学院和潍坊职业学院在东盟国家建立了两个“中文工坊”（见表9）。

表9　山东省高职院校建立的“中文工坊”

序号	国家	中文工坊名称	中方合作机构名称
1	泰国	春武里技术学院中文工坊	山东理工职业学院
2	巴基斯坦	瓜达尔港中文工坊	山东商业职业技术学院
3	刚果（金）	科米卡矿业简易股份有限公司中文工坊	山东理工职业学院
4	几内亚	中国铝业有限公司中文工坊	滨州职业学院
5	刚果（金）	TFM矿业中文工坊	枣庄科技职业学院
6	刚果（金）	拉米卡股份有限公司中文工坊	山东商务职业学院
7	刚果（金）	迪兹瓦矿业股份有限公司中文工坊	淄博职业学院
8	蒙古	新鑫矿业有限责任公司中文工坊	山东职业学院
9	老挝	万象矿业有限公司中文工坊	潍坊职业学院
10	喀麦隆	天元建设集团中文工坍	临沂职业学院

资料来源：高职发展智库网站。

山东省职业院校通过建立海外分校，积极探索实施职业教育国际合作交流战略，提升职业教育合作与交流的广度和深度，打造更全方位、更宽领域、更多层次的职业教育国际发展新模式。据统计，共9所职业院校在东盟国家参与建设了海外分校（见表10）。

表 10　山东省职业院校在东盟国家参建海外分校统计

序号	学校	海外分校
1	威海职业学院	中国—缅甸职业技术学院达贡山校区
2	山东职业学院	中国—印度尼西亚(棉兰达瑞校区)海外职院
3	山东科技职业学院	泰国素叻他尼技术学院海外分院
4	山东畜牧兽医职业学院	中国—缅甸职业技术学院万宝矿产校区
5	东营科技职业学院	柬埔寨职业教育中心
6	枣庄科技职业学院	中国—缅甸职业技术学院万宝矿产校区
7	山东理工职业学院	中国—缅甸职业技术学院万宝矿产校区 山东理工职业学院泰国分校
8	潍坊护理职业学院	中国—缅甸职业技术学院达贡山校区
9	威海海洋职业学院	中国—缅甸职业技术学院万宝矿产校区

资料来源:山东省各职业学院官方网站。

通过对山东省职业院校的调研得知,2021 年山东理工职业学院牵头 47 家职业院校与中国有色矿业集团有限公司、中国铝业集团有限公司等 10 余家中央企业,在缅甸、印度尼西亚等 8 个国家建立了中国海外职业技术学院 14 个校区,积极拓展国际合作空间。山东理工职业学院携手中国优质职业院校“组团出海”,建设中国海外职业技术学院,提升了我国产业国际竞争力和职业教育国际影响力,弘扬了中华优秀传统文化和产业文化,以职业教育“走出去”提升职业教育对外开放水平,从而更好地服务当前对外工作大局,助力中外产能合作,培养更多“一带一路”建设需要的技术技能型人才。

山东省职业院校积极培育齐鲁工匠、发展特色专业,在东盟国家参与建设“鲁班工坊”。统计结果显示,共 3 所职业院校在越南、泰国、马来西亚 3 个国家参与建设了“鲁班工坊”(见表 11)。

表 11　山东省职业院校在东盟国家参建“鲁班工坊”情况

序号	院校	鲁班工坊
1	山东服装职业学院	鲁班工坊(越南)
2	临沂职业学院	泰国西那瓦国际大学鲁班工坊 马来西亚英迪国际大学鲁班工坊
3	山东理工职业学院	鲁班工坊(泰国)

资料来源:山东省各职业学院官方网站。

为进一步弘扬中华文化,增进中外青少年对双方语言文化的了解,加强中外语言教育交流,由中外语言交流合作中心主办,中方院校及教育机构承办,面向全球中文爱好者的特色中文教学实践活动“汉语桥”线上团组项目,以“实时授课+视频课程+线上活动”形式开展。高职发展智库对汉语桥团组在线体验平台高职院校承办项目进行了统计。截至 2023 年 10 月 31 日,全国共有 94 所高职院校获批“汉语桥”线上团组项目,其中山东省共 31 所高职院校参与(见表 12)。在 31 所高职院校中,12 所职业院校在东盟国家开展 l“中文+技能”传播“汉语桥”项目。

表 12　2021～2023 年山东高职院校“汉语桥”线上团组项目获批数量

单位:个

序号	学校	2021 年	2022 年	2023 年
1	威海职业学院	3	3	0
2	山东科技职业学院	2	3	0
3	滨州职业学院	1	2	1
4	山东理工职业学院	2	2	0
5	山东商务职业学院	1	2	1
6	济南幼儿师范高等专科学校	1	2	0
7	潍坊职业学院	1	1	1
8	烟台职业学院	1	1	1
9	济南职业学院	0	2	0
10	莱芜职业技术学院	1	1	0
11	临沂职业学院	0	1	1

续表

序号	学校	2021 年	2022 年	2023 年
12	日照职业技术学院	1	1	0
13	山东商业职业技术学院	1	1	0
14	山东外国语职业技术大学	1	1	0
15	威海海洋职业学院	0	1	1
16	东营职业学院	0	1	0
17	菏泽职业学院	0	0	1
18	济南护理职业学院	0	1	0
19	济宁职业技术学院	0	1	0
20	聊城职业技术学院	0	0	1
21	青岛酒店管理职业技术学院	0	0	1
22	山东城市建设职业学院	0	1	0
23	山东畜牧兽医职业学院	1	0	0
24	山东传媒职业学院	0	1	0
25	山东工业职业学院	0	1	0
26	山东劳动职业技术学院	0	1	0
27	山东铝业职业学院	0	0	1
28	山东水利职业学院	0	0	1
29	山东外贸职业学院	1	0	0
30	山东职业学院	0	1	0
31	枣庄科技职业学院	0	1	0

资料来源:高职发展智库网站。

三、山东省开展小语种和国际中文教育存在的问题与面临的挑战

山东省开展东盟国家小语种教育和推进国际中文教育在东盟国家进一步发展面临诸多问题和挑战，造成问题和挑战的既有东盟国家教育政策，也有我们自身抢抓机遇、开拓进取意识不足、措施不利的问题。

(一)东盟国家语言教育政策

1. 东盟国家限制甚至禁止国际中文教育的发展

造成东盟各国政府限制国际中文教育发展的因素有：各国推行官方语言教育的需要，重塑华人国家认同的需要，本国的民族主义高涨等。

2. 东盟国家放松对国际中文教育的发展

推动东盟各国政府支持国际中文教育发展的因素主要有：与中国建立了友好的双边关系，汉语经济价值的增大，平衡东西方文化的影响等。

(二)山东省开展东盟国家小语种教育存在的问题

1. 东盟国家小语种使用范围狭窄

由于小语种的使用范围较为狭窄，只在特定的地区或领域内使用，使得学习和使用这些语种的人数不断下降。

2. 普及程度较低

相较于汉语、英语等常用语种，东盟国家小语种的普及程度较低，缺乏使用的渠道和机会，使得东盟国家小语种的存在和发展面临困境。

3. 教育资源不足

山东省开展东盟国家小语种教育在资源、师资力量、教材等方面的不足，也是导致东盟国家小语种教育发展缓慢现状的重要原因。

4. 就业择业机会少

当前国际环境下，我国外贸市场发展前景不容乐观，东盟国家小语种专业人材就业更难。

(三)山东省在东盟国家开展国际中文教育存在的问题与挑战

1. 国际中文教育推广工作有待加强

随着“一带一路”建设的开展,国际中文教育有了更强劲的发展势头,东盟国家孔子学院和孔子课堂数量不断增长。但目前山东省高校在东盟国家建立的孔子学院只有 2 所,数量少。国际中文教育要想实现可持续发展,必须依靠各国自身的教育体系。中文是否进入对象国的国民教育体系是评价汉语教育发展程度的一个重要指标。

2. 高等教育国际化发展不够深入,国际中文教育国际影响力仍需扩大

从东盟国家国际中文教育发展现状来看,山东省高校在推进高等教育国际化发展过程中,对东盟国家推广国际中文教育的广度和深度不够,还有很大的提升和发展空间,可吸引和向外发展的优势学科不足,对东盟国家国际中文教育的辐射面和影响力还不够。

3. 国际中文教育教师匮乏

目前全球有 70 个国家将中文纳入国民教育体系,中国以外正在学习中文的人数约 2500 万,且还在以 50%甚至更高幅度增长,累计学习和使用人数近 2 亿。但目前,国际中文教学面临人才严重匮乏、持证专业人才不足的问题。目前全球急需约 500 万名国际中文教师,而持证人数不到 6 万人,国际中文教育教师数量严重不足。东盟国家国际中文教育师资无论在数量上还是在质量上都无法满足日益增长的“汉语热”的需求。

4. 国际中文教材体系不完善

兼顾国别、民族、文化、环境的国际中文教材少。东盟国家有各自的语言体系,对母语非汉语的东盟学生而言,汉语是其第二语言。在第二语言习得中,课程教材和教学方式对第二语言习得的效果和质量起到非常重要的作用。

5. 学科专业特色不明显,职业吸引力不强

“一带一路”建设需要大批“精技术、通汉语、懂文化”的技能型人才,目前山东省高校开设的学科和专业缺乏吸引东盟学生学习的吸引力。推进职业教育与国际中文教育融合发展,培养更多复合型人才,将成为国际中文教育未来发展的新的着力点与新趋势。

四、结论与展望

教育人文交流是深化合作的基础和关键,语言又是沟通的不可或缺的重要工具,现实需求和未来发展都要求山东省进一步推进与东盟国家的教育人文交流。

(一)发挥地域文化和教育资源优势,打造山东—东盟教育交流合作典范

山东省历史悠久,是中国文化的源头和中华民族的重要发祥地之一,也是儒家文化的重要发源地,教育资源丰富。近年来,以儒家为代表的中国传统文化对东盟部分国家产生了较大影响,山东省可发挥地域文化和教育资源优势,调动高校参与面向东盟地区的国际中文教育,在东盟国家推动国际中文教育高质量创新发展,打造教育交流合作典范。

深化共建“鲁班工坊”,推进山东与东盟国家职业教育交流合作。山东是中国职教高地,可发扬齐鲁工匠精神,对接东盟国家职教领域合作需求,建立常态化对话机制,推出更多合作成果,推动山东省与东盟国家职教国际交流合作再上新台阶。

全面提升职业教育办学质量和水平,通过共建“中文工坊”,推进“汉语桥”等项目,打造山东职业教育国际合作特色品牌,构建产业、教育、智库三位一体融合平台,建成立足山东、面向东盟、服务共建“一带一路”的职业教育对外开放合作创新高地,推动中国(山东)—东盟职业教育产学研基地落实落地,深化山东省与东盟国家职业教育交流合作,服务区域经济社会高质量发展。

发挥山东省区域特色,推动“中文+”高质发展,探索山东省职业教育国际化发展的有效模式。国际中文教育的最终目标是使中文学习者掌握用中文学习、工作和生活的能力。“用中学”和“用中文学”成为未来国际中文教育发展的重要方向。近年来,东盟国家“中文+职业技能”教育高速发展,成为新发展阶段中文教育的新业态。可以精准对接海外中文学习新需求,助力将中文有效纳入更多国家国民教育体系,顺应职业教育国际化发展大势,实现“中文+职业技能”的高质量发展。

(二)构筑山东—东盟学校交流平台,推动山东—东盟学术研究交流合作

搭建桥梁“走出去”,每年选派一大批优秀教师到印度尼西亚、马来西亚等东盟国家开展教育援外工作,加强国际中文教学交流。持续推动交流与合作走深走

实，不断增进理解、扩大认同，促进民心相知相通，推动构建更加紧密的中国—东盟命运共同体。

借助中国—东盟博览会，以学校交流为抓手，积极构筑面向东盟教育交流合作的平台，深化与东盟国家的教育交流合作。例如，开展山东—东盟人才培养“立交桥”、山东—东盟大学智库联盟、山东—东盟边境职业教育联盟、山东—东盟艺术高校联盟、山东—东盟旅游教育联盟等活动，推动山东与东盟学术研究交流合作。

（三）针对东盟国家采取“不同国情、区别对待”的语言政策

东盟现有 10 个成员国，东盟国家的语言状况相当复杂，普遍存在一个国家内多语言和谐并存现象。对于东盟地区错综复杂的语言关系和文化关系，山东更要“区别对待”，采用国别化教学方式进行国际中文教育，针对不同区域提出国际中文教育发展对策，增强东盟区域国际中文教育的服务能力。

积极对接企业需求，在人才培养、服务地方、校地校企合作等方面，通过建设服务企业的英文网站、增加语言服务培训项目和开设小语种课程，满足对于服务东盟贸易往来的人才培养的社会需求。

（四）设立印尼语专业

调研发现，东盟国家使用印尼语的人口大约有 3 亿，目前山东省没有一所高校设立印尼语专业，在商务往来、文化融通方面造成障碍。建议省委省政府支持高校设立印尼语专业，培养语言人才，加强文化交流，为经济发展做出贡献。

（五）加强与新加坡高校护理学的交流合作

目前急缺的国际型护理人才需要拥有深厚的专业知识、较高的综合素质以及流畅的语言交流能力，他们在国际市场上拥有非常高的竞争力。统计发现，潍坊护理职业学院与东盟国家 10 所高校有交流合作，通过对专家访谈和搜索相关资料得知，新加坡急需护理专业的人才。山东省可发挥潍坊护理职业学院的专业优势，加强和新加坡高校“中文＋护理”专业的交流合作。

山东在环境保护和应对气候变化合作领域服务“中国—东盟命运共同体”建设情况*

宋宁宁　纪　杰　于　亮　田莹莹**

山东与东盟友好交流源远流长，互为重要合作伙伴。2022年，山东与东盟的贸易额达到了6590.6亿元，东盟成为山东省第一大贸易伙伴和第一大出口市场。随着中国与东盟自由贸易区的建立，山东省与东盟国家的贸易往来将更加便利，投资合作将拓展到环境保护、应对气候变化等更多领域。随着“一带一路”倡议的实施，山东作为国家海洋发展战略的组成部分，东盟作为“海上丝绸之路”的重要沿线区域，双方经贸发展势头良好，在现代海洋、生态环保等领域的务实合作也将越来越多。山东与东盟海洋领域的合作对“中国—东盟命运共同体”建设也能起到更大助力。

绿色发展是“一带一路”倡议的重要内涵。在全球低碳目标下，东盟十国等发展中国家的减排降碳行动对应对气候变化有显著影响，对维护全球气候可持续发

* 本文是德州学院人文社科特色研究专项培养课题（2022tszx016）、山东省高等学校青年创新团队研究项目（2024KJL008）、德州学院科学研究基金项目（2022xjrc432）、德州学院人文社科特色研究专项重点课题（2022tszx001），山东省外事研究与发展智库课题（2022w11）的阶段性成果。

** 宋宁宁，山东德州人，博士，研究方向为东盟国家环境污染治理；纪杰，德州学院东盟研究中心兼职研究员，德州学院生态与资源环境学院讲师，主要研究方向为油气地质、油气能源领域；于亮，德州学院东盟研究中心兼职研究员，德州学院生态与资源环境学院讲师，主要研究方向为地理环境与资源效应研究；田莹莹，德州学院东盟研究中心兼职研究员，德州学院法学与公共管理学院讲师，主要研究方向为东盟研究、黄河流域、执法督察。

展具有重要作用。[①] 东盟经济的高速增长加剧了东盟国家能源供需之间的矛盾。2021 年，东盟成为中国第一大贸易伙伴，双方低碳合作发展前景广阔，山东和东盟国家是实现各自能源绿色低碳转型的天然合作伙伴。

首先，山东和东盟国家的传统能源资源消耗量和排放量都很大，共同探索改善能源结构的路径，推动清洁能源的发展，将有助于减少双方对传统能源的依赖，降低能源消耗和排放。其次，山东和东盟国家都面临环境污染及生态破坏等日益突出的问题，通过探讨完善政策法律和采取改革措施，可以加大对环境的保护力度，保护生态系统的稳定性和多样性。最后，应对气候变化是一个全球性挑战，推动减排和适应气候变化的行动，可以减少对气候系统的不可逆损害，保护地球生态系统的平衡和人民的环境安全。因此，山东与东盟国家在改善能源结构、保护生态环境、应对气候变化等领域完善政策法律和采取改革措施，意义重大。

山东与东盟国家开展海洋生态环境保护和监测合作也尤为重要。首先，合作可以加强国家间的联系和沟通，增加共同利益。这不仅有助于改善东盟各国之间的关系，而且可以加深对海洋环境保护的认同。其次，合作对于提升东盟地区乃至全球的沿海城市环境管理和海洋环境治理能力具有重要作用。由于大量塑料垃圾从陆源进入海洋，沿海村镇、渔港、流域下游城市的塑料垃圾问题尤为突出。因此，通过与东盟国家的深度合作，可以共同应对这一全球性挑战。最后，海洋是高质量发展战略的重要部分，也是国际竞争与合作的关键领域。山东作为沿海地区，其海洋生态环境保护和监测工作对于国家安全和经济发展都具有战略意义。山东与东盟国家在海洋生态环境保护和监测领域的合作不仅有助于推动双方的环境保护工作，还能进一步深化双边关系，为双方的长期发展和合作打下坚实的基础。

一、东盟现状

（一）东盟国家环境保护和应对气候变化的发展阶段与现实需求

1. 东盟国家改善能源结构、应对气候变化发展现状

东盟十国能源需求持续攀升，其增长速度超全球平均速度两倍多，对可再生

① 张瑞萍、贾佳：《欧盟碳边境调节机制对中国—东盟绿色低碳发展的影响及应对》，《国际贸易》2023 年第 3 期。

能源的投资热情也高涨。但是东盟的能源转型之路，任重而道远。在东盟十国中有九个国家的目标是到 2050 年或更晚实现净零排放，而菲律宾尚未给出具体时间节点。尽管东盟各成员国采取了相关的能源发展战略和产业举措，但化石能源在东盟整体能源结构中始终占据主导地位，对煤炭、石油等高碳资源的依赖有增无减。

菲律宾能源部在 2019～2022 年批准建设了近 4000 兆瓦规模的煤电厂，能源部表示：煤炭仍然是其基本负荷的目标资源，暂停煤电开发可能破坏能源系统。2019 年 12 月，印尼能源与矿产资源部部长阿里芬·塔斯里夫（Arifin Tasrif）在采访中表示：“包括煤电在内的化石燃料产生了非常有竞争力的电价，能源转型可能不会像有些人预测的那么快。”[①]文莱 99.95%的电力来自化石能源，仅 0.05%的电力来自光伏，计划到 2035 年才将 10%的电力装机转变为清洁能源，并不急于削弱对油气资源的依赖。新加坡并未充分发挥自身在能源技术、行政治理上的优势，没有向东盟 2025 年的转型目标看齐。根据世界银行的评估，在东盟国家中，新加坡针对清洁能源的激励政策和监管体系最不发达。

东盟对我国参与其能源转型始终保持警惕心态。越南一直通过中国南方电网公司进口电力，南方电网积极推动建设从中国直达胡志明市的跨国线路，但越南始终追求电力供应的多元化，力图减少对中国的电力依赖。菲律宾政府基于“国家安全的担忧”，禁止中国参与建设或运营该国的电力输送工程。[②]

东盟国家气候变化异常脆弱。从地理位置来看，东盟地壳运动活跃，易受台风、洪涝、干旱、火灾、海啸等自然灾害侵袭，另外东盟各国位置相邻，存在跨界灾害问题。东盟国家属于热带气候区，气温偏高，降雨丰富。气候变化引起的气温大幅度升降或者降雨量季节性突变都会使得东盟各国经济社会发展受到重创。东盟国家在应对气候变化方面都采取了各种措施。

事实上，东盟国家对于环境及气候治理的合作一直保持高度重视并做出了持续努力。在东盟内部以峰会等形式达成了一系列应对气候变化的共识和宣言，如《东盟关于第十三次〈联合国气候变化框架公约〉缔约方会议和第三次〈京都议定书〉缔约方会议的宣言》（2007 年）等。目前，东盟成员国在《东盟社会文化共同体蓝图 2025》的指导下开展环境合作工作，并重点关注下列领域：生物多样性与自然资源的保护和可持续管理、可持续城市、可持续气候、可持续消费与生产。

① 张锐、王晓飞：《东盟能源转型：困局与展望》，《东南亚研究》2021 年第 4 期。

② 参见张锐、王晓飞：《东盟能源转型：困局与展望》，《东南亚研究》2021 年第 4 期。

2. 东盟国家绿色低碳发展现状

东盟大部分国家产业结构单一、经济欠发达，以资源密集型产业为主，高度依赖自然资源，农业和旅游业是东盟大部分国家的重要支撑产业。缅甸、老挝和柬埔寨的农业产出占 GDP 的 1/3，印度、泰国、越南的大米总产量占全球供应的60％，泰国、印度、马来西亚的天然橡胶产量占全球比重高达 61％。同时东盟国家的石油、煤炭、天然气等能源资源非常丰富，高耗能产业数量众多，分布广泛。

近年来，作为高度外向型的经济体，东盟国家纷纷加快融入全球价值链和区域生产网络。印度尼西亚优先促进电子、汽车、纺织服装、食品和饮料、石化工业的转型，马来西亚重点发展电子电气、机械设备、化工、医疗器械、航空航天等高增长和有潜力的行业，新加坡制定的产业转型蓝图更新了原有 23 个产业转型的目标；泰国确定重点发展新一代汽车制造、智能电子、未来食品加工、农业和生物技术、高端旅游、生物能源与生物化工、数字经济、工业机器人、航空物流和医疗卫生产业等，越南政府公布了《到 2030 年第四次工业革命国家战略》《至 2025 年国家数字化转型计划及 2030 年发展方向》。①

虽然东盟地区自然资源丰富，但它同样面临艰巨的挑战，即如何在维护环境可持续性的同时发展经济。这种挑战也成为推动东盟国家加强环境气候治理合作的强大动力。东盟国家已设定目标，即到 2025 年，将可再生能源的占比提升至28％。然而，目前东盟国家在风电、光伏等绿色电力领域的发展成本仍然较高。为了实现这一目标，东盟需要加大投融资力度，发展成熟的绿色产业供应链，建立中期和长期的能源转型体系，并不断完善相关法律法规。这些举措旨在推动东盟区域逐步向清洁能源和低碳经济转型。

3. 东盟国家海洋生态环境保护和监测发展阶段与现实需求

(1)发展阶段

初级阶段：部分东盟国家，如柬埔寨、老挝等，由于经济发展水平较低，海洋生态环境保护和监测能力相对较弱。这些国家的海洋生态环境问题主要表现为海岸线破坏、非法捕捞、海洋污染等，监测手段主要依赖传统的、人力密集型监测方法，如定期的海洋生物和水质采样。

中级阶段：印度尼西亚、马来西亚等东盟国家，随着经济的快速发展，对海洋资源的开发利用逐渐增加，海洋生态环境问题也日益严重。这些国家的海洋生态

① 参见王勤：《2022—2023 年东盟国家经济的分析与展望》，《东南亚纵横》2023 年第 2 期；本刊编辑部：《2022 年东南亚地区发展回顾与 2023 年展望（笔谈）》，《东南亚纵横》2023 年第 3 期。

环境保护和监测能力有所提高，但仍面临诸多挑战。另外，随着科技的进步和经济的发展，这些较为发达的东盟国家已经开始采用更先进的监测技术和方法，如卫星遥感、无人机监测等。此外，这些国家也在建立和完善相关的法律法规，以保护海洋生态环境。

高级阶段：新加坡、文莱等东盟国家，由于具有较高的经济发展水平和科技实力，已经建立了较为完善的海洋生态环境保护和监测体系。它们不仅拥有先进的监测技术和完善的法律法规，而且还积极参与国际海洋保护合作，推动海洋可持续发展。

(2)现实需求

东盟国家面临海洋生态环境不断恶化的挑战，例如海洋污染、生态系统退化等问题，因此需要加强海洋生态环境保护和监测，以实现海洋生态系统的健康和可持续发展。此外，随着全球气候变化和海洋灾害的加剧，东盟国家也需要提升海洋生态环境监测和防灾减灾能力，以保障沿海地区的经济发展和社会稳定。

虽然东盟国家的海洋生态环境保护和监测工作已经取得了一定进展，但仍需要进一步加强技术创新和合作共享，以提高保护和监测的效率和质量。具体需求如下：

一是加强国际合作。东盟国家需要加强与其他国家和国际组织的合作，共同应对海洋生态环境问题。例如，与中国在南海地区海洋生态环境保护和监测方面开展合作，共同维护地区海洋生态安全。

二是提高技术水平。东盟国家需要不断提高海洋生态环境保护和监测的技术水平，包括遥感技术、GIS 技术、大数据等，以提高对海洋生态环境问题的识别、评估和治理能力。

三是完善法律法规。东盟国家需要建立健全海洋生态环境保护和监测的法律法规体系，加大对违法行为的处罚力度，确保海洋生态环境政策的有效实施。

四是加强公众参与。东盟国家需要加强公众对海洋生态环境保护和监测的认识和参与，提高公众的环保意识，形成全社会共同保护海洋生态环境的良好氛围。

(二)东盟国家与中国其他省区市在该领域合作状况

1. 在改善能源结构、保护生态环境、应对气候变化领域的合作状况

(1)广西壮族自治区

广西将积极参与大湄公河次区域、澜沧江—湄公河次区域环境合作，完善边境跨境生物多样性保护廊道建设。全面实施《区域全面经济伙伴关系协定》(RCEP)，深入实施应对气候变化的政策措施，积极应对气候变化；深入实施生物多样性保护

战略，促进人与自然和谐共生。自 2011 年以来，已成功举办 10 届“中国—东盟应对气候变化与生态环境对话”并举办了 2022 年中国—东盟环境合作论坛。

（2）云南省

2015 年，云南省与泰国国家石油公司签署液化石油气贸易合作协议，与泰国建立了长期能源资源合作关系；2017 年，中缅原油管道项目成立，成品油管道输送能力达到每年 2300 万吨左右，结束了云南省成品油完全依靠外调的历史。2020 年，中国与老挝合资的老挝石化项目在昆明举行投产仪式，成为云南与东盟能源合作新亮点。

2. *在低碳发展领域的合作状况*

在东盟环境气候治理的进程中，中国不断深化与东盟国家间的合作。具体而言，中国南方电网公司等知名企业积极投身于东盟国家的清洁能源发展计划，共同推进清洁能源的利用。同时，北京桑德集团、北控水务集团等中国环保行业的领军企业也已在东盟国家开展业务，为当地环境保护事业贡献力量。

广西凭借自身独特的优势，积极参与了与东盟的环境与气候治理合作。例如，广西博世科环保科技股份有限公司积极响应国家“一带一路”倡议，不断加强环保技术的国际交流与合作。该企业已经在澜湄地区成功实施了多个项目，如越南理文造纸有限公司一期造纸给水处理、越南理文污水站一期废水工艺改造以及缅甸 CTMP 新闻纸厂污水处理成套设备与技术服务等，这些项目有效地推动了当地工业污水、农村污水、工业园区废水、城镇污水以及城镇垃圾的处理，为东盟地区的环境改善和可持续发展做出了积极贡献。①

随着东盟国家环保意识的显著提高，环保产业市场呈现显著扩张态势。中国环保产业以其低成本、高技术水平以及出色的技术适应力，基本能够覆盖并满足东盟市场的需求。中国的环境管理制度、标准体系以及污染治理技术的实际成效得到了东盟、南亚等国家官员、企业代表的一致赞誉。双方已在多个领域开展了深入的合作对接。举例来说，越南的 Quang Ninh Thermal Power Plant（广宁热电厂）已开始从中国在线监控设备制造企业采购大气在线监控设备，印度尼西亚的部分燃煤发电站也在积极采购中国的污水处理设备。此外，在汽车制造领域，中国、日本、韩国、泰国之间已经建立了紧密的生产网络和市场联系。特别是在新能源汽车领域，中国与泰国之间的合作展现出巨大的潜力与空间。②

---

① 参见杨超、覃娟：《RCEP 背景下中国与东盟绿色发展合作研究》，《广西社会科学》，2022 年第 9 期。

② 参见杨超、覃娟：《RCEP 背景下中国与东盟绿色发展合作研究》，《广西社会科学》，2022 年第 9 期。

3. 在海洋生态环境保护和监测领域的合作状况

(1)广西壮族自治区

2023年9月18日,首届中国—东盟国家蓝色经济论坛于广西北海举行,中国自然资源部第四海洋研究所(加挂“中国—东盟国家海洋科技联合研发中心”牌子)与柬埔寨王国环境部自然保护区管理司签订海洋生态系统保护与管理合作协议,与泰国朱拉隆功大学、马来西亚马来亚大学签订海洋科技合作谅解备忘录。中国自然资源部国家卫星海洋应用中心、中国—东盟卫星遥感应用中心、中国自然资源部第四海洋研究所共同发布中国—东盟海域水色水温遥感一张图。

另外,广西壮族自治区与自然资源部共建的第四海洋研究所作为推动海洋强国战略和向海经济发展的关键平台和核心力量,对于深化中国与东盟之间的海洋交流与合作、强化北部湾生态文明建设,以及推动“一带一路”倡议的实施,均具有重要的战略意义。自然资源部第四海洋研究所近年来从平台建设、人才培养、机制搭建等方面继续拓展与东盟国家的海洋交流合作,重点围绕“海洋科技区域合作平台打造、东盟国家海洋科技能力建设、海洋科技成果转化合作示范、南海及周边地区海洋可持续利用与发展研究、科技支撑广西向海经济高质量发展”等五个方面,增强自身活力。

(2)海南省

2022年11月27日,中国(海南)改革发展研究院与中国海洋发展基金会联合主办以“加强蓝色经济合作共促海洋可持续发展”为主题的“2022构建蓝色经济伙伴关系论坛”。本次论坛吸引了来自我国多个部委、高校、科研机构及7个省、市的近300位嘉宾,以及来自挪威、日本、新加坡、马来西亚、泰国、印尼等9个国家和4个国际组织的专家学者,他们通过线上线下方式共襄盛举。论坛强调,海南省将积极投身于中国—东盟蓝色经济伙伴关系的构建,致力于与东盟国家开展海洋产业和海洋环境保护等领域的务实区域合作。

(三)东盟国家与其他国家和地区在该领域的合作

1. 在改善能源结构、保护生态环构、应对气候变化领域的合作状况

日本环境省计划在亚太地区支援构建利用卫星数据等减轻气象灾害影响的“预警系统”,到2025年推广至东盟的过半数国家。东盟希望与日本在开发清洁能源技术、可再生能源项目和分享最佳实践中的专业知识方面深入合作,包括确立东盟—日本能源效率伙伴关系和东盟—日本气候议程2.0。2023年9月,美国白宫宣布将与东盟成立气候解决方案中心,从而促进气候专家交流、加速清洁能源技术部署。

2. 在低碳发展、产业结构布局、工业化、城镇化领域的合作状况

2008 年后，美国、日本和韩国等实施了鼓励本国跨国公司回归本土或从中国转向东盟国家的措施。面对西方国家的政策转向，东盟国家把握全球价值链重构的时机，引导当地企业尤其是中小企业参与跨国公司的产业链和供应链，成为中间产品（半成品和零部件）的供应商，从而推动产业链优化升级，并逐步向全球价值链的中上游位置攀升。近年来，越南加大开放力度，调整外资政策，大力吸引跨国公司的价值链投资，加快国内企业融入全球价值链和区域生产网络。2008 年，越南引进韩国三星集团到越南北宁省投资设厂。截至 2022 年，三星集团在越南共有 6 个生产厂和 1 个研发中心，涉足手机、电视、芯片和显示器等领域，投资额超过 200 亿美元，员工人数达 14 万人。2022 年，三星集团在越南的出口额逾 655 亿美元，已成为越南规模最大的外资企业。大多东盟国家尚未建立起完整的工业体系，在东盟各国中小微企业在全球价值链中的参与程度方面，马来西亚的参与率为 46.2%，泰国为 29.6%，菲律宾为 21.4%，越南为 20.1%，印度尼西亚为 4.1%。①

2022 年 5 月，美国正式启动“印太经济框架”（IPEF），将公平贸易、弹性供应链、基础设施和清洁能源、反腐败和避税确定为四大支柱，并将东盟成员国中的文莱、印度尼西亚、马来西亚、菲律宾、新加坡、泰国和越南作为 IPEF 创始国。美国还启动与东盟的“运输对话伙伴关系”，拟为东盟清洁能源基础设施投资 20 亿美元。

3. 在海洋生态环境保护和监测领域的合作状况

（1）美国

2022 年 5 月 12 日至 13 日，东盟—美国特别峰会在华盛顿举行，双方承诺在促进海上合作方面，通过东盟主导的机制推进在海洋领域的合作，建立新的联系，在应对海洋气候变化方面，双方承诺准备在清洁能源转型中共同合作，增强东盟抵御海洋灾难和适应海洋气候变化影响的能力，以共融和公正的方式，促进清洁和再生能源使用并促进政府与民间的合作。

2019 年 7 月，美国国际开发署（USAID）向菲律宾本土社会环保组织“地球母亲基金会”和“生态废物联盟”拨款 2000 万菲律宾比索（约合 276 万元）以支持其在菲律宾的海洋垃圾控制项目，旨在“支持地方和国家层面的固体废物管理和水资

① 参见王勤：《2022—2023 年东盟国家经济的分析与展望》，《东南亚纵横》2023 年第 2 期；本刊编辑部：《2022 年东南亚地区发展回顾与 2023 年展望（笔谈）》，《东南亚纵横》2023 年第 3 期；李道季、朱礼鑫、常思远：《中国—东盟合作防治海洋塑料垃圾污染的策略建议》，《环境保护》2020 年第 23 期。

源回收”。在18个月的项目期间，这笔资金将被用来建立30个“零废弃村庄”及调查马尼拉的塑料污染状况和固体废物清除效率等。

(2)其他国家

欧盟、挪威、日本等国家在东盟不仅投入资金，还通过分享最佳实践、政策和商业模式，围绕塑料循环经济和固体废物治理能力提升两大主题，开展了一系列与海洋生态环境相关的资助或合作项目，旨在帮助东盟国家构建解决海洋塑料和固体废物问题的本土方案。

2014年，得益于欧盟的资助，意大利社会组织ACRA基金会在柬埔寨投入了超过130万欧元，启动了名为“减少废弃塑料袋(2014—2017)”的项目。该项目通过在柬埔寨的主要城市引导消费者改变消费习惯，显著减少了废弃塑料袋的产生。2015年，全球环境基金(GEF)为柬埔寨、菲律宾、越南、老挝和蒙古这五个国家提供了750万美元的资助，以开展为期五年的“改善废弃物管理”项目。2019年，挪威政府与中国、印度、泰国、缅甸及越南五国携手，共同开展了“海洋塑料垃圾中的循环经济机遇(OPTOCE)”项目。该项目专注于从河流、沙滩等塑料垃圾污染严重的地区回收废塑料，并在当地的高能耗产业中进行能源化利用。同年，欧盟也投入了900万欧元，启动了“重新思考塑料——循环经济解决海洋垃圾问题”项目。此项目的目标是推动向可持续消费和生产塑料转型，并助力大幅减少海洋垃圾。项目的重点区域包括中国、印度尼西亚、日本、菲律宾、新加坡、泰国和越南。同时，也寻求间接支持湄公河区域和东盟其他国家。到了2019年5月，日本宣布将依托东盟东亚经济研究中心(ERIA)成立塑料垃圾国际研究中心，以此加强与东盟各成员国的合作。①

二、研究进展

(一)改善能源结构、保护生态环境、应对气候变化现状

1. 山东省实施现状

(1)山东省改善能源结构措施政策及效果

2021年，山东省出台《全省落实“三个坚决”行动方案(2021—2022年)》，目标

① 参见李道季、朱礼鑫、常思远:《中国—东盟合作防治海洋塑料垃圾污染的策略建议》，《环境保护》2020年第6期;杨雨:《东盟国家海洋塑料垃圾治理研究》，云南大学硕士学位论文，2021年。

是淘汰落后动能，改造提升传统动能，培育新动能，内容涉及钢铁、冶炼、焦化、煤电、水泥、轮胎、煤炭、化工等 8 个重点行业。2021 年 9 月，山东省人民政府印发了《山东省能源发展"十四五"规划》，实施煤炭煤电低质低效产能退出行动，并实施了《山东省风电、光伏发电项目并网保障指导意见》《国务院关于支持山东深化新旧动能转换推动绿色低碳高质量发展的意见》等一系列政策措施，在优化能源生产、供给结构，积极构建清洁低碳、安全高效的现代能源体系方面取得显著成效。

2021 年，山东省一次能源（原煤、原油、天然气、非化石能源）生产结构由 2012 年的 73.3∶24.4∶0.4∶1.9 调整为 48.9∶24.4∶0.5∶26.1，非化石能源生产占比大幅上升。2021 年，山东省风电、光伏发电、核电、水电和生物质发电等非化石能源发电装机容量为 6099.2 万千瓦，比 2012 年累计增长 11.9 倍，占全省电力总装机比重由 6.0%提高到 35.2%。其中光伏发电、生物质发电装机容量分别为 3343.4 万千瓦、395.6 万千瓦，均居全国首位，核电建设取得实质性进展，装机容量为 250 万千瓦。2020～2022 年全省可再生能源发电装机容量提高了 58.4%（见图 1）；非化石能源发电量首次突破千亿规模，达 1108.5 亿千瓦时，累计增长 11.4 倍，年均增长 32.3%，占全省发电量比重由 2.2%提高到 17.9%。其中风电、生物质发电和水电发电量依次为 409.4 亿千瓦时、179.6 亿千瓦时、12.4 亿千瓦时，分别增长 5.5 倍、6.5 倍和 9.4 倍，光伏发电、核电分别为 310.4 亿千瓦时、196.7 亿千瓦时。非化石能源技术快速发展，深度优化了一次能源生产结构，非化石能源生产占比提高 24.2 个百分点，与同期全国相比，非化石能源生产占比实现反超，由低于全国 9.3 个百分点到高出约 5.5 个百分点。

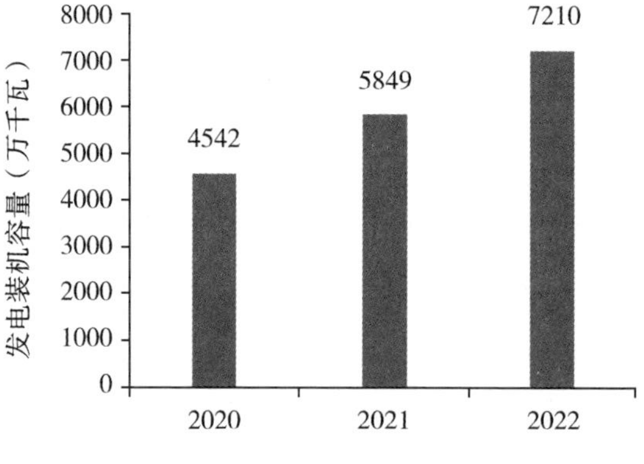

图 1　2020～2022 年山东省可再生能源发电装机容量

资料来源：山东省统计局网站。

2021年，原煤矿井数量由2012年的214对减至97对，累计压减54.7%；原煤产量由1.77亿吨降至0.93亿吨，累计下降47.3%，平均每对矿井原煤产量提高16.3%。原油产量由2774.7万吨降至2210.7万吨，累计下降20.3%。从一次能源生产结构看，原煤占比下降较快，拉动化石能源占比由98.1%降至73.9%。根据数据可知，2020年，山东省生产煤炭1.09亿吨，山东省煤炭消费3.70亿吨。2021年，山东省原煤产量约为9312万吨，2022年山东省原煤产量约为8753万吨。煤炭在能源消费中仍占据重要地位，但随着环境意识的提升和政策的推动，山东省正逐渐减少对煤炭的依赖。

(2)山东省保护生态环境措施政策及效果

近年来，山东扎实推进新旧动能转换，黄河重大国家战略深入实施，绿色低碳高质量发展先行区建设强势开局，生态环境保护发生了历史性、转折性、全局性变化，人民群众对生态环境的满意度连续两年超过93%。

2020～2022年，全省组织实施生态保护和修复项目210多个，生态修复治理面积超过300万亩，完成造林40万亩，森林抚育80万亩，国家森林城市达到17个，城乡绿化水平不断提升。落实完善政策措施，规范和支持社会资本参与，加大矿山生态修复治理力度。全省累计治理历史遗留废弃矿山3100多处，治理面积超过100万亩，占应治理面积的70%以上。

(3)山东省应对气候变化措施政策及效果

“十三五”期间，山东省深入推进应对气候变化工作，2020年单位地区生产总值二氧化碳排放比2015年下降24%，超额完成国家下达的目标任务3.5个百分点。“十四五”时期是山东省推动经济社会全面绿色低碳转型，为碳达峰、碳中和目标实现奠定基础的关键期、窗口期。2022年下发《山东省“十四五”应对气候变化规划》，明确了山东省“十四五”期间能源、建筑、交通运输和生态保护等领域的目标要求，强化科技创新、示范引领、激励约束等一系列具体举措。预期目标是，到2025年全省新能源和可再生能源发电装机规模将显著扩大，预期超过1亿千瓦，相较于2020年的数据，这一规模将实现翻倍增长。同时可再生能源电量的占比预计提升至大约19%，非化石能源消费的占比也将增至约13%。煤炭占能源消费总量的比重、煤电发电量占全社会用电量的比重，由“双70”降到“双60”。

2. 东盟国家实施现状

(1)东盟国家改善能源结构措施政策及效果

东盟是当今世界煤炭在能源结构中保持比重增长的唯一地区①,尽管东盟国家采取了相关的能源发展战略和产业举措,但情况从未发生显著变化。一方面,化石能源在东盟整体能源结构中始终占据主导地位,另一方面,清洁能源的开发远未达到预期规模,区域大量优质的清洁能源资源得不到开发,许多大型清洁电力项目、技术方案长期停留在规划层面,不少开发出来的清洁电力也因落后的电网设施无法实现有效配置。2020～2025 年,可再生能源预计将满足 99%的全球电力需求增长。在中国和印度,可再生能源预计将满足近 65%的需求增长,而在东盟国家,化石燃料主导了发电增长(见图 2、图 3),阻碍了可再生能源份额的上升。

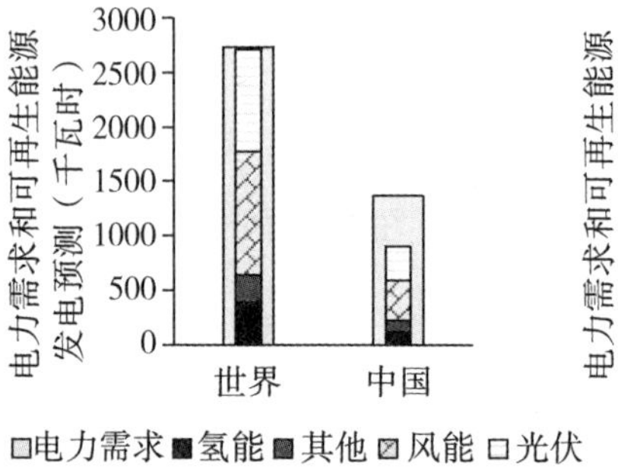

图 2　2019～2025 年世界及中国电力需求及可再生能源发电增量

资料来源:IEA, *Renewables 2020: Analysis and Forecast to 2025*, 2020.

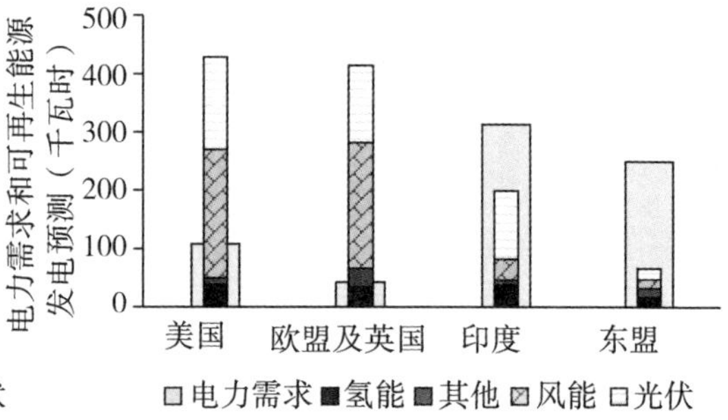

图 3　2019～2025 年世界部分地区及国家电力需求及可再生能源发电增量

资料来源:IEA, *Renewables 2020: Analysis and Forecast to 2025*, 2020.

(2)东盟保护生态环境措施政策及效果

东盟国家面临许多共同的环境挑战,如森林砍伐、土地退化、气候变化和海洋污染,因此致力于保护生态环境并制定了一系列的措施政策。东盟制定了一系列环境法律框架,包括《东盟环境公约》和《东盟地区生物多样性协定》,以促进环境保护和可持续发展。这些框架为东盟成员国提供了一个共同的基础,以加强环境管理和监测。此外东盟除了强化自身框架内的环境合作机制,还注重与国际组

① 参见张锐、王晓飞:《东盟能源转型:困局与展望》,《东南亚研究》2021 年第 4 期;姚凤军:《基于虚拟同步发电机的逆变器并网稳定性研究》,上海电力大学硕士学位论文,2021 年。

织、区域外国家和地区开展合作，重视参与世界范围资源潜力的分配。[①]

(3)东盟应对气候变化措施政策及效果

东盟长期以来非常重视气候变化问题，并采取了一系列政策措施来应对气候变化。印度尼西亚于2007年制定《国家应对气候变化行动规划》，设定即时、短期、中期以及长期的行动措施来应对气候变化，旨在为不同机构执行协调和统筹措施以应对气候变化提供指导。2010年，印度尼西亚国家发展规划部牵头制定《印度尼西亚气候变化部门路线图》，希望在制定时部门和跨部门规划能够将气候变化考虑其中，加速不同部门相关规划的实施。

马来西亚于2009年通过了《国家气候变化政策》，旨在有效应对气候变化，实现经济社会可持续发展的目标，同年通过了《国家绿色科技政策》，目的在于在保护自然环境和资源的同时提升低碳科技水平保证可持续发展。泰国制定了《自然环境质量提升保护政策和计划》《环境质量管理计划》《国家应对气候变化战略2008—2012》等，力图通过这些政策不仅达到保护并实现自然资源增值的目的，而且要保护并改善环境质量，减轻居民受气候变化影响的程度。

(二)绿色低碳发展的政策措施、产业结构布局、工业化城镇化现状

1. 山东实施现状

2022年8月，国务院印发了《国务院关于支持山东深化新旧动能转换推动绿色低碳高质量发展的意见》(国发〔2022〕18号)，赋予山东建设绿色低碳高质量发展先行区重大使命，这是党中央提出“双碳”战略以来，全国第一个以绿色低碳高质量发展为主题的战略布局，为山东发展提供了重大机遇，注入了强劲动力。山东省在产业体系布局方面坚定不移推动新旧动能转换，坚持把发展经济着力点放在实体经济上，以“雁阵形”产业集群为基础，聚焦打造具有国际核心竞争力的“十强”现代优势产业，塑强现代产业新优势。山东“十四五”规划中列出的79个重大先进制造业项目涉及高端装备、新材料、生物医药、汽车制造、新能源、高端化工6大产业，分布在山东16个地市(见图4、图5)。

2022年12月20日，山东省委、省政府印发了《山东省建设绿色低碳高质量发展先行区三年行动计划(2023—2025年)》，山东省实施碳达峰“十大工程”，其中包括绿色低碳国际合作工程。山东进一步加强了与东盟国家在绿色能源、绿色金融、绿色技术、绿色装备、绿色服务、绿色基础设施建设等方面的交流与合作。山

---

① 参见卢昌彩：《浙江海洋生态环境治理问题研究》，《决策咨询》2021年第6期。

东省近年来积极调整能源结构，按照到 2035 年新能源和可再生能源、煤电、外电入鲁“三个 1/3”能源结构调整的要求，统筹能源生产和消费，构建清洁低碳、安全高效的现代能源体系。突出可再生能源、核电、外电、天然气四大板块，实现能源消费增量由清洁能源供给。

图 4　山东省“十四五”规划产业布局

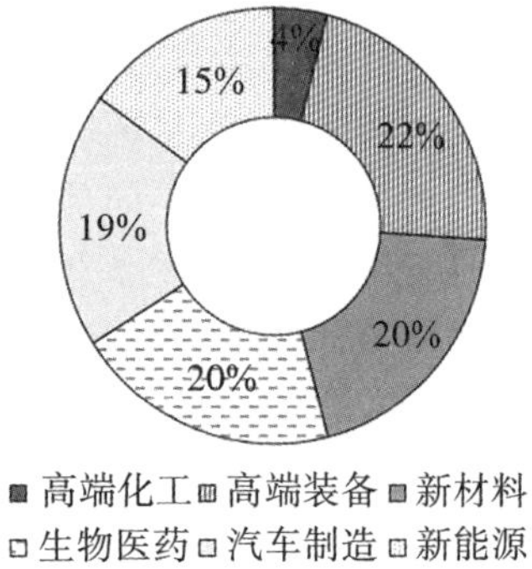

图 5　山东省重大先进制造项目分布

山东协同推进“降碳减污扩绿”增长，促进人与自然和谐共生。《山东省建设绿色低碳高质量发展先行区三年行动计划(2023—2025 年)》提出建设新型能源体系，加快建设现代水网，实施重点区域生态保护和修复工程，打好蓝天、碧水、净土保卫战，稳步推进能耗“双控”向碳排放总量和强度“双控”转变。到 2025 年，全省非化石能源消费占比提高到 13%左右，设区的市空气质量优良天数比率达到 72.5%。深入推进黄河流域生态保护十大行动，制定出台《山东省黄河生态保护治理攻坚战行动计划》，深入推进环境污染防治。制定出台山东省空气质量全面改善行动计划，开展地下水污染风险管控与修复试点。

2022 年，山东主要环境指标持续大幅改善，生态环境保护各项工作取得丰硕成果：$PM_{2.5}$浓度连续三年以年均 10.3%的幅度显著改善，国控断面优良水体比例首次超过 80%，黄河流域、南四湖流域优良水体比例首次达到 100%，人民群众对生态环境的总体满意度连续两年超过 93%。

山东与东盟国家在水和空气污染治理方面存在共性问题，山东经验可助力东盟地区环境污染治理。

2. 东盟实施现状

(1)东盟绿色低碳发展的政策措施

东盟国家作为关键矿产的主要供应商和清洁能源产品的制造商，将在全球能源转型中发挥重要作用，解决能源安全问题变得尤为重要。印度尼西亚和菲律宾是世界上最大的两个镍生产国，印度尼西亚和缅甸是第二大和第三大锡生产国，缅甸占全球稀土产量的13%，东南亚铝土矿产量占世界6%。与此同时，马来西亚和越南是世界第二大和第三大太阳能光伏组件制造商，而泰国是世界第11大汽车制造商，可能成为电动汽车的主要制造中心。2023年，全球对清洁能源的投资将增至1.7万亿美元，太阳能投资将首次超过对石油生产的投资。东盟国家迫切需要迅速扩大可再生能源投资。东盟各国具体的能源政策和措施以及气候承诺如表1所示。面对转变能源结构的挑战，几个东盟国家提出并启动政府支持的投资计划，以加速向清洁能源的过渡。

表1　国际能源署宣布的东盟国家主要能源政策、承诺和措施

领域	国家	政策、承诺或措施
交叉领域	印度尼西亚	到2060年或之前实现净零排放
	马来西亚	到2050年实现碳中和目标
	泰国	到2065年实现温室气体净零排放目标
	越南	到2050年实现碳中和目标
	印度尼西亚、马来西亚、菲律宾和越南	签署“全球甲烷承诺”
国家自主贡献(NDC)	文莱	到2030年温室气体排放量相对于一切照常(BAU)水平减少20%
	柬埔寨	到2030年减排目标41.7%(6460万吨二氧化碳当量)
	印度尼西亚	到2030年无条件减排目标31.89%(第一次国家自主贡献为29%)，有条件减排目标43.2%(第一次国家自主贡献为41%)
	老挝	与BAU情景相比，2030年无条件减少60%温室气体
	马来西亚	到2030年，作为国家自主贡献的减排贡献总额无条件为24452万吨二氧化碳当量有条件的减排贡献总额为41475万吨二氧化碳当量

续表

领域	国家	政策、承诺或措施
国家自主贡献(NDC)	菲律宾	2020年至2030年温室气体减排和避免75%,其中2.71%是无条件的,72.29%是有条件的
	新加坡	在排放量较早达到峰值后,到2030年减排约6000万吨二氧化碳当量
国家自主贡献(NDC)	泰国	到2030年将温室气体从预计BAU水平减少30%。在充分和加强获得技术开发和转让、财政资源以及提升能力建设水平的条件下,贡献水平可以增加到40%
	越南	到2030年无条件减排15.8%(从9%)、有条件减排43.5%(从27%)的温室气体
电力行业	印度尼西亚	根据《2019—2028年国家电力供应商业计划》(RUPTL),可再生能源占总电力容量增加的一半(21吉瓦)
	越南	《电力发展计划8》提出,到2030年,太阳能发电装机容量为19~20吉瓦,风能发电装机容量为18~19吉瓦,天然气发电装机容量为22吉瓦,燃煤发电装机容量为37吉瓦
建筑行业	越南	住宅和商业建筑电器和照明的最低性能标准
	新加坡	提高灯泡最低能源性能标准
	马来西亚	洗衣机、冰箱和空调的最低能源性能标准
交通部门	印度尼西亚	政府计划从2025年开始逐步淘汰传统的两轮车,到2030年乘用车中的电动汽车共计200万辆
	泰国	从2035年起实现100%的零排放汽车销售
	马来西亚	到2030年100%的汽车是电动/CNG/液化石油气或生物燃料汽车
	新加坡	到2040年逐步淘汰乘用内燃机汽车

资料来源:IEA, *Decarbonisation Pathways for Southeast Asia*, 2023.

温室气体与气候变化有密切关系。东盟国家二氧化碳、甲烷的排放量差距较大,增长幅度同样有所不同。印度尼西亚、越南、泰国、缅甸、菲律宾等国家甲烷排放量较大，其余东盟国家的排放量较低。印度尼西亚是东盟国家中二氧化碳、甲烷排放量最高的国家，2020年二氧化碳排放量达到563197千吨，甲烷排放量达到333994千吨二氧化碳当量。

(2)东盟产业结构布局、工业化及城镇化现状

东盟各国工业化和城镇化发展状况各不相同。新加坡、马来西亚的工业化程度非常高，制造业和服务业占据经济主导地位，城市化率分别高达100%和75%。泰国、菲律宾及印度尼西亚的工业化和城镇化程度相对较低，但近年来制造业和服务业正在快速发展。东盟国家的产业结构方面，大部分国家农业所占比重较小并持续降低，工业的比重较大但同样呈现不断降低的趋势，服务业的比重在几乎所有国家中所占的比重都比较大，且不断上升。

农业方面，老挝、柬埔寨、越南农业所占的比重较大；工业方面，文莱、泰国、印度尼西亚、马来西亚、越南所占比重都较大，这些国家工业占GDP的比重较高主要与其丰富的石油矿产资源有关；就服务业来看，除泰国、新加坡、柬埔寨服务业占比呈现波动外，其他国家的服务业占比都表现出明显上升趋势，尤其是新加坡、菲律宾、马来西亚的占比都已经超过50%，东南亚国家服务业的快速发展与其丰富的旅游资源有密切的关系，工业水平落后在某种程度上倒逼服务业的发展。

3. 山东与东盟产业结构布局合作现状

山东面临产业转型与产业结构升级的压力，柬埔寨等东盟国家的工业化发展任务紧迫，双方有着互惠、互利的广阔合作空间。① 山东与RCEP国际市场经济互补性较强，东盟的能源、橡胶是山东重要的进口产品；同时RCEP其他成员国也是山东制造业产品、农产品重要的出口市场。

2022年，山东省与柬埔寨进出口贸易总额达到95.4亿元，同比增长55.5%。山东很多企业已经陆续在柬埔寨投资设厂。齐鲁(柬埔寨)经济特区是山东省内外企业在柬埔寨投资进行贸易合作的平台，始建于2013年5月，园区主要有纺织服装、轻工家电、食品加工、五金机械、冶金建材五大功能区域，另外，有配套的办公区、污水处理区、物流配送区和休闲娱乐区等。该经济特区旨在推动国际产能合作，带动企业在柬埔寨集聚发展，实现企业抱团式、集群式、配套式“走出去”。桑莎集团子公司诸城服装针织进出口有限责任公司投建了柬埔寨山东桑莎(柴桢)经济特区，经过近10年的持续扩建、完善，目前园区入驻企业13家，员工1万多名，可年产各类服装1亿件，产品主要从柬埔寨出口到国际市场，2022年实现产

① 参见鲁贸：《山东与柬埔寨共享东盟发展商机》，《中国贸易报》2023年10月10日。

值 5 亿美元。

山东重工集团与印尼金融传媒、能源等领域的领军企业 MNC 集团签署战略合作框架协议，与越南长海达成当地化制造协议，助推山东重工产品出海。山东省农业科学院与菲律宾科技部直属的技术研发推广机构——菲律宾工业技术发展研究所(ITDI)共同承担了国家重点研发计划(政府间国际科技创新合作)“腰果高效加工及副产物综合利用关键技术研究”，取得了系列成果。

“一带一路”共建国家具有丰富的农业资源，山东部分农业产业具有技术优势或产品性价比优势，粮食种植产业链有望成为重点合作领域。山东省农业科学院与印尼国家谷物研究所、印尼和荣农业公司等单位联合开展玉米科技合作，在印尼“本土化”育种选育培育的 4 个玉米新品种一举通过印尼国家审定，并先后与印尼、马来西亚、菲律宾等国家的 4 家单位签订了国际合作协议。

2023 年 8 月 9 日，山东省装备制造业协会与泰国机械行业协会签约战略合作项目。东阿蓝天七色建材有限公司在印度尼西亚铝塑板市场的产品占有率达 70％以上，鲁西集团、华泰塑胶的精细化工产品，星瀚股份、瑞丰复合材料的精品钢板，风祥实业、乖宝集团的高档食品，在东盟地区都拥有广阔市场和较大影响力。

(三)海洋环境保护与监测

1. 合作单位

山东海洋环境管理及相关研究单位众多(见表 2)，每一家机构或单位都在国际合作中有着重要作用。山东与东盟国家海洋联系密切，在海洋环境保护与监测方面，山东仍需发挥主体能动作用，加强与东盟国家的合作，共同维护海洋环境的可持续发展。

表 2　山东海洋环境管理及相关研究单位

单位	地点	职责
山东省生态环境厅	济南	贯彻执行生态环境领域的法律法规和方针政策；开展生态环境对外合作与交流，研究提出国际生态环境合作中有关问题的建议等
山东省生态环境规划研究院	济南	隶属于山东省生态环境厅，包括水环境研究所、海洋环境研究所、大气环境研究所、应对气候变化研究所等

续表

单位	地点	职责
山东省生态环境监测中心	济南	承担全省生态环境质量监测以及有关执法监测、应急监测和专项监测等工作，对主要环境质量状况和重点污染源排放情况进行实时监控等
山东省海洋局	济南	隶属于省自然资源厅，贯彻执行海洋方面法律法规和方针政策，负责组织开展对外海洋经济技术交流和合作。按照规定承担双多边对外交流合作和有关国际海洋公约、条约以及协定履约工作，监督管理涉外海洋科学调查研究活动。承担有关外事管理工作，开展相关海洋权益维护工作，按照要求参与资源勘探开发争议、岛屿争端、海域划界谈判与磋商有关工作
山东各海警局	山东	维权执法、国际合作等
山东海洋资源与环境研究院	烟台	开展海洋生态修复技术、海洋资源合理开发利用及海水淡化综合利用等方面的研究，以及与海域海岛保护、利用、修复及海洋卫星遥感数据应用有关的研究
山东海洋科学研究院	青岛	承担海洋环境保护与生态修复技术研究工作。开展海洋资源调查与勘测、海岸带国土空间优化与生态环境整治修复相关工作，研发海洋环境动态监测、生物多样性保护、退围还海还滩、岸线岸滩修复等技术
自然资源部第一海洋研究所	青岛	隶属于自然资源部，致力于研究中国近海、大洋和极地海域自然环境要素分布及变化规律，重点包括海底过程与资源、海洋环境与数值模拟、海洋生态安全与修复、海洋气候与防灾减灾、海洋环境信息与保障、海洋空间管理与规划等六大领域

资料来源：山东省政府官网；胡学梅：《事业单位内部审计风险研究——以 A 生态环境监测中心为例》，《环渤海经济瞭望》2020 年第 12 期；《自然资源部职能配置、内设机构和人员编制规定》，《中国自然资源报》2018 年 9 月 12 日；王晶：《为联合国“海洋十年”作出贡献》，《中国自然资源报》2021 年 6 月 7 日。

山东省十分重视海洋环境的发展，且在国际海洋合作中也起到积极推动作用。位于山东省青岛市的中国自然资源部第一海洋研究所已与 30 多个重要海洋国家的 50 多个科研单位建立了良好的交流与合作关系，签署并有效执行了若干所际间合作协议，在海洋观测、海洋防灾与减灾、海气相互作用、海洋生态系统与生物多样性保护、海洋地质、极地研究、海岸带综合管理、海洋工程等领域开展了务实合作，取得了丰硕成果。第一海洋研究所目前承办了 12 个国际合作机构，包括5个双边合作机构和7个多边框架下的国际机构，在“海洋十年”领域更是实现了多项突破，在国内拔得头筹，获批1个“海洋十年”协作中心、1项大科学计划（“海洋与气候无缝预报系统”大科学计划、全国仅4项大科学计划）、1个项目和3项活动。

其与东盟国家合作成立的5个双边合作机构具体包括：中印尼海洋与气候中心（雅加达）、中泰气候与海洋生态系统联合实验室（普吉）、中－马海洋科技联合中心（万捷）、气候培训与研究区域中心以及中国-PEMSEA海岸带可持续管理合作中心。

2. 合作现状

(1)海洋经济合作

山东与东盟的合作，主要领域包括四大方面，即相互投资、工程建设、港口经济、文化旅游。其中航运和港口经济合作与海洋环境有着密切联系。山东港口资源丰富，和东盟有广泛的港口经济合作。2019年9月19日，烟台港集团有限公司与马来西亚关丹港财团有限公司友好港际关系谅解备忘录签字仪式在集团公司办公楼举行，两港同意建立友好港际关系，将在港口发展、业务、建设、管理、科技、人员培训和其他有关领域进行广泛的交流与合作。2020年2月25日，山东省重点外商投资项目视频集中签约仪式上，新加坡（青岛）第一家食品全球供应链中心项目和青岛港与BP原油混调贸易项目签约落户山东自贸区青岛片区，总投资2000万美元，建成后依托董家口港区140万立方米的原油罐区从事原油批发、混兑调和与销售，带动和实现集油品贸易、金融、航运等为一体的全程物流供应链发展。航运和港口经济合作能进一步促进双方海洋经济的发展，但海洋经济的发展同样对海洋生态环境造成影响，山东与东盟在海洋环境保护上同样发挥着重要作用。

(2)海洋环境保护

第一海洋研究所与东盟国家合作成立的5个国际合作机构与东盟国家的十几所科研机构开展了实质性海洋环境保护合作，成功实施了多个大型国际合作科技项目，如东南亚海洋预报与海洋防灾减灾系统、海岸带脆弱性研究、热带海洋生态系统合作研究、热带海洋环境综合观测与评价、季风爆发监测及其社会与生态影响、海洋保护区生态管理网络、海洋濒危物种研究等①，涉及领域包括珊瑚礁保护、渔业资源保护、海上溢油风险防范、生物多样性保护等。

① 参见王晶：《共谋海上合作发展共建蓝色伙伴关系》，《中国自然资源报》2022年6月9日。

五大机构的有效运行使得山东省和东南亚等国家和地区的近岸海域水质持续改善，优良水质比例不断提升，符合第一、二类海水水质标准的海域面积占近岸海域面积比例稳定在80%以上，典型海洋生态系统健康状况不断向好。另外上述平台已掌握了六大类海洋生物多样性本底及其空间分布特征和季节变化差异，构建了海洋生物物种数据库；开展了黄河口、莱州湾、庙岛群岛等典型生态系统景观多样性识别、植被分布调查等工作。着力保护典型海洋生态系统，将95.4万公顷海域划为海洋生态保护红线。① 开展了互花米草综合治理，并扎实推动“蓝色海湾”整治修复项目，修复滨海湿地3000余公顷、整治岸线28公里。其中，浒苔灾害应急处置取得历史性突破，2022年浒苔最大覆盖面积是历史最小年份，同比减少92.2%。

(3)海洋环境监测

第一海洋研究所牵头发起和参与实施了一系列关于海洋环境监测的合作项目，有效提升了山东省在国际海洋领域的影响力。这些项目包括由中国—印尼海上合作基金、中国—东盟海上合作基金等资助的项目，如“中印尼海洋与气候中心及联合观测站建设”项目、“东南亚海洋环境预报与灾害预警系统建设”项目、“中国—东盟海洋濒危物种合作研究”项目等。②

近年来，海洋预警监测持续加强，2022年完成10余项监测任务，发布了2.1万余份预报、警报和消息。山东与东盟国家开展的海洋环境监测项目涵盖了海洋环境观测与预报、季风爆发监测预测、海洋濒危物种保护、海洋空间规划等多个学科领域，为山东—东盟的海洋可持续发展做出了卓有成效、历久弥坚的科技贡献，得到了国际社会的高度认可与赞誉。

3. 合作平台

“东亚海洋合作平台”是落实国家“一带一路”倡议的标志性项目，是主要面向东盟和中日韩(10+3)双向开放合作的创新性平台，是国家“一带一路”建设规划优先推进项目和山东新旧动能转换工程重大推进项目。2016年，平台正式开始建设。2018年，设在青岛西海岸新区中铁青岛世界博览城的平台永久会址正式建成，平台框架下的青岛国际航运服务中心正式启用。该平台举办的活动主要包括主论坛、中国自由贸易试验区建设与东亚海洋合作论坛、东亚港口联盟大会、国际

① 参见杨子葶:《我省生物多样性保护成绩亮眼》,《山东商报》2023年5月20日；王晶:《山东推动互花米草综合治理》,《中国自然资源报》2023年6月2日。

② 参见《奋勇争先实现海洋科研新飞跃》,《中国海洋报》2017年3月6日。

海洋渔业发展论坛、东亚海洋环境合作论坛、东亚海洋文化和旅游发展论坛、东亚海洋博览会等。

东亚海洋合作平台是以东亚东盟国家为考察对象，样本国家包括东亚三国（中国、日本、韩国）和东盟十国。其论坛的活动包括发布东亚海洋合作年度报告、“双招双引”、重大项目签约、主题演讲等环节，聚焦海洋经济发展、海洋领域国际合作、涉海金融创新助推海洋经济发展、数字信息化推动海洋产业发展等内容。其中，2018 年为东亚商品展、2020 年为东亚海洋博览会，集中展示了国内外在海洋经济、海洋生态保护、尖端海工装备、海洋科技、新基建与新兴产业等领域最新、最前沿的成果，为中国—东盟海洋产业发展、海洋环境治理，海洋科技合作等奠定了基础。其论坛主题及主要内容见表 3。

表 3　东亚海洋合作平台青岛论坛主题及主要内容

论坛	主题	主要内容
2018 东亚海洋合作平台青岛论坛	经略海洋，共建共享	探讨建立蓝色伙伴关系网络，进一步深化平台合作机制，广泛促进区域海洋经济、科技、人文、环保等领域交流合作，共同构建东亚海洋命运共同体
2019 东亚海洋合作平台青岛论坛	交流互鉴、开放融通	山东将秉承协同发展、互利共赢的理念，牢牢抓住获批国家自由贸易试验区的重大机遇，与国内外各方进一步深化海洋经济区域协作，共同开发利用好海洋资源，深化海洋科技交流合作，不断提升海洋科技创新水平和科技对海洋事业发展的支撑能力，深化海洋环境治理合作，不断增强海洋可持续发展能力，为子孙后代留下一个“蓝色家园”，实现人与海洋和谐共处
2020 东亚海洋合作平台青岛论坛	开放融通、智享未来	在海洋经济、港口航运、文化旅游、海洋环保、人文教育等领域建立了交流合作机制，扩大了平台的国际影响力
2021 东亚海洋合作平台青岛论坛*	—	—

续表

论坛	主题	主要内容
2022 东亚海洋合作平台青岛论坛	携手“海洋十年”**，合作共赢未来	“海洋十年”海洋与气候协作中心获批。以“线上＋线下”形式齐聚，分享经验、凝聚共识，深化海洋经济、科技、人文、环保等领域的交流合作
2023 东亚海洋合作平台青岛论坛	“海洋十年”和合共生	山东将持续深化海洋经济合作、海洋科技创新、海洋环境保护、海洋人文交流，愿与各方一道，以海洋为纽带，积极参与“海洋十年”，努力实现全方位、深层次、宽领域的海洋开放合作

* 因新冠疫情延期。** 全称为“联合国海洋科学促进可持续发展十年”行动计划。

资料来源：东亚海洋合作平台青岛论坛官网。

三、问题与挑战

（一）改善能源结构、保护生态环境、应对气候变化方面

1. 传统能源依赖

山东与东盟都对化石能源以及高碳产业依存度高，能源结构无法在短期内完成调整。煤炭、石油、天然气仍是山东产业发展的主要能源依赖，同时高碳行业面临绿色转型压力和融资成本增加、碳排放成本上升、投资风险增大等问题，难以应对欧盟碳边境调节机制带来的转型压力。因此为了避免高额的碳关税，中国的碳密集型产业亟须加快对节能减排技术的研发，以及加大对绿色设备的投入①，以保持产品竞争力。

2. 东盟国家电力网设施基础薄弱，能源结构改善任重道远

东盟国家无电人口约 6500 万，约占东盟国家总人口的 1/10，很多村落连基本的照明能源都没有，为解决设施薄弱这一现状，需要大力兴建、改造各种电力设施，但能源投资涉及国家之间的电力、通信等设施建设，需要支付征地、设备等费用，再加上运营管理成本、资金需求量巨大，且项目建设周期长、资金回笼慢，其中

① 参见张瑞萍、贾佳：《欧盟碳边境调节机制对中国—东盟绿色低碳发展的影响及应对》，《国际贸易》2023 年第 3 期；黄栋、刘云鹤：《中国—东盟气候合作历程：意义，问题与未来路径》，《阅江学刊》2023 年第 1 期。

大型发电站、特高压输电等建设周期甚至长达数十年。东盟国家在偏远地区推动了分散式可再生能源项目的开发，如太阳能和微水电等。这些项目可以为村庄提供基本的照明和电力，解决日常生活所需。东盟国家还推广了社区电网和小型能源系统，将可再生能源与储能技术相结合，为较大范围内的村庄提供稳定的电力。

3. 东盟各国发展水平不同为共同合作带来挑战，需要“一国一策”

东盟十国经济发展水平不同、资源禀赋不同、面临的气候变化威胁程度各异，导致各国的利益关切存在差异，这为山东—东盟环境保护和应对气候变化合作带来挑战。2021年，东盟国家人均GDP前四位的新加坡、文莱、马来西亚、泰国与东盟其他国家差距较大；新加坡人均GDP为7.28万美元，是缅甸的近60倍。部分经济落后的东盟国家已形成对高碳能源体系的路径依赖，难以兼顾能源供给与能源转型。这些国家担心能源转型将阻碍本国经济发展，对低碳发展等目标的积极性不高。各国接受和欢迎符合本国发展利益的项目，忽视或拒绝有悖于本国发展路径的合作制度，甚至冲突时有发生。一国一策是较为稳妥的合作方式。

（二）绿色低碳发展的政策措施、产业结构布局、水和空气污染治理、工业化城镇化方面

1. 资金和技术支持不足

实施清洁能源、环境保护和气候变化行动需要大量资金和先进技术。一些国家和地区面临资金和技术支持不足的挑战，限制了相关项目的推进。需要加强国际合作，提供更多的资金和技术支持。许多东盟国家经济发展不平衡、能源供需不均，整体能源利用率较低，近年来由于受到经济发展以及人口增长等因素的影响，东盟国家的能源需求大幅增长，一些低收入国家更加依赖价格低廉的化石燃料提供电力。未来东盟国家经济发展水平将直接影响碳排放水平，其对高碳能源的需求将随着工业化进程的加快持续扩大，这将使东盟国家在全球面临极大的能源投资转型压力。①

2. 环境治理不完善

一些地区面临环境治理不力的问题，包括环境监测能力不足、执法不严格等。这可能导致一些企业和个人无视环境保护法规，加剧了环境污染和生态破坏。需要加强环境治理能力和加大执法力度，提升环境管理的效果。

---

① 参见张瑞萍、贾佳：《欧盟碳边境调节机制对中国—东盟绿色低碳发展的影响及应对》，《国际贸易》2023年第3期；贺鉴、王筱寒：《“一带一路”背景下的中国—东盟蓝碳合作》，《中国—东盟研究》2019年第3期。

3. 对气候变化的适应措施不足

气候变化给社会经济和生态系统带来了巨大影响，东盟国家需要采取适应措施来减轻损失。然而，一些地区在适应措施方面进展缓慢，缺乏相关规划和投入。需要建立健全适应机制，加强适应能力建设。中国在碳排放交易管理上一直以行政规制为主导，依靠政策和法律等对碳市场进行调节，例如控制二氧化碳排放、管理碳排放权交易、制定能耗限额标准等。在此情形下，若不考虑该类政策导致的隐性碳价，将增加企业出口产品的成本；若欧盟考虑隐性碳价，如何量化此类政策是必须解决的技术难题。

4. 缺乏共识和合作平台

山东与东盟国家在能源、环境和气候变化领域的合作还存在共识不足和合作机制不健全的问题。不同国家和地区的利益差异和政策分歧可能成为合作的障碍，需要加强沟通和协调，建立更加稳定和有效的合作平台。

(三)海洋环境保护与监测方面

1. 省级层面的海洋环境领域合作较少

省级层面的双方合作主要以海洋产业、渔业经济等海洋经济发展为主，海洋环境领域的合作还较少，主要表现在山东省海洋环境、监测机构与东盟国家间的合作还存在短板，交流比较欠缺。

2. 省级层面海洋环境相关会议、论坛较少

山东承办的与东盟相关的国际会议有：中国(山东)—东盟中小企业合作发展大会、中国—东盟市长论坛暨协同创新发展大会、山东—东盟农业贸易促进洽谈会等。山东举办的海洋主题的会议除了东亚海洋合作平台青岛论坛外，海洋环境保护和监测方面的会议、论坛等还比较少。

3. 山东参与国际组织平台力度不够

海洋环境污染、塑料垃圾等严重破坏了海洋生态环境，给各国人民的生产和生活带来了安全隐患。而海啸、赤潮等海洋灾害也严重波及沿岸各个国家，对各个国家的共同合作产生了不小的挑战。海洋国际组织在海洋环境保护、海洋自然灾害防护等方面有着重要作用，山东也应重视国际组织平台，加大参与力度。

4. 山东省相关海洋高校及人才不足

面对海洋生态灾害多样、高频、规模增大的严峻形势，中国和东盟国家必须始终坚持以主动满足沿海国家社会经济发展需求、民生需求及海洋管理需求为牵引，采取多种举措，不断完善海洋环境灾害防灾减灾体系，为海洋合作减少阻力。

这就需要海洋人才的支撑。山东地区海洋类的高层次大学较少，培养海洋相关专业人才还需要政府与高校的共同努力。

四、结论与展望

（一）结论

全球低碳博弈的开启，正是因为越来越多的国家开始提出碳中和目标以积极应对全球气候变化。中国与东盟在政策和市场层面已经形成了坚实的低碳合作基础，随着东盟签署"一带一路"相关合作文件以及《区域全面经济伙伴关系协定》（以下简称 RCEP）的正式生效，双方在环境与气候领域的合作更加密切，在促进区域经济一体化繁荣发展方面将发挥更大合力。山东省与东盟低碳合作发展前景广阔。①

东盟国家在海洋环境保护与监测方面有极大的需求，也与其他国家开展了重要合作。山东省应在现有合作的基础上，运用东亚海洋合作平台，借鉴其他省区市与东盟国家在海洋相关领域合作的经验，以及山东省与太平洋岛国的合作经验，扎实做好关于海洋环境保护与监测的合作，并开辟海洋领域其他方面的合作，为山东与东盟国家海洋合作打下基础。

（二）展望

1. 改善能源结构、保护生态环境、应对气候变化方面

（1）扩大山东—东盟在应对气候变化领域的合作

山东一直处于中国绿色科技创新的第一梯队，在清洁能源应用等领域具有较强的技术和优势，与东盟国家在绿色低碳合作方面有巨大潜力。

对于东盟国家中经济相对发达的国家（如新加坡、马来西亚），山东应重点出口高端环保技术和设备，这些国家通常有更多的资金和更高的技术要求，可以提供先进的环保解决方案，如适用于工业污染、废物处理、水处理等领域的高效设备和技术。对于东盟国家中农业发展较为落后的国家（如柬埔寨、老挝），山东可以加强出口农业技术和设备。这些国家在农业方面需要提高生产效率、适应气候变

① 张瑞萍、贾佳：《欧盟碳边境调节机制对中国—东盟绿色低碳发展的影响及应对》，《国际贸易》2023年第3期。

化和灾害影响，因此山东可以出口农业机械、灌溉设备、农业管理技术等。对于东盟国家中拥有丰富自然资源和能源潜力的国家（如印尼、越南），山东可以加强出口可再生能源技术和设备。对于东盟国家中面临水资源紧缺和环境污染问题的国家（如菲律宾、泰国），山东可以加强出口水资源管理技术和设备。

（2）加强山东—东盟能源结构调整合作，因国制宜，扩大出口市场

对于东盟国家中经济相对发达的国家（如新加坡、马来西亚），这些国家能源消耗水平通常较高，山东应加强出口清洁能源技术和设备。对于东盟国家中能源资源丰富的国家（如印尼、越南），山东应加强出口能源采掘和开发技术，这些国家拥有丰富的煤炭和天然气资源，因此山东可提供先进的煤矿开采技术、煤炭清洁利用技术等，帮助其实现能源的高效利用和清洁化。对于东盟国家中面临电力供应和电网建设问题的国家（如菲律宾、泰国），山东应加强出口电力设备和电网技术，例如可为其供高效的发电设备、输电线路设备以及较高的电网管理技术等，从而帮助这些国家优化电力供应结构，提高电网稳定性和电力调度能力。对于东盟国家中能源供应安全性较低的国家（如柬埔寨、老挝），山东应加强出口能源储备和能源保障技术，帮助这些国家增强能源供应的可靠性和稳定性。

2. 绿色低碳发展的政策措施、产业结构布局、水和空气污染治理、工业化城镇化方面

（1）加强政策对话和合作机制建设

山东与东盟国家可以积极开展政策对话和合作机制建设，通过高层会议、政策研讨等形式，加强交流与合作。通过这些机制，可以就能源转型、环境治理、气候行动等议题进行深入的沟通和合作。

（2）推动清洁能源合作

清洁能源是未来发展的重要方向，山东与东盟国家可以在可再生能源、能源储存和智能电网等领域开展合作。可以进一步促进技术交流和合作项目，共同推动太阳能、风能、水能等清洁能源的应用和开发。

（3）加大环境保护合作力度

山东与东盟国家可以加强环境保护合作，包括水资源管理、空气质量改善、生态系统保护等方面。可以共同开展环境监测、环境治理和生态修复等项目，共享经验和技术，共同应对环境污染和生态破坏等挑战。

（4）深化气候变化合作

气候变化是全球性挑战，山东与东盟国家可以进一步加强在应对气候变化方面的合作。可以共同制定减排目标和行动计划，推动碳市场建设和碳交易合作，

共同开展气候适应和减灾工作，加强区域间的气候信息共享和技术转让。

(5)推动智慧城市建设和可持续发展

山东与东盟国家可以加强在智慧城市和可持续发展领域的交流和合作。可以共同推动智慧能源、可再生能源和智慧交通等领域的合作项目，探索绿色低碳发展模式，为未来城市的可持续发展贡献力量。

3. *海洋环境保护与监测方面*

山东省可以与相应东盟国家开展类似的有关海洋环境保护和监测的论坛，这有利于调动各方力量和资源，便于加强双方在应对气候变化和生态环境领域的政策对话、能力建设以及技术合作，进一步推动山东—东盟环境保护合作走深走实。具体包括：

推动建立所际合作，为实质性合作奠定基础。要不断加强与东盟国家海洋机构间的合作与交流，与相关国家签署国际合作协议。

举办区域国际会议，形成交流机制。山东需积极承办和参与东盟国家各类国际会议和论坛，如中国—东南亚国家海洋合作论坛和中国—东盟国家海洋科技合作论坛、中国—东盟博览会等。

深度参与国际组织活动与工作，逐步形成国际影响力。鼓励专家学者成为北太平洋海洋科学组织(PICES)与政府间海洋学委员会西太平洋分委会(IOC-WESTPAC)等国际组织成员，并围绕气候变化、蓝碳、海洋经济、海洋环保、海洋治理、海洋科技等国际热点问题进行磋商。

推进国际人才培养，为合作交流奠定人才基础。山东省相关单位需要配合国家科技援外战略需要，积极承办面向东盟国家的海洋科技培训项目和能力建设项目，搭建国际海洋科技培训合作平台，合作培养中国—东盟国家海洋领域博士生、硕士生，奠定人心相通的文化交流基础。

山东与东盟文旅产业合作服务“中国—东盟命运共同体”建设

张锦辉　柳鹏飞 *

一、山东省与东盟在文旅领域的发展与定位

中国和东盟各国拥有灿烂多元的文化底蕴和丰富多彩的旅游资源。山东是中国重要的经济大省和文化大省，也是中国—东盟合作的重要参与者和推动者。推动山东和东盟国家深层次文化与旅游合作，逐步形成区域性文旅国际市场，不仅是推动山东与东盟各国实现区域间合作革新和转型的关键一环，更是我国与东盟各国共同建立多元互动人文交流大格局的核心内容。在共建“一带一路”高质量发展阶段，推动山东与东盟各国在文化和旅游领域加强合作是有效应对国际格局发展新形势、把握构建中国—东盟命运共同体新机遇的必然要求。

通过调研，分析合作现状，探究新思路、新方案，深化与东盟各国文化旅游合作，有利于提升山东文旅产业的专业水平和影响力，打造世界级旅游城市群；有利于发挥各国多元文化旅游资源禀赋优势，助力实现各国产业结构多元化发展目标；有利于加快推动山东构建新发展格局，借助文旅合作，促进山东市场和东盟国家具有比较优势市场的有效对接，激发区域经济合作活力和提升产业链供应链韧性。

* 张锦辉，德州学院东盟研究中心研究员，教授，主要研究方向为高等教育、教育评价；柳鹏飞，德州学院东盟研究中心兼职研究员，德州学院外国语学院讲师，经济学博士，主要研究方向为国际贸易、全球价值链、商务俄语。

(一)中国与东盟文旅领域概况及现实需求

在旅游合作方面,中国与东盟国家在旅游领域的合作逐年加强,双方旅游人数和旅游收入均有不断增长,旅游产业形式不断拓展,相关政策也在不断完善。马来西亚旅游局预计,2023 年将有 1610 万人次国际游客访马,旅游收入可达到 492 亿令吉,其中,中国游客将超过 500 万人次,约占全球访客的 1/3。2019 年,中国游客人数占到访马来西亚游客总数的近 12%,中国游客创造的消费占马来西亚旅游总收入的 17.8%。2019 年,自中国入境东盟总人数达到 3228 万人次。受新冠肺炎疫情影响,这一数字在 2020 年骤降为 400 万人次。2020 年至 2022 年 3 年疫情期间,人员往来与旅游业陷入低谷期。据东盟旅游数据库统计,东盟各国中,最受中国人欢迎的旅游目的地是泰国。在 2019 年疫情之前自中国入境泰国人数达到最高峰,为 1099 万人次,其次为越南 580 万人次。入境缅甸的人数起伏较大,这与 2015 年下半年缅甸突发暴雨洪灾及 2016 年 3 月、11 月缅北冲突等事件有关。

2023 年,“10+3”区域将实现 GDP4.6%的较快增长,中国—东盟交流从“硬联通”转向“软联通”,双方之间关系更为紧密,游客的回归将推动中国—东盟文化旅游业复苏。中国和东盟双方互为主要旅游目的地和客源市场,旅游交流与合作成为彼此之间的人文纽带和经济支撑。

(二)中国其他省区市与东盟在文旅领域的合作现状

通过对比山东和广西与东盟在文旅领域的合作现状,可以在一定程度上审视山东省当前工作的不足。人员往来密集程度能在一定程度上反映双方文化和旅游交流情况。考虑到越南紧邻广西,边贸影响居多,每年自越南进入广西的外国人数约为 50 万,占自广西入境总外国人数的 9%。2019 年,这一数字达到了 615763 人,占 9.86%。而从越南入境山东的外国人数因过少,未纳入统计范畴。另外,文莱、缅甸、柬埔寨、老挝均因入境人数过少而未纳入广西和山东统计范围。因此在对比中去除越南、文莱、缅甸、柬埔寨、老挝五国。

据山东统计局和广西统计局数据,自东盟五国(印度尼西亚、马来西亚、菲律宾、新加坡、泰国)入境广西的外国人数比山东多一倍,这一数据在 2019 年分别为 862985 人、313642 人。2015～2020 年,自东盟五国入境广西的外国人数占该省入境外国总人数的 11%～15%,而山东占比为 6%～8%(见图 1)。实际上,在 2019 年,自山东入境外国总人数达 370 万人,远低于自广西入境外国总人数的 624 万人。由此可见，山东在文化和旅游交流国际化方面，以及面向东盟文旅联系方面存在很大的发展空间。

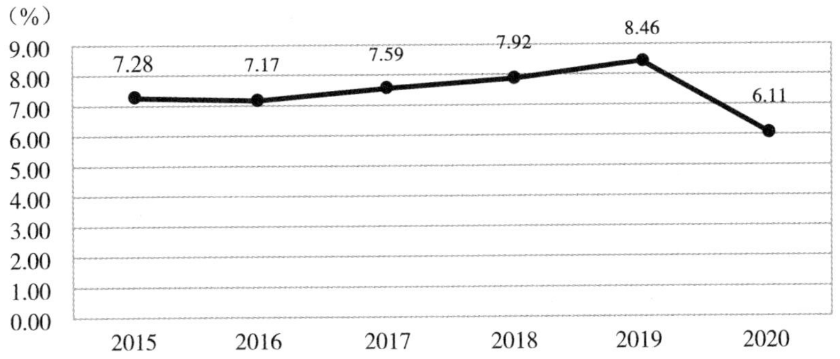

图1　2015～2020年自东盟五国入境山东省外国人数占本省入境外国总人数比重

资料来源：山东统计局网站。

二、山东与东盟文旅产业交流合作现状

山东是中国—东盟合作的重要参与者和推动者。山东拥有丰富的历史文化资源，如孔子故里、泰山等，是中华文明的重要发祥地之一，也是海上丝绸之路的重要起点之一。山东还有完善的交通基础设施，如青岛港、烟台港等，是连接中国与东盟国家的重要枢纽。山东应充分利用这些优势，加强与东盟国家在文化、旅游、教育、科技、贸易等领域的交流合作，为中国—东盟命运共同体建设贡献力量。随着双边关系的发展，互联互通建设的推进，中国和东盟国家间的文旅联系更加紧密。山东积极利用《区域全面经济伙伴关系协定》签订契机，深化与东盟国家的文旅交流，互联网金融、跨境电商、在线教育等新业态贸易服务迎来更大机遇。

作为中国沿海经济带的重要省份，山东具有得天独厚的地理优势和文化资源，同时东盟国家也是世界知名的旅游目的地。因此，双方在文旅方面的合作具有广阔的发展前景。旅游合作方面，包括旅游资源互补、旅游产品开发、旅游市场推广等；文化交流方面，包括文化艺术交流、文化遗产保护、文化产业合作等方面。如前所示，山东与东盟国家在旅游领域的合作逐年加强，双方旅游人数和旅游收入均有不断增长。

山东与东盟各国在文化资源保护和利用方面的合作已经初步建立，并且在文化遗产保护、文化产业合作、民间文化交流等方面取得了一定的进展。山东与东盟各国文化旅游交流合作方面的具体内容如下。

首先是文化遗产保护方面。山东与东盟各国开展了多种合作。例如，山东省文化遗产保护中心与柬埔寨文化艺术部门就文化遗产保护开展了交流和合作。中国与柬埔寨合作开展了关于柬埔寨吴哥古迹保护修复项目，助力亚洲文化遗产光彩重现。山东省文化遗产众多，在文物保护利用方面，全国重点文物保护单位由 2012 年的 101 处增加到 226 处，省级文物保护单位由 687 处增加到 1968 处。在非遗保护传承方面，全省入选《国家级非物质文化遗产代表性项目名录》的非遗项目共 186 项、非遗传承人 88 名，数量居全国前列。山东与东盟各国在文化遗产保护，尤其是黄河—湄公河流域文化遗产保护方面的合作进一步加强，有利于产生亚洲文化共鸣，提升双方文物保护利用水平以及更好传承历史文脉。

其次是文化产业合作方面。双方在文化产业方面也开展了多种合作。例如，山东省文化和旅游厅与新加坡文化、社区和青年部合作，共同推进文化旅游产业的发展。山东省文化和旅游厅与印尼旅游部合作，共同推进文化旅游创意产品的开发和推广。2023 年，德州东盟国际文化产业园成立，园区以 1417 年苏禄王访明作为故事主题，打造了一个室内文商旅综合体和一条东盟风情街，其中室内文商旅综合体集展会会议、水上集市、演艺舞台、特色餐饮、儿童乐园于一体，通过室内造景展现东盟特色生活场景，是一处功能多元可实现全季节、全时段经营的复合型文商旅空间。该综合体共邀请国内外展商 100 余家，展出东盟各国特色商品及德州市精选商品上百类，涵盖美食餐饮、装备制造、文旅体育、生物科技等多个领域，展馆各具特色、商品种类多样。

再次是文化旅游交流方面。山东与东盟各国开展了多种形式的文化旅游交流活动，包括文艺演出、民间文化展览、文化旅游周等。这些活动有助于增进各方之间的相互了解，推动文化旅游交流和互鉴。2023 年 3 月，“中国（山东）—印度尼西亚投资贸易与文化旅游交流周”活动在德州市开幕。本次活动由德州市政府、省政府外事办、省教育厅、印度尼西亚驻华大使馆、中国—东盟中心和印度尼西亚银行北京代表处主办，旨在搭建与东盟国家交流合作的高能级平台，进一步推动德州市与印度尼西亚及地方城市的深度合作。2023 年 6 月，“鲁往马来半岛之约——好客山东 & 马来西亚千人游”新闻发布会在青岛市南融媒体中心举行。以本次千人游活动为契机，青岛市市南区人民政府与中国—东盟商务协会总会，山东万达嘉合文旅集团与马来西亚协合国际旅游有限公司签署战略合作协议，促进双方在出入境团队旅游、海洋旅游、文旅综合体、特色街区建设、影视旅游、婚恋产业、非物质文化遗产等方面的深度交流合作。

2019年9月，济宁市与菲律宾怡朗省帕西市正式建立友好关系，自结好以来，两市一直保持着良好的交流与合作关系。2023年，济宁市与印尼泗水市、缅甸曼德勒市建立联系并保持密切交往，待条件成熟后缔结新的友好城市关系。印尼孔教协会连续多年参加孔子文化节。新加坡曾繁如先生积极从事慈善事业、捐资助学等活动，2016年被授予“济宁市荣誉市民”称号，2017年被授予“山东省荣誉公民”称号；2023年5月，92岁的曾繁如老先生再赴曲阜推进中外儒学交流。

最后是旅游文化产品开发方面。双方在旅游文化产品开发方面也开展了一些合作。例如，山东省文化和旅游厅与泰国文化部合作开展了多元文化交流项目，推广中泰两国的民俗文化和传统艺术。2015年，由中国文化部主办、山东省文化厅与曼谷中国文化中心联合承办的“2015泰国・中国山东文化年”在曼谷中国文化中心举行，“中国海瓷艺术作品展”以“传承与创新”为主题，展出40件国礼级海瓷作品，诠释国画艺术与瓷器艺术的完美融合，展现海瓷艺术发展和进步的成果。山东风情浓郁的文艺演出荟萃了民歌、舞蹈、杂技、武术等多个门类，多维度展现齐鲁特色文化。其中，曾三次获国际杂技最高奖——“金小丑”奖的山东省杂技团也亮相文艺演出，《草帽》《转圈》等经典节目反响极好。2017年，“齐鲁文化走进东盟”活动分别在泰国曼谷和老挝万象举办。主题是展示和推介儒家文化。其中包括，孔子乐舞、木板年画、葫芦雕刻、书法、绘画、风筝、剪纸、杂技，直观地展示了山东优秀传统文化，讲好了中国故事。2023年6月25日，山东省在泰国曼谷建立了齐鲁文化体验中心。泰国齐鲁文化体验中心充分发挥文化交流、民心相通作用，促进了双方旅游文化产品的创新发展。这表明山东和东盟各国在文化资源的创造性转化和创新性发展方面有广阔前景。

三、山东与东盟文旅合作面临的问题与挑战

（一）区域旅游合作停留在政府层面，山东省国际旅游产品缺乏吸引力，出入境旅游非均衡发展

区域旅游合作停留在政府层面，而跨境旅游企业联营规模小，市场竞争力缺乏。目前，山东省与东盟国家或地区的旅游合作以政府合作为主，深入并持久参与区域合作的旅游企业较少。企业是跨境旅游市场的主体，对于推动旅游市场的发展具有重要作用，虽然中国—东盟跨境旅游相关企业数量众多，但其实际联营

规模较小，对市场的推动力有限。首先，在旅游行业的发展过程中，中国与东盟的中小型旅游企业层次低、规模小、参与性差，优惠性政策颁布之后，企业具体实施较为滞后，市场探索能力较差。

此外，旅游企业在产品开发上容易陷入大力开发对方旅游资源而忽视自身旅游产品向外推广的误区，使得在出入境旅游方面出现非均衡发展态势。山东省面对入境游客，特别是东盟国家的游客，容易推出同质性旅游景点，降低了游客的旅游体验满意度；未能延长游客的逗留时间，没有增加游客的游览消费和娱乐消费。

（二）跨境旅游人才缺口大，文旅人才队伍发展缓慢、接待能力不足

山东和东盟发展中国家（越南、柬埔寨、老挝、缅甸等）的旅游从业人员面临总体规模不大、多语种文旅人才和高级管理人才稀缺、专业技术人员紧缺的问题。文旅市场急需一批文化传播、外语导游、旅游电子商务、产业策划等方面的高级人才。目前，已知广西民族大学、桂林旅游学院、云南旅游职业学院均成立了中国—东盟旅游人才教育培训基地。尽管培训基地的建立在一定程度上满足了对中国—东盟跨境旅游人才的需求，但由于跨境人才培养机构总体数量不足，人才培养速度跟不上人才需求增长速度，跨境旅游人才缺乏的问题依然存在。在广西的78所高校中，只有14所高校既开设有旅游管理专业，又开设有小语种专业，而明确在旅游管理专业下设东盟方向的只有广西民族大学和广西民族大学相思湖学院2所，专业人才供给量小。山东—东盟跨境旅游合作迫切需要既通晓东盟小语种，又了解山东与东盟国家文化的综合型旅游人才。

（三）山东—东盟文化和旅游资源数字化合作存在困难

山东文旅数字场景化平台（山东文旅元宇宙平台）于2022年8月启动共建，相继写入《山东省文化数字化行动计划》《山东省2023年文旅提质赋能计划》等文件，是利用虚拟现实、人工智能、5G、区块链等技术打造的全国首个省域文旅资源元宇宙平台。平台建设突破时空局限，拓展感官体验，重构文化和旅游数字消费新场景，成为优化文旅体验方式、重塑文旅产业格局、助力产业突破瓶颈的关键力量。

然而，东盟部分国家信息基础建设落后，国内大型旅游企业与东盟其他旅游企业之间的合作方式受限，线上旅游产品的联合开发与推广在中国—东盟跨境旅游市场上没有得到充分利用。

东盟各国基础设施建设数字化水平参差不齐，国家间网络和信息化发展水平

不均衡。新加坡、泰国处于第一梯队，老挝、缅甸、柬埔寨则处于第三梯队，其余各国处于第二梯队，对合作共建带来阻力。

四、山东服务中国—东盟命运共同体建设的对策建议

（一）进行品牌定位和塑造，加强品牌推广和营销，打破山东—东盟出入境旅游不均衡状态

建议积极参与中国—东盟文化交流年和数字经济合作年等。山东省可以通过举办或参与各种形式的文化展览、演出、论坛、培训等，展示山东的文化魅力，增进与东盟国家的相互了解和友谊。品牌定位和塑造需要基于市场调研和分析，从而确定品牌的目标客户群，并进行山东省品牌形象塑造。设计符合国际市场需求的文化产品，在了解中国文化内涵的基础上，需要设计符合国际市场需求的文化产品。这需要结合国际市场的文化背景和消费者需求，创造具有独特性和吸引力的文化产品，将山东文化元素与国际市场需求相结合，将山东文化底蕴与旅游资源紧密融合，借助齐鲁文化基因，完善基础设施、健全合作机制、丰富旅游产品，在东盟国家打造山东旅游名片。可将文体类（歌剧、武术）、名人轶事类（孔子、墨子、鲁班）、影视类（水浒传、孙子兵法）、工艺制品类（陶瓷、漆器、刺绣、剪纸）等繁多元素进行提取整合归一，提升文化产品的市场份额和影响力，培育可代表山东文旅的国际品牌。

（二）加强与东盟国家在文旅产业方面的政策沟通、规划对接与人才培养

为了促进山东—东盟在文旅产业方面合作的深入发展，需要加强双方在政策层面的沟通和协调，营造良好的合作氛围和环境。例如，可以通过建立定期磋商机制、签署合作协议、简化签证手续等方式，促进双方在人员往来、项目合作、市场开拓等方面的便利化。同时，也需要加强双方在规划层面的对接和协同，实现合作目标和路径的一致性和互补性。例如，可以参考《中国—东盟战略伙伴关系2030年愿景》《中国—东盟关于“一带一路”倡议同〈东盟互联互通总体规划2025〉对接合作的联合声明》等文件，制定符合双方共同利益和需求的文旅产业合作规划。尤其是山东—东盟跨境旅游合作迫切需要既通晓东盟小语种，又了解山东与东盟国家文化的综合型旅游人才。因此，建议一方面，山东和东盟各国完善文化旅游人才培养机制，共同开展文旅领域的高校合作，推动文旅人才的交流，提高文

化旅游服务水平。另一方面，山东省应尽快设立北方中国—东盟旅游人才教育培训基地，以满足对山东—东盟跨境旅游人才日益增长的需求。

（三）探索与东盟国家在文旅产业方面的多元化、多层次合作模式

为了丰富山东—东盟在文旅产业方面合作的内容和形式，需要探索更多元化、多层次的合作模式，充分发挥各方主体的积极性和创造性。例如，可以通过建立友好省市、友好学校、友好博物馆关系等机制，促进地方政府、高校院所、社会组织等的合作交流。也可以通过开展联合培训、联合研究、联合创作等项目，促进文化旅游人才、专家学者、艺术家等在文旅产业方面的合作创新。还可以通过举办文化旅游节、文化旅游博览会、文化旅游论坛等活动，促进文化旅游企业、机构、媒体等在文旅产业方面的合作推广。建议建立山东和东盟各国文化旅游产业合作机制，推动文化旅游产业的对接和合作，共同开发文化旅游产品和线路，促进文化旅游产业的发展。

（四）搭建网上智慧文旅合作平台，拉动山东相关产业出口，拉近山东与东盟的交流距离

新时代文旅平台要将静态的文化遗产以艺术、产品、生活场景等多样化的形式通过数字虚拟现实技术表达出来，实现文化旅游资源的转化与创造性传承，助力山东传统文化"走出去"。智慧文旅平台还可用于还原旅游场景，即通过数字化呈现中国传统建筑风格下的文化村落、博物馆、文化公园，将非物质文化遗产还原到生活场景中，再现山东传统节日庆典、民间婚礼等，让人们身临其境地感受山东传统文化的独特魅力。该平台还可将传统戏曲、音乐、舞蹈等表演通过国际社交媒体传播，以便潜在消费者快速了解和欣赏，通过线上引流带动线下入境旅游。

实现智慧文旅是文化和旅游信息化发展的重要目标之一，智慧文旅逐步提高了旅游服务水平和旅游管理效率。中国与东盟智慧文旅产业合作前景广阔。第一，元宇宙等云端技术的创新应用中，文化和旅游已经成为最重要的切入点之一，带来了非常广阔的想象空间，国内外均有不少相关案例，中国—东盟可发展元宇宙文旅产业合作，构建元宇宙文旅产业合作平台，整合东盟数字文化资源，在文化创意、动漫游戏、演出及会展、文化装备制造生产、数字文化产业、文旅融合发展等方面开展全方位合作。第二，数字文化产业"走出去"成功的关键是坚持本土化，输出中国成熟的商业模式，出口数字技术相关服务（电子电器、信息技术、云数据服务），培育东南亚数字文化市场，同时促进山东省相关产业链国际化发展；山东

也可以借助数字技术，推动文旅产业的创新发展，打造智慧旅游、跨境电商等新业态，提升文旅产业的竞争力和影响力。第三，发挥新媒介优势，探索文化传播新路径。年轻人是文化贸易市场的重要群体，建议省市国企牵头开拓国际文化贸易市场，根据目标客户群的需求和喜好，投资手游、社交媒体，引导强化游戏、传媒内容中关于山东人文地理文化的传播，深入挖掘山东文化内涵，探索和挖掘具有代表性和独特性的山东文化元素和符号，以满足不同客户群的需求和期望。

五、山东与东盟国家未来文旅产业合作展望

山东省与东盟国家之间的文化旅游合作交流不仅为双方旅游业发展带来重要契机，也进一步促进了经济合作。未来，随着双方不断加强合作，将推动文化旅游产业的共同发展，并为促进地区的经济繁荣和文化交流做出更大的贡献。

首先，山东拥有丰富的历史文化资源和完善的交通基础设施，是连接中国与东盟国家的重要枢纽。山东应积极利用自身文化优势和《区域全面经济伙伴关系协定》签订带来的契机，深化与东盟国家的文旅交流，推进互联互通建设，借文化旅游推进与东盟国家在互联网金融、跨境电商、在线教育等新业态贸易服务领域的合作，为多业态多领域的交流与合作带来更大机遇。

其次，为山东—东盟文化旅游业融合创新发展搭建新平台，增加双边旅游合作机制，在旅游安全、旅游保险、旅游管理、旅游开发、人文交流等方面建立治理平台，长期促进行业上下游产业与服务有序发展，增进中国与东盟之间的人文交流，更加帮助东南亚各国加深对以山东齐鲁文化为代表的中国传统文化的了解。

再次，深化山东与东盟各国之间的文旅合作，扩大玩具、纺织、陶瓷、国内奢侈品等轻工业产品的销售；推进电影、戏剧、武术、歌曲等人文产业的推广扩大，带动周边康养产业、酒店产业、夜市消费产业等集群的发展。

最后，山东与东盟各国之间的文旅合作，不应局限于人文经贸往来方面。相对于经贸，文旅深入交流，更能促进东盟各国加深对齐鲁文化的理解和认同，促进文化强省山东与东盟及其地区的交往，更好诠释人类命运共同体的人文价值和内涵，这极大有利于山东与东盟文旅产业合作服务“中国—东盟命运共同体”。

中国与东盟国家对建设“中国—东盟命运共同体”的共同国际理解*

袁　颖　任志业　马应心**

2021年11月22日，中国与东盟建立全面战略伙伴关系；2022年，中国—东盟关系在党的二十大精神的指导下得到了进一步发展。2022年10月26日，外长王毅在会见东盟国家驻华使节时指出，中方愿同东盟共同努力，为地区和全球治理做出亚洲贡献，彰显亚洲力量。2022年11月后，东盟峰会及东亚合作领导人系列会议、二十国集团峰会、亚太经合组织领导人非正式会议，相继由柬埔寨、印度尼西亚、泰国三个东盟国家主办，全球治理迎来“亚洲时刻”。

在当前的国际背景下，本报告聚焦“在不同政治、经济、民族、宗教、文化、历史背景下，促进中国与东盟国家共同构建‘中国—东盟命运共同体’的国际理解”这一主题，进行深入的调查与研究。研究主要从三个层面进行：政策、法律、宗教层面，媒体、艺术、学术层面，以及文化、教育、企业层面。

首先，针对我国与东盟国家在国家法律政策、省部级及以上领导人、东盟国家宗教领袖等不同层面，对“中国—东盟命运共同体”的内涵、目标、政策、价值的理解进行了调研与分析，并据此提出了促进我国与东盟国家领导层对“中国—东盟

---

* 本文是德州学院教学改革研究项目“外语专业本科‘外语＋国别与区域研究’国际化应用型人才培养路径探索（dzums23-15）”的阶段性成果。

** 袁颖，德州学院东盟研究中心办公室主任，德州学院外国语学院副教授，主要研究方向为区域国别学（东盟方向）、系统功能语言学、汉外语言对比；任志业，德州学院东盟研究中心兼职研究员，泰国西那瓦大学人文学院博士研究生在读，主要研究方向为音乐史、区域国别学（东盟方向）；马应心，德州学院东盟研究中心执行主任，德州学院外国语学院教授，马来西亚拉曼大学孔子学院中方院长，主要研究方向为区域国别学（东盟方向）、语言教学、跨文化交际。

命运共同体”达成更深层次共同理解的策略建议。

其次,本报告还涵盖了对我国与东盟国家学术精英和企业家阶层的调研与分析,探讨了双方对“中国—东盟命运共同体”的内涵、目标、政策、价值的理解,并提出了增进我国与东盟国家社会精英层面共同理解的策略建议。

最后,本报告还对我国与东盟国家在基础教育和高等教育、文化出版、中小企业、社会工薪阶层等领域的调研与分析进行了探讨,旨在提出促进我国与东盟国家社会各阶层对“中国—东盟命运共同体”达成广泛共识的策略建议。

一、与东盟国家交流合作的国际理解现状

笔者调研了中国与东盟国家对建设“中国—东盟命运共同体”共同国际理解的现状、广西与东盟国家的国际理解现状以及山东与东盟国家的合作现状。

(一)中国与东盟国家共建“中国—东盟命运共同体”的国际理解现状

为了将“中国—东盟命运共同体”这一愿景付诸实施,中国与东盟国家密切合作,推动建设真正意义上的命运共同体。命运共同体的建立,是以“和平、发展、公平、正义、民主、自由”的全人类共同价值为基础,以中国、东盟国家及周边国家的发展为目标,以可持续发展为核心。近年来,中国受全球化市场的影响,更加注重与东盟各国发展外交关系。中国与东盟国家在建设“中国—东盟命运共同体”国际理解上达成以下共识。

1. 深化区域合作,共谋经济发展

以区域一体化促进经济发展是双方共同的利益诉求,中国与东盟国家共同促进贸易自由化和投资便利化,反对单边主义和保护主义,通过自贸区的实施,实现互利共赢,推动基础设施建设,加强产业链合作,加强在贸易、投资、金融、交通、信息等领域的合作,共同推动区域一体化发展,以促进双方贸易和投资的持续增长。

2. 坚持多边主义,共筑和平稳定

支持多边主义、维护地区和平稳定以及推动南海地区的和平与合作是双方共同的责任。多边合作是应对全球性问题的有效途径,双方都应该积极参与联合国等多边机制,共同推动国际秩序的公正和合理。加强在地区安全、反恐、打击跨国犯罪、电信网络诈骗、网络赌博等方面的合作,共同维护地区的和平与稳定。在南海问题上,各方应坚持通过对话协商解决分歧,推动“南海行为准则”磋商进程,维护地区和平稳定,促进共同发展。

3. 加强人文交流，促进科技创新合作

中国与东盟国家不断加强文化、教育、旅游等领域的交流与合作，通过举办文化活动、艺术展览、教育交流等活动，了解彼此的文化、宗教、历史和政治制度，增进各国民众之间的友谊。在科技创新领域加强合作，加快提升自身科技创新能力，在人工智能、互联网、物联网、数字经济等领域推动科技成果的共享与转化，彼此提供有关市场、资源等方面的支持，扩大经济增长的新动能，为全球科技发展注入新动力。

4. 推进可持续发展，共担全球责任

可持续发展是应对全球挑战、实现共同繁荣的重要途径，中国与东盟国家地缘相近，生态环境问题互为关联，中国与东盟国家共同致力于环境保护和生态文明建设。双方同意携手保护热带雨林、珊瑚礁、红树林等重要生态系统，加强在环境保护、气候变化、能源资源、减贫等领域的合作，推进清洁能源的开发利用，共同应对气候变化等全球性问题。

（二）广西与东盟国家的国际理解现状

本部分从广西与东盟国家的合作现状出发，分析广西与东盟国家的国际理解情况。

1. 广西与东盟国家之间的经济互信持续增强

广西凭借其地理优势，与东盟国家建立了便捷的贸易通道，推动了双方的贸易往来；鼓励企业赴东盟国家投资，为企业提供政策支持和服务，促进双方合作共赢；与东盟国家在能源、贸易、投资、基础设施建设、制造业等领域开展了合作项目。广西积极参与中国—东盟博览会等贸易交流活动，与东盟国家的经济合作不断加深，贸易额逐年增长，有助于增强双方的经济互信。

2. 广西与东盟国家之间的科教合作不断深入

双方在教育领域的合作日益密切，实施了互派留学生、合作办学等多项计划，有效促进了教育资源的共享。通过举办科技交流活动和建立联合研发中心等途径，双方共同分享科技资源，增强了科技创新能力，并携手推动科技创新与技术转移。

3. 广西与东盟国家之间的文旅交流日益频繁

双方通过举办文化交流活动、学术研讨会等方式，增进了民众的相互了解，提高了跨文化沟通能力，促进了民心相通。双方共同推出了一系列旅游合作项目，吸引了大量游客前往对方国家和地区旅游。人文交流和旅游业的发展有助于增进广西与东盟国家民众之间的友谊，从而提升双方的国际理解水平。但在实际合作过程中，双方还需加强沟通与协调，消除误解与分歧，共同促进地区的和平与繁荣。

（三）山东与东盟国家的国际理解现状

山东省重视并加强同东盟国家的交流合作，2022 年对东盟进出口总额共计 6590.6 亿元，同比增长 53.1%；2023 年上半年进出口贸易总额达 2991.8 亿元，同比增长 8.5%，呈现强劲增长态势。

德州作为大运河沿线枢纽城市，与东盟国家有特殊的渊源。从苏禄国东王巴都葛叭刺 1417 年葬在德州算起，德州与东盟交往已经有 600 多年的历史，东王后人 4000 多人，其中驻德州 1000 多人。这是德州与东盟交往中最大的历史资源，也是其资源优势。德州有条件利用中国—东盟市长论坛等国家级优质平台高质量对接东盟国家，加强与东盟国家城市和国内城市间的交流，打造“对接东盟支点城市”城市品牌，提升城市整体影响力。

“携手东盟，相约德州”，德州主动加强和深化与东盟国家的联系。2008 年，德州开始向东盟国家派遣华文教师；2010 年开始承办海外华裔青少年“中国寻根之旅”夏令营项目，使海外华裔青少年亲身感受德州的城市魅力；2011 年市外办在马来西亚成立了驻东南亚联络处，与东盟国家的交往交流更加密切；2017 年 1 月，市政府出台《德州市人民政府关于加强与东盟对接合作的指导意见》，首次提出“把我市打造成为中国北方对接东盟的支点城市”；2022 年 2 月，德州市十六次党代会再次明确提出要“打造中国北方对接东盟重要支点城市”，德州的定位更加清晰。2023 年 8 月 3～5 日，“2023 中国（山东）—东盟中小企业合作发展大会”在德州市举办，为广大中小企业搭建平台，促进了交流与合作，着力推动了山东与东盟国家经贸高质量发展，为构建更为紧密的中国—东盟命运共同体贡献了山东力量。2023 年 12 月 16～17 日，构建中国—东盟命运共同体倡议十周年学术研讨会在德州学院举行。此外，山东省其他城市也与东盟国家建立了联系。例如，在 2023 年 4 月，中国—东盟中心、山东省外事办公室以及滨州市人民政府联合主办的中国（滨州）—东盟产业对接洽谈会在山东省滨州市成功举行。

二、与东盟国家交流合作面临的国际理解挑战

当前国际社会，由最初的“文化冲突”经历“文化碰撞”到“国际理解”，体现了

世界各国对于这一问题有了全新的认识与对策。中国致力于加强同世界各国人民的友好交往，推动国际间的相互理解和共识。在进行调研和现状分析的过程中，笔者发现了以下的国际理解挑战：

（一）政策、法律层面的国际理解挑战

中国与东盟各国在历史、文化、政治和经济背景上存在显著差异。这些差异体现在政策、法律和宗教层面，还可能影响贸易自由化、投资便利化、贸易争端解决机制、知识产权保护以及环境保护等重要领域，由于双方在这些关键问题上的政策、法律和措施不尽相同，合作过程中难免会引发分歧和误解。此外，中国和东南亚国家在宗教信仰上的差异也不容忽视。不同的宗教信仰可能导致双方在理解和交流上面临困难，进而影响双方的合作关系。

政策、法律以及宗教构成了一个国家发展的基础与信仰体系。在国际交往中，相互尊重并遵守各国的政策、法律以及宗教习俗，是维护国际关系和谐与稳定的重要原则。中国的法治体系无论是在外在形式还是内在理念上，都在随着时代的演进而持续发展和变革。与此同时，东盟其他国家的法治纪律也在时代的洪流中不断演进，以适应不断变化的国际环境。在构建与东盟国家的命运共同体时，我们必须互相尊重法律、法治，致力于继承传统、推动创新，并保持文化的兼容性。

（二）媒体、艺术、学术层面的国际理解挑战

由于语言、文化、制度等多方面的差异，中国与东盟国家之间存在信息不对称和误解。目前，中国（山东）与东盟的媒体合作面临相互了解不足、合作机制不健全、合作方式单一等问题，导致了合作的深度和广度受到限制。媒体报道有时带有偏见，且可能呈现片面性，这在一定程度上影响了双方的互信和合作氛围。艺术作为一种表现形式，通常蕴含着深刻的民族和文化特色。这是各国的历史背景、宗教信仰、社会习俗以及哲学思想所带来的独特魅力。这使得来自不同国家的观众在理解与欣赏彼此的艺术作品时可能会遇到困难。在学术领域，这种交流障碍尤为明显。中国与东盟国家的学者在研究领域、方法、术语使用等方面存在差异，导致学术交流时常陷入困境。此外，由于学术资源和数据库分布不均，许多学者难以获取对方国家的最新研究成果，这无疑限制了学术交流的深度和广度。因此，加强中国与东盟国家之间的文化交流和媒体合作，促进相互理解和尊重，是当前亟须解决的重要任务。

(三)文化、教育、企业层面的国际理解挑战

中国和东盟国家在价值观、习俗、信仰等方面的文化差异会导致双方的误解和沟通障碍;中国和东盟国家的教育理念、教学方法、学科设置等教育体系的差异,影响教育合作的效果;中国和东盟国家在法律法规、市场规则、商业惯例等方面临经营环境差异,这给企业在对方国家开展业务带来困难和挑战。

在经济持续发展的背景下,东盟各国的教育事业亦加速进步。东盟国家的教育体系已经历了多个发展阶段,对教育的需求依然强烈,但同时也正遭遇多重挑战:学生人数的持续增加、知识的快速膨胀、信息技术的迅猛发展、经济的复苏以及财政预算的削减等。这些因素都在深刻地塑造着东盟国家高等教育的改革方向。对于东盟多数国家而言,紧迫的任务是培养出具有国际竞争力和可持续发展能力的高素质毕业生。为了应对这些挑战,区域内的国家必须加强合作。各国政府和私人机构应进一步加强合作,以满足东盟国家对教育的巨大需求。在这场新世纪教育竞赛中,中国和东盟国家只有通过加强合作,才能增进相互理解,优势互补,实现真正的共赢。

三、与东盟国家交流合作的国际理解发展趋势与机遇

在全球治理格局中,中国与东盟构建的命运共同体占据重要位置。为促进共同发展繁荣,双方将进一步加强政治互信,深化经济融合,拓展合作领域,提高合作水平,为地区和平稳定与繁荣做出积极贡献。本节将对未来合作与交流的发展趋势与机遇进行详细说明。

(一)政策、法律层面的国际理解发展趋势与机遇

在当前美国推行印太战略以遏制中国的国际环境中,我们必须站在新时代的战略高度,采取更宏观的视角,积极推进“中国—东盟命运共同体”建设。为构建一个共同、共享、共赢的新发展格局,双方须确立新的发展理念,认识并肯定自我价值,同时理解并尊重他国的存在,进而选择促进相互交流与共同发展的路径和方法,以达成构建人类命运共同体的目标。

中国与东盟各国在政策沟通、法律互鉴、宗教交流三个领域展现出积极和向好的国际理解与合作趋势,正朝着深度合作与和谐共生的方向发展。在政策层面,双方致力于打造更加紧密的中国—东盟命运共同体;在法律层面,加强法律体

系的对接与协调；在宗教层面，推动宗教间的对话与理解，共同维护地区的和平与稳定。

在全球治理格局发生深刻转型的背景下，东盟作为一个整体，在全球治理体系中的重要性愈发显著。面对美国推行的印太战略，建构新的战略思维、加强与东盟之间的地缘政治联系，对中国而言，具有不可忽视的战略意义。为了推动中国与东盟关系的高质量发展，我们必须基于新时代的战略背景，警惕域外势力恶意干预，深入探讨东盟与中国关系的发展轨迹，继承并发扬中国与东盟国家的传统友谊，走好中国—东盟合作共赢之路；加强能源领域的合作与交流，应针对东盟面临的气候危机、碳排放问题以及应对气候变化的挑战和温控目标，结合中国的碳排放现状、1＋N 政策框架及相关措施，探索促进中国与东盟在气候和能源领域合作的策略和路径；审慎分析“美印日澳”四国机制以及“美国国家安全战略”对东盟乃至亚太地区可能产生的影响，努力排除地缘政治因素的干扰。①

伴随着“一带一路”倡议在共建国家和区域的实施，海外华人领域的公共外交日益成为我国拓展利益、塑造形象和提升话语权的重要方式，海外华人可作为当前周边命运共同体构建进程中的特殊资源，针对侨务公共外交实现其有机融合，旨在巩固我国与东盟关系可持续发展的社会和民意基石。②

因此，中国的外交战略将继续把周边外交作为对外关系的首要领域，将与东盟的交流与合作置于优先地位，期望中国与东盟国家不仅能够继承和发扬优良传统，还能更好地总结经验教训，警惕并防范外部势力的不良干预，携手共创未来的合作共赢之路。

（二）媒体、艺术、学术层面的国际理解发展趋势与机遇

媒体、艺术、学术等相关作品及成果是社会与社会、国家与国家之间沟通交流的纽带和桥梁。在媒体方面，双方在媒体领域的交流与合作迅速发展，特别是在媒体政策、平台建设、新闻报道和内容创作等方面取得了显著且多彩的成果。展望未来，中国与东盟的传媒合作应注重更新合作理念、加强智库建设、实现精准对接以及重视社交媒体和视觉符号的应用，以进一步提高传媒合作的质量，更好地服务于中国与东盟之间的全面合作。中国与东盟国家在艺术领域合作频繁，包括

① 参见冯传禄：《论中国—东盟全面战略伙伴关系的深化与发展——“新时期中国—东盟命运共同体建构”学术对话会综述》，《决策与信息》2023 年第 6 期。

② 参见张鹏：《命运共同体视域下的中国—东盟侨务和宗教公共外交——以东南亚华人基督宗教社团为中心的考察》，《国际关系研究》2018 年第 3 期。

举办文化节、展览、演出等。艺术品交易和产业合作逐步融合，艺术家和机构间合作增多。艺术教育合作深化，实现资源共享，共同培养国际艺术人才。双方艺术家相互借鉴创作理念，吸收对方艺术元素，使作品更丰富多元。艺术作品既保持文化特色，又融入国际化语言，更具吸引力。在学术层面，双方学者在科技、经济、政治、文化、环保等领域展开具体项目合作，共同推动学术进步与发展。学术交流平台与机制日益成熟，联合研究项目和学术论坛不断涌现，跨学科合作成为新亮点。

随着中国与东盟国家在经济合作深度和广度上的不断拓展，媒体必须紧随其后，全面且准确地传递双方经济合作的最新动态，以加深公众对合作项目的理解和支持。媒体要确保报道数量足以广泛覆盖信息，同时在质量上要确保信息的准确性，从而为双方的经济合作提供有力的新闻支持，提升经济报道的传播效力。然而，在当前的国际传播格局中，存在着诸多不合理因素。一些西方主流媒体在报道中国与东盟国家的发展、进步和合作时，并未恪守客观公正的原则。这种做法不仅损害了信息的真实性，也对双方在国际经济合作中的形象造成了不利影响。面对这种情况，中国与东盟国家的媒体应携手合作，捍卫信息的真实性，推动构建更加公正合理的全球传播新秩序，打破少数西方强势媒体对新闻信息传播的控制，提升亚洲媒体在国际传媒领域的话语权。

面对学术层面的挑战，中国与东盟国家将加强学术交流与合作，建立更加完善的学术交流机制。通过定期举办学术会议、研讨会和讲座等活动，促进双方学者之间的交流与互动，增进彼此的了解和信任。同时，加强学术资源的共享和互认，推动学术成果的跨境传播，这将有助于提升双方学术研究的水平和影响力。通过这些努力，中国与东盟国家之间的学术交流将更加频繁和深入，为双方学术研究的繁荣发展注入新的活力。

（三）文化、教育、企业层面的国际理解发展趋势与机遇

在中国—东盟命运共同体的建立及发展过程中，需要注意各国文明与文明、文化与文化间的碰撞和交流。在文化领域，随着中国与东盟各国关系的深入发展，文化、贸易、旅游等领域的合作不断深化，东盟国家掀起了一股学习华文的热潮，华文报纸在中国及东盟国家的影响力持续增强，与华人经济、华人社团、华人教育的发展密切相关，起到促进、扶持双边关系的作用。在发展政治、经济合作关系的过程中，华文报纸扮演了重要的信息沟通和桥梁角色。

在教育领域，国际中文教育直接推动了民心相通。中国在《中华人民共和国

国民经济和社会发展第十四个五年规划和2035年远景目标纲要》中提出了“建设中文传播平台，构建中国语言文化全球传播体系和国际中文教育标准体系”①，指明了国际中文教育事业创新发展的方向与规划，确立了国际中文教育工作的目标与导向。② 我们应当特别关注东盟国家中作为全球国际中文教育战略支点的国家，在机遇与挑战并存的环境下，不仅要实现数量上的增长，更要追求质量上的重大突破。

孔子学院作为中国与东盟国家高等教育合作的一种形式，对于巩固“一带一路”倡议的社会基础具有重要作用。孔子学院承担着汉语国际传播和中外文化交流的重任，旨在实现文化交融与语言互通；作为促进中国和东盟国家间交流与合作的关键催化剂，已成为连接中国与东盟国家人民心灵的桥梁。目前，孔子学院在东盟国家的整体运营状况良好。基于东盟国家孔子学院的统计，泰国的孔子学院数量居首。多种类型的中国高校与东盟合作建设了孔子学院，这些高校都具有鲜明的专业特色和显著的办学优势，包括外语、师范、医学、理工以及综合性院校。得益于地缘和人文优势，广西和福建与东盟合作创办的孔子学院数量最多。孔子学院的持续健康发展，为培养“一带一路”建设所需的各种人才提供了坚实支撑。③

探究中国与东盟高等教育共同体的形成、持续发展与演变，必须从文化视角审视历史，从时代的价值观察现在，从国际化需求定位未来。基于此，山东与东盟的合作应将高等教育作为突破口，深化合作。研究东盟各国不同民族文化根源及其塑造的社会类型，有助于构建山东与东盟高等教育共同体，促进民心相通。这不仅有助于深入理解不同文化衍生的社会伦理、价值判断标准、行为规范以及对未来幸福生活的追求，还能进一步推动不同文明的交融与共享。研究应立足于山东与东盟共同的文化基础，准确把握新时代山东与东盟高等教育共同体构建的思想基础、实践动力以及高等教育国际化的合理诉求。在新的发展格局下，构建山东与东盟高等教育共同体是实现双多边互联互通的实际需求，是加速构建国内国际双循环的关键。要强化山东与东盟更高层次的伙伴关系，必须基于对文化的深刻理解，拓展教育交流合作的深度与广度，加强不同文明间的对话，深化教育合作模式，推动构建超越文化认同的人类命运共同体。山东—东盟高等教育共同体的

---

①《中华人民共和国国民经济和社会发展第十四个五年规划和2035年远景目标纲要》，中华人民共和国中央人民政府网站，https://www.gov.cn/xinwen/2021-03/13/content_5592681.htm。

② 参见冯传禄：《论中国—东盟全面战略伙伴关系的深化与发展——“新时期中国—东盟命运共同体建构”学术对话会综述》，《决策与信息》2023年第6期。

③ 参见宋效峰：《“一带一路”视角下中国与东盟高等教育合作模式探析》，《百色学院学报》2020年第6期。

研究还须聚焦文化现实中存在的人文社会实践因素，以文化研究为核心，加强对具有国际视野和世界情怀的高端智库人才的培养；开展教育交流合作，探索人才培养的方法与途径，加强对关键领域专业技术人才的培养；加强人力资源开发合作，创新教育共同体构建的交流渠道，加强对语言文化交流人才的培养。①

在企业层面，随着全球化的推进，中国与东盟国家的合作关系日益紧密，民间交流不断增多，共同构建了互信与良性互动的经济合作新态势。中国与东盟关系迈入新阶段，双方务实合作深化，政治互信稳固，经济融合加速，合作领域不断拓展。双方友好交往日益频繁，互惠共赢、和谐繁荣的局面初步形成。中国企业的影响力已广泛扩展至东盟各国。在这一过程中，企业应重视其在海外的社会责任与可持续发展策略。在扩大地理版图、构建交流网络和人脉资源以及与当地社区互动时，企业应充分利用自身优势，并意识到自身在国际舞台上的行为代表着国家形象。在东盟国家的中国企业不仅代表了企业本身，还影响着国家在国际社会中的地位和声誉。因此，企业应提高国际胜任力，学会与当地居民和谐共处，积极实施惠民项目，增加慈善活动，以展现“中国元素”。目前，中国企业普遍缺乏与国际新闻媒体沟通的意愿和能力。未来有必要对“走出去”的企业进行专门培训，加强企业应对境外媒体的能力，提升企业利用国际媒体进行自我宣传的技能。

四、山东服务“中国—东盟命运共同体”建设的国际理解对策建议

山东作为中国对外开放的重要门户，在服务“中国—东盟命运共同体”建设中扮演着重要的角色。“各美其美，美人之美，美美与共，天下大同”，我们要以“和而不同”的态度尊重世界文明多样性②，倡导包容多元的价值标准。本节深入探讨提升山东与东盟国家间国际理解的途径，从多个角度提出切实可行的对策建议。

（一）政策、法律层面的国际理解对策建议

1. 周边外交至关重要，战略布局优先拓展

立足于新时代、新战略背景，从更高层次和整体视角出发，在政策、法律、宗教等方面开展更多的交流和合作，为促进双边关系的发展和繁荣，警惕域外势力的恶意干预，携手解决地区性或全球性问题，中国和东盟各国就政策制定、实施和改

① 参见白杨：《中国—东盟高等教育共同体研究：前沿与展望》，《成都师范学院学报》2022年第10期。
② 参见杨柏岭：《文明对话：跨文化视野下当代传播学的研究进路》，《现代传播》2021年第12期。

进等方面要时常进行沟通和学习，更好地融入区域合作框架，积极参与区域多边机制。具体来说，应加强不同法律体系之间的协调、法律信息的共享，在打击跨国犯罪等方面进行合作；加强与东盟国家在基础设施建设、能源、农业等领域的合作，共同应对区域发展中的挑战，实现互利共赢。

2. 高层会谈常态进行，增进互信凝聚共识

加强与东盟国家的政策对话和战略协调，不断完善合作机制，加强沟通协作、增进相互信赖、建立紧密关系，建立高层定期会晤机制，就合作中的重大问题进行沟通协调，共同探讨敏感或争议性话题，或开展联合研究项目，通过共同研究和解析问题来消除分歧与误解，为双方的交流与合作提供有力保障。

3. 法治建设巩固基础，法律法规对接顺畅

法律法规的对接是一个长期且复杂的过程。这需要中国同东盟各国政府及相关部门共同努力，传承优良传统，更好地总结经验，不断完善相关法律法规，使之适应国际合作的需要。同时，加强知识产权保护，为创新企业和创业者提供公平竞争的环境，制定优惠政策，鼓励企业、社会组织等参与双方合作，共同走好未来的合作共赢之路。

（二）媒体、艺术、学术层面的国际理解对策建议

1. 加强媒体互动，深化双方合作

观察中国与东盟国家的合作趋势，可以看到双方在多个领域和民间交流上正不断拓展，逐步构建起一个基于互信的积极合作环境。在当前中国与东盟合作日益深化和扩大的背景下，媒体的角色变得尤为重要。媒体需要在报道的数量和质量上进行加强，提升经济报道的影响力，从而使得新闻服务能够更好地促进经济合作的顺利进行。同时，迫切需要提升亚洲媒体在国际传媒领域的话语权。为此，中国与东盟的媒体机构应加强相互之间的沟通和交流，共同致力于推动全球传播秩序的变革，以期打破西方少数媒体集团对新闻信息传播的垄断。

2. 增强文化交流，倡导艺术多元

在全球化的背景下，跨文化交流不仅促进了中国与东盟国家间文化的相互理解和尊重，而且加深了彼此的友谊与合作。中国与东盟国家的艺术形式丰富多彩，融合了传统与现代、东方与西方的多元艺术表现手法，共同构筑了独特的文化景观。通过举办形式多样的国际会议、艺术展演和学术研讨会，为各方搭建了展示自身文化魅力的平台，同时也为参与者提供了深入了解其他国家文化特色的机会，使来自不同文化背景的人们能够相互学习，借鉴彼此的优点，增进彼此间的交

流与理解，共同推动文化的进步与创新。各种文化表达形式的蓬勃发展，使得中国和东盟国家在媒体、艺术和学术领域充满活力和创新精神。

青少年的跨文化教育至关重要，让他们从小就接触并理解不同国家的文化艺术，接纳世界的多元化，拓宽国际视野，培养全球意识，有助于加强国家间的相互理解。通过组织青少年互访、友好家庭交流等项目，促进青少年更好地承担起促进各国文化交流与艺术合作的责任，增进各国人民间的友好情感，为构建人类命运共同体贡献自己的力量。

3. 建立合作机制，共享知识资源

构建一个长期且稳定的中国(山东)—东盟合作框架，旨在开放并共享更多的学术与艺术资源，同时鼓励和支持跨国界的媒体、艺术和学术交流。在媒体领域，应加强媒体间的合作与交流，利用网络媒体和社交媒体等平台，广泛传播双方合作的成果。目标是促进双方媒体对彼此国家发展情况进行客观和公正的报道，以增进双方人民之间的相互理解，并提升合作的国际影响力。在艺术领域，共同策划和组织文化艺术展览、演出等交流活动，以促进双方民众对彼此文化的认知和欣赏。鼓励在艺术创作上进行合作，融合各自的艺术特色，共同创作出世界级的艺术作品。在学术领域，建议设立学术交流项目，为双方学者提供资助以开展合作研究；举办学术研讨会，促进学术成果的交流与共享；开展教育培训合作，提高双方人才的学术能力和综合素质。

(三)文化、教育、企业层面的国际理解对策建议

1. 共建孔子学院，打造共享平台

为积极应对国际教育领域主导权的挑战，双方应携手共进，构筑中国—东盟高等教育战略联盟；为全面提升国家文化软实力，必须构建和完善中国语言文化在东盟地区的传播体系。发挥好东盟中文教育支点国家的引领和辐射作用，继续加强在中文教育领域的合作，携手推动东盟地区中文教育向更高水平迈进，促进中国—东盟民心相通。

孔子学院的建设应满足国际合作中各方的期望，它不仅是汉语国际推广和中外文化交流的平台，更应聚焦于人才培养、科学研究、社会服务和项目开发，构建一个学术资源共享的平台，这将是中国与东盟国家之间提升国际学术研究深度和水平的关键途径。使孔子学院真正成为中国与东盟国家心灵相通的重要桥梁，丰富合作内容，激发合作潜力，从而实现多层次、宽领域、多维度的发展。

2. 推进教育合作,加强人才交流

中国和东盟国家在教育领域的交流与合作日益深化,至 2024 年已成功举办了十七届中国—东盟教育交流周活动。在这一过程中,双方依托各自独特的资源禀赋和丰富的社会文化,深化数字教育、高水平大学、职业教育等领域的合作,致力于加强文化教育交流,以增进相互理解与尊重,有效缓解文化差异可能引发的误解与冲突。基于平等、互信、互利的原则,高等教育合作已成为中国与东盟各国大学突破区域限制、迈向国际化的必由之路,也是提升教育质量、实现高水平发展的战略选择。当前,双方应遵循共同利益、互惠互利的原则,充分发挥政府的引导作用、院校的主体作用以及企业与行业的协同作用,通过深化教育合作、互派留学生、开展教师交流与培训项目,促进人才的交流与培养,推动教育体系间的相互理解与融合,共同构建开放、互通的高等教育合作框架,拓展更为广阔、深入的高等教育交流合作平台。

3. 建立沟通机制,深化经贸合作

中国与东盟企业应通过举行定期会议或举办企业家交流以及培训项目等途径,建立更有效的沟通机制,促进对彼此文化、价值观和商业环境的深入理解。同时,积极发挥社会组织和企业的功能,鼓励民间自发地开展合作项目,从而形成政府、企业与社会组织三方共同参与的合作格局。通过投资、贸易、产教融合和技术合作等多种方式,双方企业进一步加强合作,形成互补优势,共同推进中国与东盟各国企业间的合作进程。

在这一过程中,中国与东盟企业不仅可以在经济领域实现互利共赢,而且在社会责任和可持续发展方面也能取得显著成果。双方企业通过共同参与环境保护项目、支持当地社区发展以及推广绿色生产方式等举措,展现企业的社会责任感。此外,通过建立长期稳定的合作伙伴关系,中国与东盟企业共同应对全球性挑战,如气候变化、能源危机等,共同探索可持续发展的新路径。这些合作不仅能够促进双边贸易的增长,也能为区域经济一体化注入新的活力,为构建更加紧密的“中国—东盟命运共同体”奠定更加坚实的基础。

山东服务"中国—东盟命运共同体"建设的政策效度

宋　霁*

2013年,"一带一路"倡议的提出为中国与东盟关系的发展注入新动力,东盟成为"一带一路"建设的优先伙伴。东盟国家一直是山东推进国际合作的重要方向。双方文化相通,民心相亲,互为重要合作伙伴,友好交流源远流长,经贸人文等多领域合作日益紧密。迄今东盟已有泰国、柬埔寨两个国家分别在山东青岛和济南设立总领事馆。目前东盟是山东第一大贸易伙伴。因此,调研山东服务"中国—东盟命运共同体"建设的政策效度非常必要。

一、山东的定位

1991年7月,时任国务院副总理钱其琛在马来西亚吉隆坡出席第24届东盟外长会议开幕式时提出中国与东盟开展互利共赢合作的设想,由此开启了中国—东盟对话关系。1996年7月,在印度尼西亚雅加达举行的第29届东盟外长会议上,中国成为东盟正式对话伙伴。2003年10月,在印度尼西亚巴厘岛举行的第七届中国—东盟领导人会议上签署了《中华人民共和国与东盟国家领导人联合宣言》,宣布建立面向和平与繁荣的战略伙伴关系,标志着中国与东盟关系迈上新台阶。中国和东盟完成了2005～2010年、2011～2015年、2016～2020年的三项行动计划。2020年11月,中国和东盟外长通过了新的行动计划(2021～2025年)。

* 宋霁,德州学院东盟研究中心兼职研究员,德州学院外国语学院副教授,主要研究方向为外语教育、东盟英语教育。

此外,新行动计划的附件于2022年8月获得通过。2018年,第21次中国—东盟领导人会议暨庆祝中国—东盟建立战略伙伴关系15周年纪念峰会通过了《中国—东盟战略伙伴关系2030年愿景》,进一步加深了中国—东盟战略伙伴关系并推动了更紧密的合作。2021年6月7日,在重庆举行了中国—东盟外长特别会议,纪念中国—东盟建立对话关系30周年。同年11月22日,中国—东盟首脑视频会议通过了一项联合声明,宣布建立中国—东盟全面战略伙伴关系。2022年8月4日,在柬埔寨金边举行中国—东盟(10+1)外长会议,双方商定继续落实"中国—东盟面向和平与繁荣的战略伙伴关系行动计划(2021—2025年)"。

广西壮族自治区与东盟国家陆海相邻,是中国与东盟交流合作的前沿和重要窗口。近年来,广西深化与东盟国家的产业合作,加快构建跨区域跨境产业链、供应链,聚焦汽车、绿色化工、高端金属新材料、机械等关键产业,投资领域不断拓宽,从农业、轻工、化工等传统行业逐步拓展到电力、有色金属、钢铁、汽车、工程机械、电子等现代制造业。位于广西的上汽通用五菱、盛隆冶金、恒逸、柳工、玉柴等一批重点行业龙头企业正加快布局建设区域生产基地和原材料保供基地,积极打造与东盟紧密合作的跨境产业链、供应链。在推动中马"两国双园"、中印尼经贸合作区等合作项目上取得务实成效,为建设更为紧密的中国—东盟命运共同体贡献力量。南宁是中国—东盟博览会永久举办地。中国—东盟经贸中心也于2023年4月正式挂牌运营,帮助中国企业"走出去"、东盟企业"走进来"。广西小语种人才非常丰富,跨境电商企业推出面向东南亚的多国语言服务,例如小语种带货直播,效果显著。

云南省紧紧围绕建设我国面向南亚、东南亚辐射中心的要求,积极参与中国—东盟自贸区建设,充分运用中国—东盟自贸协定,促进市场开放,提升区域贸易投资自由化和便利化水平。近年来,东盟一直保持云南第一大贸易伙伴地位。云南对东盟贸易从以一般贸易和边境贸易为主向加工贸易、保税物流等方式转变。在高原特色农产品、化工产品、机电产品、矿产品等成为双边贸易支柱的基础上,推动单晶硅切片、锂电池等新兴工业品出口东盟国家市场。截至2023年6月,云南在东盟国家共设立非金融类对外直接投资企业705家,累计实际投资总额86.13亿美元,主要涉及农业、商务服务业、能源生产和供应业等投资领域;东盟在云南累计设立投资企业921户,实际到位外资14.09亿美元,主要涉及房地产、制造、交通运输、仓储和邮政等投资领域。2022年,云南与东盟国家签署17份对外承包工程合同。同期,云南外派东盟国家劳务人数达1522人。[①]

2020年,山东与东盟开展数字经济合作试点项目,进行数字经济试点合作;11月,与越南胡志明市签署《友好合作备忘录》,加强双方在农业、贸易、投资等领域的合作。2022年1月,山东与柬埔寨暹粒省签署《友好省州关系协议》,深化双方在旅游、文化、经济等领域的交流与合作。山东省与东盟国家在经贸、文化、教育、旅游等多个领域的合作不断深化,合作成果丰硕,为两地的互利合作注入新的活力。山东应当利用新旧动能转换发展契机,加大产业转移力度,聚焦优先合作领域,加大对东盟国家的投资,推动山东受国家宏观调控政策影响较大和贸易摩擦较多的钢铁冶炼、氧化铝等行业的企业向东盟等贸易壁垒小的国家和地区转移。重点推动贸易和投资领域人民币跨境使用,支持在自贸区符合条件的片区设立综保区,积极参与产业园区、跨境经济区建设,支持自贸区内企业开展跨境电商进出口业务,进口东盟优质农产品,为推动"中国—东盟命运共同体"建设做出山东的有益贡献。

二、政策效度研究

本报告以中国、山东省、德州市与东盟国家的各类合作政策为研究对象,分析中国、山东省、德州市与东盟国家的各类合作政策的合作成效和存在的问题,进而提出有利于提升中国、山东省、德州市与东盟国家有效合作的政策建议。本研究的开展,有助于丰富相关研究成果,总结归纳成功经验做法和存在的问题,以期为今后进一步加强国家、山东省、德州市与东盟国家合作的可持续发展及深化中国—东盟命运共同体建设建言献策,深化省市与东盟的全面开放合作,着力打造山东—东盟合作高地,把山东与东盟的全面开放合作推上新台阶。

本报告采取"线上+线下"的方式。线上方面,登录外交部、商务部、海关总署、中国—东盟中心等各类官网查询中国、山东省、德州市与东盟国家合作的政策文件,进行文件分类,梳理政策内容。线下方面,6月26日下午,笔者赴德州市贸促会、德州市外事办公室和德州海关调研考察,了解德州市与东盟国家交流合作情况,获取第一手资料信息,为开展本报告研究奠定基础。

中国和东盟的政策历程可以追溯到20世纪70年代。1971年,中国代表团在

① 《云南省积极参与中国—东盟自贸区建设》,云南日报网,https://www.yndaily.com/html/2023/qiaotoubao_0627/124061.html。

联合国亚洲及太平洋经济社会委员会上提出与东南亚国家经济合作的建议。但是直到20世纪90年代初，中国与东南亚国家才开始在政治和经济上开展合作。1991年，中国外交部长提出建立中国与东南亚国家联盟的想法，这个联盟是中国与东盟自由贸易区的前身。此后，中国和东盟国家在经贸、文化和教育等领域展开广泛合作。2003年，中国与东盟建立战略伙伴关系，此后双方合作关系更加紧密。2010年，中国和东盟宣布建立全面战略伙伴关系，加强政治、经济、文化等各方面的合作。目前，中国和东盟已经建立了强有力的合作平台，包括中国—东盟自由贸易区、中国—东盟博览会、中国—东盟中心、中国—东盟贸易与投资峰会等。双方在地区问题上也保持密切合作，共同维护地区和平稳定。

(一)中国与东盟合作的政策

20世纪90年代以来，在双方领导人的精心培育下，在社会各界的广泛支持下，中国同东盟走过了一条睦邻友好和互利共赢的合作发展之路。双方政治互信不断增强，从对话伙伴提升到战略伙伴。双方经贸合作成果显著，建成了自由贸易区，贸易额和相互投资额快速增长。双方建立了完善的对话合作机制，确定了11大重点合作领域，在20多个领域开展务实合作，各领域友好交流与合作取得丰硕成果。携手应对亚洲和国际金融危机、重大自然灾害和跨境传染病，在应对挑战的过程中巩固友谊，深化合作。中国—东盟全方位合作不仅有力促进了各自经济社会的发展，给双方人民带来了福祉，也为促进本地区乃至世界的和平、稳定与繁荣做出了重要贡献。

1. 政治、安全与地区事务

(1)政治

经过几代领导人的不断探索、实践和完善，中国对东盟逐步形成了以睦邻合作为核心思想的一系列政策。新中国建立之初，中国对东盟的政策思想可概括为突破与团结，一方面要突破美国对新中国实施的封锁和遏制，另一方面要团结包括东盟在内的广大第三世界国家。毛泽东主席在20世纪50年代初期提出与近邻国家和平友好、和睦共处的思想；周恩来总理于1953年、1954年将其发展为和平共处五项原则。这为日后的中国对东盟政策奠定了基石。以邓小平为代表的第二代领导人在80年代初提出和平与发展的时代主题和建立国际政治经济新秩序的外交战略思想，主张建立和发展长期稳定的睦邻友好关系，指出东南亚国家是中国的近邻，同东南亚各国建立和发展长期稳定的睦邻友好关系，是中国外交政策的一项重要目标。为此，中国积极推动与东盟的关系，大胆探索解决历史遗留问题的新办法，提出搁置争议、共同开发的思想，以解决中国与一些东南亚国家存在的南海主权纠纷问题；申明中国侨务政策，解决华人华侨问题；强调中国不会输出革命，不在任何地方谋求势力范围等，这些政策为中国与东盟关系揭开了新的篇章。

中国第三代领导人不断丰富和发展睦邻外交思想，并积极实践，明确提出与东盟建立新安全观指导下的睦邻互信伙伴关系。1997 年底，江泽民主席与东盟领导人在首次非正式会晤后发表《联合声明》，确定建立中国—东盟面向 21 世纪的睦邻互信伙伴关系，为双方关系全面和深入发展构筑了框架，指明了方向。政治上，进一步加强双方的理解、信任和友谊，积极支持东盟为维护地区稳定、促进发展所做的努力，明确指出一个团结和繁荣的东盟，是促进亚洲和平与发展的重要力量。

2013 年 10 月 3 日，习近平主席在印度尼西亚国会发表演讲时首次提出共同建设 21 世纪“海上丝绸之路”的倡议，这为携手共建更为紧密的中国—东盟命运共同体，开启了“一带一路”重大倡议的合作发展之路。2021 年 11 月，习近平主席在出席中国—东盟建立对话关系 30 周年纪念峰会时，宣布建立中国东盟全面战略伙伴关系，提出共建和平、安宁、繁荣、美丽、友好“五个家园”，为新起点上深化中国东盟合作指明了方向。

中国与东盟的对话进程自 1991 年开始。2003 年 10 月，第七次中国—东盟领导人会议期间，签署《中国—东盟面向和平与繁荣的战略伙伴关系联合宣言》。在这次会议上，中国正式加入《东南亚友好合作条约》，双方政治互信进一步增强。2004 年 11 月，中国和东盟在老挝万象签署《落实中国—东盟面向和平与繁荣的战略伙伴关系联合宣言的行动计划》。后面陆续签署了行动计划（2011—2015）、行动计划（2016—2020）和行动计划（2021—2025）。2010 年 10 月，第十三次中国—东盟领导人会议期间，双方签署《中国和东盟领导人关于可持续发展的联合声明》，宣布 13 项举措，加深双方合作。2018 年 11 月，签署《中国—东盟战略伙伴关系 2030 年愿景》，双方承诺将加强战略对接和深化合作，推动区域互联互通和可持续发展。

（2）安全

2004 年，中国同东盟签署《中华人民共和国政府和东南亚联盟成员国政府非传统安全领域合作谅解备忘录》，2010 年续签。双方在打击贩毒、非法移民、海盗、恐怖主义、武器走私、洗钱、网络犯罪等跨国犯罪方面进行密切合作。在反恐国际合作方面，中国支持东盟地区论坛发表反恐声明；在禁毒合作方面，与缅甸、泰国、越南、柬埔寨、老挝和联合国禁毒署共同建立六国七方禁毒合作机制，与东盟签署《东盟和中国禁毒合作行动计划》，并与老挝、缅甸、泰国举行四国禁毒合作部长会议，确定进一步加强合作的具体内容和目标。2018 年 10 月，举行中国—东盟海上联合军事演习，这是中国与东盟国家第二次举行的海上联合军事演习，旨在促进地区安全与合作。

(3)地区事务

2002 年 11 月，中国同东盟国家签署《南海各方行为宣言》，显示了双方共同致力于加强睦邻互信伙伴关系、维护南海地区和平与稳定的决心。2011 年 7 月，中国与东盟国家就落实《南海各方行为宣言》后续行动指针达成一致。

2. 经贸

经济上，中国提出把加强经济交流与合作作为营造周边持久安全的重要途径，欢迎东盟经济一体化进程，深化同东盟在经贸、科技和社会等各个领域的交流与合作，倡议与东盟共建自由贸易区，积极参与澜沧江—湄公河流域合作，在东南亚地区积极实施“走出去”战略。2020 年 11 月，中国、东盟十国及澳大利亚、日本、韩国、新西兰共同签署《区域全面经济伙伴关系协定》(RCEP)，这是亚太地区辐射范围最广的自由贸易协定之一，涉及经济、贸易、投资、知识产权等多个领域。

中国与东盟经贸合作最重要的成果是中国—东盟自由贸易区。中国—东盟自贸区是中国对外商谈的第一个自贸区，也是发展中国家间最大的自贸区。

2002 年 11 月，中国与东盟签署《中国—东盟全面经济合作框架协议》，决定在 2010 年建成中国—东盟自贸区，并正式启动自贸区建设进程。2004 年，第八次中国—东盟领导人会议期间，双方签署《中国与东盟全面经济合作框架协议货物贸易协议》和《中国—东盟全面经济合作框架协议争端解决机制协议》，中国—东盟自贸区进入实质性建设阶段。2005 年 7 月，《中国—东盟全面经济合作框架协议货物贸易协议》开始实施，双方 7000 余种商品开始全面降税，贸易额持续增长。2007 年 1 月，双方签署自贸区《中国—东盟全面经济合作框架协议服务贸易协议》。2009 年签署《中国—东盟全面经济合作框架协议投资协议》，该协议的签署标志着双方成功完成了中国—东盟关于自贸区协议的主要谈判。2010 年 1 月，中国—东盟自贸区如期全面建成。自贸区建立后，双方对超过 90％的产品实行零关税。中国对东盟平均关税从 9.8％降到 0.1％，东盟 6 个最初成员国对中国的平均关税从12.8%降到0.6%。[①] 关税水平大幅降低有力推动了双边贸易快速增长。2015年11月,双边签署《中华人民共和国与东南亚国家联盟关于修订〈中国—东盟全面经济合作框架协议〉及项下部分协议的议定书》,涵盖了货物贸易、服务贸易、投资和知识产权等领域的内容,深化双方经贸合作,扩大市场准入。

2018年11月,中国—东盟自贸区商品贸易协议第二次议定书签署,涉及商品贸易领域的关税减让、产业协同等问题。2019年11月,中国—东盟自贸区投资协定第三次议定书签署,进一步促进了双方投资自由化、便利化。2020年11月,中国—东盟自贸区服务贸易协议第二次议定书签署,进一步推动了双方服务贸易合作发展。2021年11月,中国—东盟自贸区农产品贸易协议第一次议定书签署,进一步扩大了双方农产品市场的开放合作。2022年1月,中国与东盟自贸区达成升级版自由贸易协定,涉及商品贸易、服务贸易、投资、电子商务、知识产权等领域。

3. 科技、环保与知识产权

2017年9月,签署《中国—东盟高科技产业合作示范园合作协议》,推进双方在高科技领域的合作,包括推动科技创新、人才交流和技术转移等内容。

2009年,中国和东盟联合编制完成《中国—东盟环境保护合作战略(2009—2015)》。2011年5月,环境保护部正式成立了中国—东盟环境保护合作中心。

2009年,中国与东盟签署《中国—东盟知识产权领域合作谅解备忘录》,该备忘录有力推进了中国—东盟在知识产权领域的合作进程。

4. 农业

2002年,中国同东盟签署《农业合作谅解备忘录》。该备忘录将杂交水稻种植、水产养殖、生物工艺、农场产品和机械等方面列为中国与东盟在农业科技方面长期合作的重点。此外,中国与多数东盟国家签订了双边农业合作协定或谅解备忘录,旨在加强双边农业合作政策的制定和农业技术交流。

5. 交通与信息通信

(1)交通

2010年11月,中国与东盟正式签署《中国—东盟航空运输协定》及其第一议定书。目前,中国已与东盟10个成员国签有双边航空运输协定,并以此为基础,初步建立了覆盖中国与东盟各国主要城市的航线网络,有效促进了中国与东盟国家的人员往来和经济贸易。

---

① 《背景资料:中国—东盟自由贸易区》,新华网,https://www.xinhuanet.com/ world/2013－10/09/c_117641113.htm。

双方于 2007 年签署《中国—东盟海运协定》，2008 年建立年度海运磋商会议机制。2005 年，双方建立不定期海事磋商机制，2010 年签署《中国—东盟海事磋商机制谅解备忘录》，将上述磋商机制升格为年度磋商机制。

（2）信息通信

中国同东盟在信息通信领域已形成完善的合作机制。双方签署的重要合作文件包括《中国—东盟信息通信技术合作谅解备忘录》《中国—东盟建立面向共同发展的信息通信领域伙伴关系的北京宣言》《中国—东盟电信监管理事会关于网络安全问题的合作框架》等。2016 年，中国与东盟发布《中国—东盟互联互通战略规划（2016—2025 年）》，旨在加强基础设施、物流、信息技术等方面的合作，实现更紧密的互联互通。

6. 大湄公河次区域开发

中国重视并积极参与大湄公河次区域经济合作机制（Great Mekong Subregion Economic Cooperation Program，简称 GMS）。中国签署《GMS 便利货物及人员跨境运输协定》及其 17 个附件和 3 个议定书，内容涵盖人员跨境流动、过境安排、车辆标准、公路标识和信号等。中国积极开展与 GMS 其他国家的电力联网和电力贸易，推动制订 GMS 电力发展总体规划。

7. 文化、教育与旅游

（1）文化

中国与东盟通过部长级会议、论坛研讨、人员交流、举办艺术节和展览等形式，开展多层次、多渠道的文化交流合作，有力增进了中国和东盟对彼此文化的了解、尊重和欣赏。2005 年 8 月，双方签署《东南亚国家联盟成员国与中华人民共和国政府文化合作谅解备忘录》，这是中国与区域组织签署的第一个有关文化交流合作的官方文件。

（2）教育

2010 年 8 月，双方举办首届“中国—东盟教育部长圆桌会议”。会议通过《中国—东盟教育部长圆桌会议贵阳声明》，双方一致同意将继续创新中国—东盟人文交流合作机制，建立高层磋商机制，积极落实 2020 年东盟来华留学生和中国到东盟留学生均达到 10 万人的“双十万计划”。中国—东盟教育部长圆桌会议是近年来中国与东盟在教育领域举办的最高级别国际会议，标志着中国—东盟教育合作进入新阶段。

（3）旅游

中国与东盟签署《中国—东盟国际旅游合作年行动计划》（2017—2018 年），推进双方在旅游领域的合作，主要内容包括加强旅游交流、推动旅游市场开放和互利共赢。

8. 卫生、质检与海关

根据中国—东盟《关于加强卫生与植物卫生合作的谅解备忘录》(SPS备忘录)，以"加强动植物检验检疫合作，防范外来有害生物跨境传播"为主题的第二届中国—东盟质检部长会议于2010年10月在柬埔寨召开。2009年，双方签署中国—东盟政府间《关于加强标准、技术法规与合格评定领域合作的谅解备忘录》(TBT备忘录)，以"产品质量和安全"为主题的第三届中国—东盟质检部长会议于2011年10月举行。

9. 新闻

2010年9月，第二届"中国与东盟新闻部长会议"在北京成功举行，双方签署《中国—东盟新闻合作谅解备忘录》。中国中央电视台中文国际频道开设《今日亚洲》栏目，已与柬埔寨、越南、泰国、印尼、缅甸、新加坡、老挝等国签订《新闻交换协议》，该栏目成为与东盟国家互通信息的窗口。

(二)山东与东盟合作的政策

山东省与东盟的合作关系可以追溯到20世纪90年代，当时山东省开始与东盟国家开展友好交往和经贸合作。1993年11月，山东—新加坡经济贸易理事会正式成立，这是中国地方政府与新加坡建立的第一个经贸合作机制，推动了山东与新加坡的机制化交流。

近年来，山东省通过高层出访、举办推介活动、参加国际展会等多种方式，推动与东盟国家的合作往来。2021年5月，举办中国(山东)—东盟中小企业合作发展大会，会议期间，签署总投资超过270亿元的19个项目协议。会议涉及投资推介、学术交流、企业对接等多个环节，吸引来自东盟国家的驻华商务参赞和山东省的相关部门、地方嘉宾共同参与，促进友谊、分享机遇、共谋发展。2021年10月，举办"2021中国(济南)国际商协会产业对话·东盟"活动，泰国农业公会与金裕控股集团、山东高速民生集团、山东土地乡村振兴集团等单位线上线下签署山东—东盟农产品进出口合作协议，与会国际商协会共同发起《商务合作倡议(济南)》，参会的东盟各国推介涉及农业、机械、文化等产业的合作项目，中方介绍济南市新旧动能转换起步区规划、山东省粮仓果仓国际合作、东亚文化之都建设等。

2022年4月，举办山东—东盟双向贸易(RCEP)云展会，有300余家山东企业和100余家东盟国家的境外客商参展，涉及机电、农产品、建材、日用消费品、化工等多个行业领域，通过利用互联网云端技术，创新外贸合作模式，为企业提供交流和合作新途径。2022 年 7 月，举办[中国—东盟市长论坛暨协同创新发展大会]，旨在用好 RCEP 协定生效机遇，在“一带一路”倡议下高质量推动与东盟国家间的交流合作，打造山东省对接东盟国家的高能级平台，助力德州市打造中国北方对接东盟支点城市，助力山东省打造中国北方对接东盟的示范省份，全面提升协同开放水平，签署[“中国(山东)—东盟职业教育产学研基地”协议]，成立“黄河—湄公河流域地方合作研究专家委员会秘书处”和“大运河—东盟历史文化研究院”。2022 年 11 月，举办“黄河流域国际贸易便利化合作论坛”，山东自贸试验区济南片区管委会与泰国万鼎发展有限公司共同签署合作建设“东盟农产品数字化交易平台”的项目协议，计划投资 5000 万美元，搭建中国与东盟国家间农产品交易数字化信息枢纽，建设农产品供应链的线上数字化综合服务平台和线下仓储物流体系。

2023 年 4 月，举办中国滨州—东盟产业对接洽谈会，滨州市与东盟签署多领域合作意向协议，会议揭幕滨州—东盟项目中心，滨州市与柬埔寨上丁省签署友好城市关系意向书。当月，举办中国—东盟数字农业论坛，系 2023 年“中国—东盟农业发展和粮食安全合作年”重要活动之一，旨在进一步深化数字农业与智慧农业领域的合作，推动数字技术与农业农村发展的融合，提高东盟国家农业生产水平。山东省以此次活动为契机，在产业对接、科技创新、技术推广、人才交流等方面深化国内外合作，共同推动乡村全面振兴。2023 年 5 月，举办“东盟投资推介会—走进德州”活动，全面深化与东盟国家在各领域的合作，持续扩大与 RCEP 成员国的经贸往来，签约 12 个重点项目，涉及高端装备制造、新能源和食品加工等领域，包括合同外资总额达 7700 万美元的德城区高档坚果加工等 4 个外资项目、合同总额 3.18 亿美元的临邑县索通齐力预焙阳极出口项目等 7 个外贸项目和 1 个劳务输出 220 人的外经项目。2023 年 8 月，举办“2023 中国(山东)—东盟中小企业合作发展大会”，成立了对接东盟的“一园，一馆，一院，一个中心”，即东盟园、地标之都—东盟馆、东盟院(东盟四合院)、中国—东盟中医药交流合作中心(德州)，要求加快建设山东东盟研究中心，组建“数字东盟”大数据平台研究团队，制定《数字东盟建设专项规划》，全面展示东盟国家的人口数据、货物贸易进出口额以及相关信息，为进一步深化合作提供数字支撑。当月，举办“2023 对话泉城·济南国际商协会产业对话”，签署并确立“山东省万兴食品有限公司与越南越福集团大宗农产品进出口协议及农业科技交流合作”项目、“东盟农产品展销中心”项目、“RCEP 国际课程标准开发”项目、“一带一路生命健康共同体”项目、“中国—老挝旅游资源开发合作”项目、“山东省装备制造业协会和泰国机械行业协会战略合作”项目、“山东省激光装备创新创业共同体和泰国机械行业协会战略合作”项目等8项国际合作协议。举办“RCEP数字贸易产教融合会议暨济南市新一代信息技术产教融合共同体成立大会”；东南亚职业教育境外办学联盟、澜湄—中国教育培训促进联盟、“一带一路”职业教育合作联盟共同签署国际课程标准共建倡议书。三方为RCEP产教融合研究中心、RCEP数字贸易产业学院、RCEP“中文+职业技能”国际教育实训基地揭牌，为东南亚职业教育境外办学联盟新成员授牌。总之，山东省与东盟国家在经贸、文化、教育、旅游等多个领域的合作不断深化，合作成果丰硕，为双方的互利合作注入新的活力。

(三)德州与东盟合作的政策

德州市成立对接东盟领导小组，以项目为纽带促进深入合作。领导小组制定行动计划，梳理德州市与东盟的合作共赢点；以首届“德州—东盟产业合作论坛”、“中国(山东)—东盟中小企业合作发展大会”等活动为载体，创办有持续性、有特色的品牌活动；以德州东盟国际生态城为实体，打造中国—东盟产业合作示范园区；谋划建立对接东盟中小企业基金，促进中小企业发展，提高德州与东盟合作交流的质量和水平。

2015年11月，德州市与中国东盟商务协会(马来西亚)签署合作协议，共同推动德州与东盟的交流合作。制定德州—东盟5年工作规划建议书，确定德州对接东盟工作的宗旨目标，提出具体方案规划及活动建议，深化德州与东盟在多领域、全方位开展实质性交流合作。编辑整理《德州市与东盟合作指南》，梳理德州与东盟的贸易进出口、境外投资和劳务合作情况以及吸引东盟在德州投资的相关信息，为德州相关产业和企业开展面向东盟的经贸合作提供指导。制定《德州市对接东盟工作指导意见(2016—2020)》。2016年12月，中国—东盟中小企业合作会议在德州举办，通过《关于加强中国—东盟中小企业合作共赢德州共识》，德州5家企业与东盟国家企业分别签署合作备忘录。2018年，制定《德州市对接东盟工作三年行动计划》，在产业产能合作、产业园区建设等12个方面推出更加精准务实的措施。2019年6月，在泰国—中国德州经贸合作对接会上，中国国际商会德州商会和泰国清迈商会签署友好合作协议，德州学院和泰国清迈大学签署教育交流合作备忘录，德州市人民对外友好协会和泰国山东商会签署合作备忘录。同年9月，德州市建立对接东盟重点工作定期调度和通报制度，一月一调度一通报，切实提高办事质量和效率，推动对接东盟工作再上新台阶。加强顶层设计，聘请广西大学等高校的东盟研究专家编制《德州市对接东盟工作中长期发展规划》，强化对接东盟工作的整体设计，促进贸易、投资、产业、技术、社会文化等方面的全面合作，制定行动计划、实施方案，提高规划的可操作性。

三、研究结论

从政治层面上看，长期以来，西方国家一直在炮制和宣传“中国威胁论”，一些西方学者和媒体在散布这一论调中起到推波助澜的作用。虽然近年来，东盟对中国的信任度日益提高，使“中国威胁论”影响下降，但其余毒难以在短期内消除。一些国家对中国仍有疑虑和担心，使东盟国家对中国秉持矛盾心态。虽然东盟和中国双方承诺通过和平方式解决南海争端问题，不诉诸武力或以武力相威胁，但域外大国势力的卷入又使这一问题更加复杂，南海问题作为长期影响中国与东盟关系发展的困扰所在，其彻底解决还需要很长一段时间。

近年来，美国、日本、印度等国不断加强与东盟的联系。美国不断强化与东盟一些国家的军事和政治关系，力图在东南亚建立以美国为主导的安全体系。日本也努力增强对东盟的影响力，强调与东盟建立全面的经济伙伴关系，欲以经济为后盾，拓展政治安全关系。印度积极推动东向政策，逐步密切与东盟国家的经济、军事合作。这些国家在东南亚的影响力不断增强，主要出于对现实的政治、经济、安全及战略利益的考虑，但不排除一些国家从零和思维出发，存在削弱中国影响的意图，由此导致在一定程度上影响了地区稳定和中国与东盟国家的关系。上述问题的存在，都将干扰中国—东盟政策的制定。同时，调研中也发现，国家、山东省、德州市与东盟国家合作的政策存在不同程度的执行效果问题，有的政策文件执行效度不高，比如德州市近些年来先后制定了多个对接东盟的工作规划，政策的连续性和稳定性不够，缺乏长期指导东盟工作的计划，亟待改进完善。

（一）总体建议

为应对山东服务中国—东盟命运共同体建设的需求，在政策制定上，提出以下四条建议。

一是进一步夯实和推进双方的人员交流互访。保持双方省级和市级政府部门、企事业单位之间的接触、沟通和交流，促进双方党际、社会团体的互访交流。积极探讨深层次的合作议题，开展有利于双方加深互信的活动。

二是全面拓展对东盟的经济合作。在推动发展中，要研究可能产生的国际和区域影响以及与其他贸易区域接轨的问题，充分挖掘经济合作的潜力，同时要扎扎实实地与东盟国家开展一些影响大、效益好的合作项目。加强双方在能源领域、科学技术转让领域的合作。

三是努力推动安全合作的新发展。落实在非传统安全领域的合作，加强山东—东盟反恐和打击跨国犯罪合作，打击海盗，维护海上航道安全，协商共建海上共同保障合作机制。

四是加强其他领域的交流合作。进一步推动双方的文化教育交流。加强东盟国家年轻人对山东的认知和了解，在高校进一步增设留学基金或者青年交流基金项目，吸引其来山东留学，增进互信。

（二）具体建议

1. 投资政策

（1）设立投资协调机构

目前，中国—东盟投资政策的实施、协调和决策机制以"10＋1"峰会、领导人互访为主，以外交、财政、贸易、投资等专业部长会议为辅。随着山东—东盟区域经济合作的不断深入，建立山东—东盟投资协调常设机构，独立处理双边投资政策实施、协调和决策中出现的问题，对深化山东—东盟之间的经济合作具有重要价值。

（2）完善对东盟投资的法律体系

我国现有的对外直接投资法律，大多是2010年中国—东盟自贸区建立前颁布和实施的，随着中国—东盟自贸区内外部经济发展形势的变化，现有体系已经很难满足我国企业"走出去"的需要。因此，我国在针对东盟国家完善现有对外直接投资法律制度的同时，应根据东盟各国国情制定新的对外直接投资法律法规，以适应中国—东盟经贸合作发展的需要。

（3）加强产业对接

在保持原有产业优势基础上，山东应当进一步扩大优化与东盟的贸易出口产业。从市场细分、产业政策对接、科技创新合作等方面加强与东盟国家的合作交流，分国家分产业有步骤有规划地拓展与东盟的贸易，积极融入东盟十国的产业体系，打造面向东盟的山东高端制造业、电子信息等重点产业链。进一步开拓东盟市场，把山东的优势产业平台与东盟对接，加强合作交流，优势互补、协同发展，使得产业链无论在区域内还是世界范围内不断提升优化，力争实现双边产业对接效益最大化。

2. 贸易政策

(1)积极探索数字贸易发展新业态

鼓励跨境电商平台向数字贸易平台靠拢,依托高技术产业带动,充分利用RCEP贸易便利化优势打破跨境电商平台之间的隔阂,构建融产品展示、交易、物流、融资等为一体的山东—东盟数字化贸易平台,形成各领域、全要素相互融合的数字平台。利用互联网、人工智能等新型技术全力推进东盟海外仓建设,同时积极鼓励有实力的企业自建海外仓,并适时推动东盟海外仓的共享,互通有无,建设便捷、高效、智能的联动体系。依托数字化平台打造新型贸易服务。RCEP为中国"走出去"提供了更广阔的平台,山东要依靠现有政策优势,根据国家有关规定实行跨境贸易服务负面清单制度,不断放宽市场准入限制,以吸引更多东盟国家外资投资建设我国允许的行业部门。此外,积极拓展东盟地区服务外包市场,利用山东科技和产业优势,支持企业在软件、信息技术、工业服务等方面开展外包服务,并探索新型外包服务。创新山东—东盟数字贸易发展模式,打通数字贸易产业链,适应数字贸易合作新业态,加大数字知识产权保护力度。

(2)营造适度宽松的国际贸易环境

国际贸易环境决定了国际贸易政策实施的效果,营造公平合理、自由竞争、健康有序的国际贸易环境,对促进山东—东盟贸易自由化和便利化,以及对实现双边贸易的可持续发展有着重要意义。可以分阶段逐步消除非关税壁垒,为实现区域内贸易自由化和便利化扫清障碍,进一步开放合作领域,特别是开放服务贸易合作领域,为实现山东—东盟双边贸易的可持续发展拓展新的合作空间,加强知识产权保护,为保护企业的核心竞争力提供法律保障,完善贸易政策实施的评价体系,合理评估对东盟贸易政策的实施效果,为适时调整贸易政策提供支持。

3. 金融政策

(1)建立山东—东盟合作金融机构

可以设立山东—东盟投资银行、产业发展信托投资基金,以有效缓解发展过程中的资金约束,保障资金流通、简化经贸结算和贷款业务。设立联合保险机构,优化金融环境,进一步降低金融风险。

(2)稳步推进人民币区域国际化

随着我国经济实力、综合国力特别是中国东盟经贸合作的不断提升,人民币已成为东盟除美元、欧元和日元之外事实上的结算货币。把握山东—东盟经贸关系快速发展的契机,进一步扩大人民币跨境贸易结算范围、完善跨境人民币资金支付清算机制、逐步实现资本项目可自由兑换,稳步推进山东—东盟的人民币区域国际化。

(3)切实防控区域系统性金融风险

加强对区域系统性金融风险的防控是降低外部冲击影响、深化山东—东盟区域经贸合作的保障，防控区域系统性金融风险，必须建立和完善双边银行、证券、保险等监管部门间的监管合作与联合协调机制，建立金融市场运行监控体系和应急预案，实现金融监管部门之间的信息共享和信息系统安全管理，为山东—东盟经贸合作发展奠定良好的金融环境。

4. 基础设施互联互通政策

(1)交通运输优先发展

山东要积极推动国际运输便利化进程，发挥青岛港国际基本港优势，整合省内港航资源，打造区域性国际航运中心和综合交通枢纽。加快与东盟国家的海陆通道、航空航线等建设，进一步发挥山东海陆交汇的战略地位优势，以山东半岛蓝色经济区港口群为主体，带动省内其他地区港口，健全现代港口航运体系，与东盟国家各口岸合作，促进海铁联运发展，不断扩宽港口腹地。加快面向东盟的门户机场建设，发挥青岛、烟台空港航线密集优势，积极吸引北方各省区市经青岛中转东盟，通过不断整合陆海空运输资源，促进不同运输方式之间的有效衔接，不断拓展与东盟各国在运输、物流、仓储等方面的合作交流，进一步提升综合物流服务水平。

(2)信息通信重点发展

加强基础设施建设，构建广泛连通的信息交流网络。加强山东与东盟国家在通信网络、基础设施建设等方面的交流和合作，为双方信息交流与服务提供便利条件。大力开发建设信息资源。健全和完善信息资源开发利用政策，建立健全各种信息市场及其机制，加强对山东—东盟政府、社会、企业、个人等的信息交流合作机制的建设，促进信息资源的广泛集聚。建立和完善山东—东盟信息通信交流合作机制。举办信息通信合作论坛，就信息产业合作、信息技术标准化制定等重要议题展开探讨，形成促进山东—东盟信息交流合作的对策和建议。建立企业合作机制和社会合作机制，包括信息技术联盟或信息产业联盟等。建立网络与信息安全保障体系。必须从战略的高度重视信息安全问题，切实加强信息安全保障机制建设，有效推进山东与东盟国家间的经济、科教、文化、旅游等合作，有效促进山东—东盟信息化合作发展。

四、研究展望

山东省与东盟国家应继续保持密切交往，提升双方全方位合作的水平。山东省、德州市愿同东盟国家共同全面落实 RCEP 和中国—东盟自贸区各项协议，不断提升合作交流水平，增进企业对 RCEP 和自贸区的了解和利用，提高双边经贸合作质量。与东盟大力拓展在互联互通、农业、科技、卫生、环保、能源、金融等领域的合作。在建设山东—东盟航空互联互通的基础上，同东盟积极探讨海上互联互通，使其成为山东—东盟合作的新亮点。进一步加强与东盟的社会人文交流，共同促进旅游、教育、文化、媒体等领域的交往，利用中国（山东）—东盟中小企业合作发展大会、东盟国家（国别）交流周等平台，不断增进山东省与东盟国家的民间了解和友谊，使双方民众成为山东—东盟良好关系的坚定支持者、积极建设者和真正受益者。

山东服务"中国—东盟命运共同体"建设面临的风险与挑战

陈　伟*

当前以及在相当长的一段时期内,东盟主要是一个地缘利益共同体,而非一个精神共同体或文化共同体。东盟国家政治制度不同、社会发展阶段不同、文化传统、宗教信仰也差别较大,这决定了我国发展与东盟国家关系、中国企业赴东盟国家投资贸易都面临更加错综复杂的局面。广东、广西、云南与东盟国家接壤,苏浙沪等经济发达省市与东盟国家经济交往密切,其对于与东盟国家在经贸合作面临的风险挑战及其应对有着丰富的经验,相关公共法律服务产品开发也走在了前面,风险挑战应对能力较强。与东盟国家在经贸等领域合作较为密切的日、韩、美、欧盟等市场主体注重贸易投资风险评估,以维护投资安全。比较而言,山东企业还需要更加胆大心细,既要勇于"走出去",积极发展与东盟国家的经贸关系,更要做好贸易投资风险评估和投资安全法律保障工作。

一、与东盟国家经贸交流面临的风险与挑战

(一)政治风险

1. 高风险国家及其情况分析

比较而言,老挝、缅甸、菲律宾、泰国的政治风险相对较高。

* 陈伟,德州学院东盟研究中心研究员,德州学院法学与公共管理学院教授,主要研究方向为法律理论、法律文化、法治建设。

(1)老挝

国内政治方面。老挝当前政治环境整体较为稳定,但老挝属于中低收入国家,新冠肺炎疫情过后经济恢复情况并不理想,给老挝政治稳定带来一定的挑战。从中长期来看,老挝国家政治风险水平偏高。根据世界银行发布的 2021 年全球治理指数,老挝的国家治理能力得分在全球居较低水平,政府效率、监管质量、腐败控制和民众话语权得分均相对较低。由于多重外部影响,老挝国内外经济环境受到严重冲击,失业率上升,汇率波动加剧,贫困加剧,民生问题较为突出。老挝恐怖主义风险较低,但暴力犯罪活动不可忽视,特别是与缅甸接壤的"金三角"地区,武装贩毒和走私等暴力犯罪活动仍然比较严重。

对外关系方面。老挝奉行和平、独立和与各国友好的外交方针,主张在和平共处五项原则基础上,同世界各国和周边邻国发展友好关系,坚持"少树敌、广交友"的外交政策,改善同西方国家的关系,营造良好的外部发展环境。

(2)缅甸

国内政治方面。近年来,缅甸国内各方政治势力博弈趋于复杂,政治风险水平较高,政治局势不太稳定。缅甸属于中低收入国家,近年失业问题有所加剧,社会不稳定,政府面临较大的社会冲突治理压力。根据世界银行发布的 2021 年全球治理指数,缅甸在政府效率、监管质量、腐败控制和民众话语权方面得分均相对较低。受政局波动和新冠肺炎疫情影响,缅甸抗议示威事件频发,宗教族群矛盾较为突出。

对外关系方面。受国内政治局势影响,缅甸与国际组织及其他国家的外交行为受阻,经贸合作受到负面影响,在国际社会也承受较大的压力,参与联合国和东盟治理受到明显的影响。

(3)菲律宾

国内政治方面。菲律宾国家政治风险水平中等。2022 年,费迪南德·马科斯以较大优势当选总统,有助于保持国内政治稳定性和政策连续性。根据世界银行发布的 2021 年全球治理指数,菲律宾在政府效率、监管质量、腐败控制和公众话语权上的得分均处于世界平均水平。菲律宾国内收入分配矛盾相对较大,恐怖主义和暴力犯罪危险比较严重,菲律宾政府加大打击力度,但好转趋势并不明显。菲律宾是一个多宗教国家,由于历史和文化发展特点以及经济发展失衡等原因,菲律宾天主教徒和穆斯林之间冲突不断。困扰历届政府的穆斯林武装力量和新人民军反政府武装问题依然不能解决,给菲律宾社会稳定带来不利影响。由于种族矛盾引发的恐怖袭击时有发生,给社会稳定带来威胁。

对外关系方面。菲律宾奉行独立的外交政策，积极参与多层次国际合作，在互相尊重、互相平等的基础上，发展同世界各国的正常关系和互利合作。杜特尔特执政时期，菲律宾“大建特建”计划与中国“一带一路”倡议深入对接并取得诸多成果。

(4)泰国

国内政治方面。近年来，泰国政局基本保持稳定，但与此同时，政党博弈有所加剧，反政府示威事件频发，民众对政府的支持率下滑，政局稳定性和社会稳定性受到一定影响。经济与民生问题是影响泰国政治稳定的重要因素。恐怖袭击和武装冲突时有发生，政府面临较大的社会冲突治理压力。南部地区马来族分离势力威胁社会稳定，分离分子追求独立，不断在南部地区发动恐怖袭击，不时与政府发生武装冲突。总体来说，当前泰国的国家政治风险水平偏高。根据世界银行发布的2021年全球治理指数，泰国的政府效率、监管质量得分处于世界平均水平，腐败控制和民众话语权得分相对较低。

对外关系方面。泰国积极开展外交活动，加强与外国经济联系和贸易合作，营造有利于自身发展的外部环境。泰国积极参与东盟内部事务，加强与东盟国家的密切联系，泰国发起并推动亚洲合作对话机制，积极参加亚欧会议等。

2. 中风险国家及其情况分析

柬埔寨、印尼、越南政治形势相对稳定，属于中等风险国家。

(1)柬埔寨

国内政治方面。柬埔寨实行君主立宪制，执政党人民党积极推进各项改革措施，反腐工作取得明显成效，积极改善营商环境，基础设施建设取得重要成果，人民生活水平提升，政绩斐然。根据世界银行发布的2021年全球治理指数，柬埔寨的政府效率、监管质量、腐败控制、民众话语权得分相对较低。但柬埔寨实行开放的市场经济政策，经济活动高度自由化，是世界经济自由度较高的国家之一，近年来，政府管制程度呈现明显下降趋势，国有化和征收风险较低，市场开放程度较高。柬埔寨恐怖主义风险较低，但受新冠肺炎疫情影响失业人数有所上升，网络赌博相关犯罪多发，外国人非法拥有枪支问题凸显，毒品犯罪活动也有所抬头，社会治安压力有所增大。

对外关系方面。柬埔寨奉行独立、和平、永久中立和不结盟的外交政策。柬埔寨积极参与国际事务，拓展双边和多边合作。由于美国、欧盟多次以柬埔寨缺乏人权和民主为由实施制裁，柬埔寨与美国、欧盟的关系较为紧张。

(2)印尼

国内政治方面。印尼政党联盟在国会拥有75%的席位,执政基础较为稳固,政治环境相对稳定,但政党竞争、恐怖主义、民族分离主义运动也带来了多重挑战。根据世界银行发布的2021年全球治理指数,印尼国家治理能力得分在全球居中等水平,政府效率、监管质量、民众话语权等指标表现相对较好,但腐败控制得分相对较低。根据《2022年全球恐怖主义指数报告》,印尼在全球受恐怖主义影响的国家和地区中排名第24位。从全球城市数据平台公布的数据看,印尼主要城市社会治安状况排名较低。印尼多种文化、宗教共存,民族宗教冲突较为明显,但政府积极推动多种文化共生共荣,民族宗教冲突有所减少。

对外关系方面。印尼奉行自由和积极的外交政策,在国际事务中坚持不干涉内政、平等协商、和平解决争端等原则。印尼积极参与国际组织和多边合作,佐科政府以经济外交为核心,强调经济收益,在国际社会积极发挥建设性作用。

(3)越南

国内政治方面。越南政府高层重回"四架马车"经典政治结构,执政党加强队伍建设,国内政治环境比较稳定,国家政治风险在中等水平。根据世界银行发布的2021年全球治理指数,越南政府效率得分较好,监管质量、腐败控制处于世界中等水平,民众话语权得分相对较低。越南社会治安总体情况较好,恐怖主义威胁小,国内民族宗教冲突较少,民族矛盾不突出。

对外关系方面。越南实行独立自主、多边化多样化的外交路线,越南对外深化交流互动,全面融入国际社会,提升与其他国家的双边关系,积极参与多边合作机制,积极融入RCEP。

3. 低风险国家及其情况分析

新加坡、马来西亚、文莱的政治风险较低。

(1)新加坡

国内政治方面。新加坡政局一直保持稳定,政治风险水平低。根据世界银行发布的2021年全球治理指数,新加坡在政府效率、监管质量和腐败控制方面得分均相对较高,在民众话语权方面得分相对较低。新加坡失业率长期处在较低水平,恐怖主义和暴力犯罪事件较少,宗教信仰自由,宗教族群矛盾较为缓和,社会治安水平高。

对外关系方面。新加坡奉行和平、独立和不结盟的外交政策,坚持大国平衡原则,主张世界各国独立自主、平等互利、互不干涉内政,积极同各国展开多领域合作,与各种社会制度国家建立了友好关系。

(2)马来西亚

国内政治方面。多年来，马来西亚政权更迭有序，国家政治比较稳定，风险水平为中等偏低。根据世界银行发布的2021年全球治理指数，马来西亚在政府效率、监管质量等指标上处于世界中等偏上水平，腐败控制高于世界平均水平，民众话语权得分相对较低。马来西亚重视吸引外来投资，汇兑限制较少，采取国有化和征收措施的可能性较低，外国企业基本不会成为政府的国有化对象。随着新冠肺炎疫情缓解，马来西亚经济复苏明显，失业率有所下降，社会较为稳定。马来西亚靠近“金三角”地区，存在毒品走私问题。马来西亚宗教族群存在矛盾，但问题并不突出，族群关系整体上较为和谐，矛盾冲突主要集中在政治方面，一些社会议题也容易因族群因素升级。

对外关系方面。马来西亚奉行独立、有原则和务实的外交政策，推行具有前瞻性和务实的外交政策，以促进贸易，吸引外国投资。马来西亚积极加入国际组织，参与多层次国际合作。东盟是马来西亚外交政策的基石，其同时也积极寻求促进发展中国家和伊斯兰世界之间的南南合作，马来西亚是较早响应“一带一路”倡议的国家。

(3)文莱

国内政治方面。文莱实行政教合一的“三位一体”马来伊斯兰君主制政治制度，政治历来比较稳定，在政府效率、监管质量、腐败控制等方面位居世界前列。文莱苏丹是权力核心，政治控制力较强，实行高福利政策，大幅推行免税免费措施，居民幸福感较高，但政治参与度不高，社会秩序安定有序，发生大规模社会冲突或政局变动的可能性不大。

对外关系方面。文莱奉行睦邻友好的和平外交政策，推行多元外交政策，保持同世界大国的友好关系，加强同周边国家的双边关系，深化与东盟其他成员国之间的联系，并主动参与国际事务，重视维持地区和平安定。

(二)经济风险

1. 高风险国家及其情况分析

老挝、缅甸、菲律宾的经济风险相对较高。

(1)老挝

新冠肺炎疫情过后，老挝经济并没有得到快速恢复，经济增长预期不理想。特别是由于俄乌冲突引起国际大宗商品价格波动，老挝通货膨胀压力加大，对经济造成较大冲击，预计未来老挝经济复苏仍面临较大压力。老挝私人消费呈负增长态势，消费情绪受挫，经济增长主要靠固定资产投资来拉动。老挝执行稳健的财政政策和宽松的货币政策，但当前财政收支失衡明显，信贷规模大幅波动，财政赤字压力明显增加。国际收支方面，经常账户逆差有一定程度的改善，国际储备规模依然压力较大，汇率贬值风险大。

老挝政府不断优化外商投资环境，完善基础设施，在土地价格、项目实施、税收政策等方面给予优惠支持，如增加税前扣除项目，降低企业的适用税率和增值税税率，甚至对部分商品实行增值税零税率，以鼓励外国投资者投资。老挝政府管制负担整体较低，其《投资促进法》明确规定保护投资项目不被政府征收、没收或国有化，给予经济特区内的企业更多的优惠政策，经济发展潜力较大。

（2）缅甸

新冠肺炎疫情导致缅甸经济呈明显下行趋势。财政赤字保持在较高水平，预计短时间内难以缓解。公债规模持续上升，预计将继续保持在较高水平。缅币持续贬值，实行大规模货币紧缩政策，对外汇收支采取了更为严格的管控。国际收支经常账户逆差扩大，汇率大幅下跌，国际储备规模下降，预计未来缅甸国内信贷规模可能继续保持下降趋势。

新冠肺炎疫情后，缅甸失业率上升，宏观经济复苏步伐较为缓慢，缅甸国家经济发展主要依靠私人消费和进出口进行拉动。由于国际政局变动和西方国家制裁，制造业、电信和银行业等重要的经济支柱领域均受到一定冲击。

多年来，缅甸重视发展电力项目和基础设施建设，逐步放松政府管制，吸引外商投资，在土地价格、工业项目实施、税收政策和基础设施支持等方面为外国投资者提供更多优惠支持。缅甸奉行对外开放的市场经济政策。2017 年，颁布新投资法，扩大了投资范围，力求为国外投资创造良好的环境。缅甸军方政府继续推行原有经济政策，目前来看，缅甸政府对外国投资执行国有化的可能性较低。

（3）菲律宾

新冠肺炎疫情重创菲律宾经济，政府积极促进经济复苏，不断改善投资环境，大力发展制造业和对外贸易，经济发展前景较为乐观。目前促进旅游业复苏、推动海外劳工再就业、抑制通货膨胀是菲律宾政府的重要挑战。菲律宾对外国资产国有化和征收的可能性较低，市场开放程度有待进一步提高。菲律宾的政府管制负担有所降低。近年来，菲律宾央行逐步放宽对外汇出入境的管制，并通过简化交易所批准程序，放宽维护管理规则，支持政府的基础设施建设项目。

新冠肺炎疫情后，菲律宾经济复苏步伐较快，经济增长超过预期目标，私人消费是菲律宾经济发展的主要动力。菲律宾实行宽松的货币政策，国内信贷规模持续下降,同时加强预算管理,积极控制财政赤字规模。但菲律宾目前失业率仍然较高,电力、房租等成本处于区域较高水平,整体营商成本相对较高。公共债务占GDP的比重大幅上升,未来可能会继续增长。国际收支经常账户逆差,预计短时间内规模仍将继续扩大。国际储备规模基本稳定,汇率贬值压力有所增加。

2. 中风险国家及其情况分析

文莱、柬埔寨、印尼、泰国、越南经济风险相对稳定,属于中风险国家。

(1)文莱

文莱石油和天然气资源丰富,国家财力充沛。目前文莱正致力于经济多元化发展,实现由高度依赖石油和天然气的单一经济结构向充满活力的新模式转变,引领经济可持续增长。文莱积极应对新冠肺炎疫情对经济的冲击,出台了一系列措施,帮助中小微企业度过困境,取得了一定积极效果,但在本地市场规模、劳动力资源供应、产业配套能力、社会工作效率等方面仍存在诸多不足。文莱加强数字化转型,放宽对信贷的控制,实行宽松货币政策,增加对销售者的补贴,整体税负较轻,汇率保持基本稳定,通货膨胀率保持下降趋势,交通基础设施水平较高,经济复苏迹象明显,经济发展未来可期。根据世界银行《2020年营商环境报告》,在全球190个经济体中,文莱营商便利度排名第66位。

(2)柬埔寨

随着新冠肺炎疫情防控压力减缓,柬埔寨社会经济活动重回正轨,旅游业复苏,农产品及服装产品出口强劲增长,宏观经济表现良好,经济增速有望恢复到疫情前的水平。柬埔寨维持宽松的货币政策和积极的财政政策,国内信贷保持稳健增长。但是柬埔寨的公债规模不断扩大,商品贸易维持逆差,国际储备规模下降,汇率下跌,这些是柬埔寨国内经济面临的一些风险因素。

(3)印尼

近年来,印尼经济受新冠肺炎疫情冲击出现负增长,当前印尼国内市场逐渐复苏,投资者信心增强,经济改善明显,私人消费和固定资产投资是印尼经济增长的主要驱动力。印尼政府积极致力于改善营商环境,降低企业所得税率,简化中小企业营业许可发放手续,提高行政效率。根据全球城市数据平台的调查数据,印尼用电、房租等成本较低,整体营商成本处于东南亚地区较低水平。印尼外商投资限制逐步放宽,但对受保护鱼类捕捞业、含酒精饮料、污染环境的化学工业等行业限制外国投资。

印尼实行适度宽松的货币政策以维持汇率和金融体系稳定,但印尼通胀率上升明显,通胀压力较大。为刺激经济复苏,印尼一度鼓励商业银行信贷来保障市场上资金的流动性，但为应对美联储加息压力和国内通货膨胀预期带来的影响，印尼央行可能逐步控制市场流动性。印尼推行积极的财政政策，国际收支经常账户实现顺差，国际储备规模呈上升趋势，但公共债务规模呈上升趋势，汇率持续下跌，资本外流和融资成本上升的风险可能会增加。

(4)泰国

泰国属于中高收入国家，新冠肺炎疫情后泰国经济复苏较快，失业问题有所缓和，政府实行积极的财政政策，私人消费是影响经济增长的重要因素。但泰国宏观经济存在一定的不确定性，国内信贷增速放缓，公共债务规模持续攀升，国际收支经常账户出现逆差，国际储备有所下降，汇率持续下跌，经济完全恢复可能较为漫长。

泰国政府重视基础设施建设，大力发展电力设施，重视为中小企业提供支持，泰国的电力、房租均处于区域较高水平，整体营商成本较高。为促进经济复苏，泰国政府出台了一系列吸引外资举措，鼓励企业向先进技术研发和创新等领域投资，采取税收减免措施，简化行政手续，提高行政审批效率。整体来看，泰国的政府管制负担较低，泰国投资促进法明确规定不对泰国和外国公司实行国有化，实行自由浮动的汇率制度，外币可以自由汇入汇出，不受限制。

(5)越南

越南属于中低收入国家，新冠肺炎疫情后越南进出口贸易扩大，经济呈现稳步上升的良好态势，失业率有所下降，私人消费和固定资产投资成为推动国内生产总值增长的关键因素。越南实行较为宽松的货币政策和财政政策，财政赤字有所下降，国内信贷增速持续上升，国际收支经常账户保持顺差，国际储备持续上升，汇率相对平稳。但公共债务持续上升，预计将继续保持在高位水平。

越南政府不断改善营商环境，鼓励私营经济发展。整体来看，政府管制负担较小。越南新修订了外国在越南投资法的实施细则，减少或废除了多个外商准入的限制，规定了部分行业激励投资条件，为外国投资提供了新的契机。外国企业被国有化的风险相对较低。越南还存在一定的外汇管制，但影响较小。越南基础设施建设速度加快，大力推进高速公路建设及改造，重点发展电力设施。越南制定了多项税收优惠政策，在进出口关税、流转税方面，越南也给予外资额外的优惠政策，税收成本相对较低。相比东南亚其他国家，越南的电力、生活、租房消费处于较低水平，整体营商成本较低。

3. 低风险国家及其情况分析

新加坡、马来西亚的经济风险较低。

(1)新加坡

新加坡属于高收入国家,凭借优越的地理位置和发达的金融服务,吸引大量外商投资,未来经济形势发展向好。新冠肺炎疫情后,新加坡经济复苏相对较快。当前,新加坡实行宽松的货币政策和积极的财政政策,存款利率的浮动较小,整体保持稳定,私人投资和固定资产投资是新加坡经济增长的主要动力。近两年新加坡通货膨胀压力持续上升,国内信贷增速上升,公共债务规模呈现持续上升趋势,由于财政赤字状况短期内难以改观,预计新加坡公共债务占国内生产总值比重将进一步上升。国际收支商品贸易顺差呈现浮动式上升,经常账户保持顺差,占国内生产总值比重上升,国际储备规模稳中有升。新加坡的当务之急是实现经济转型,进一步提升商业和消费者的信心,抑制通货膨胀。

新加坡国内市场规模较小,长期以来积极推动全球贸易自由化进程,投资环境开放,鼓励外国投资,国有化和征收风险较低。新加坡的资本和金融账户均高度开放,可自由汇入汇出新加坡元或在外汇市场买卖新加坡元,外汇监管或审批中对所有支付形式或资金转移都不设限。新加坡重视交通基础设施建设,大力推进数字基础设施建设,劳动力成本等较高,整体营商成本处于东南亚较高水平。新加坡的政府管制负担整体呈下降趋势,商业活动自由,投资环境开放,政府管制较为宽松,疫情后政府管制负担已进一步下降。

(2)马来西亚

作为外向型经济体,马来西亚政府欢迎和鼓励外国投资。政府一直致力于改善投资环境,完善投资法律,提供多项优惠政策,加强投资鼓励。根据全球城市数据平台的调查数据,马来西亚电力、房租等居于区域平均水平,营商成本中等。马来西亚实行积极的财政政策和宽松的货币政策。新冠肺炎疫情后,马来西亚经济复苏步伐相对较快,私人投资和固定资产投资是拉动经济增长的主要动力,经济增速逐渐回升。国际收支经常账户保持顺差,国际储备规模增加,汇率稳定。但马来西亚公共债务规模持续攀升,财政赤字状况短期内难以改变。

(三)法律风险

1. 高风险国家及其情况分析

老挝、缅甸、菲律宾的法律风险相对较高。

(1)老挝

根据世界银行 2021 年公布的全球治理指数,老挝的法治得分较低。为吸引外国投资,老挝政府不断健全相关法律法规,完善司法体制,加强执法力度,提升法治水平，加强司法体系建设，深化经济体制改革，完善相关基础设施，努力改善营商环境，营造符合投资者需求的法律环境。

(2)缅甸

缅甸具有较为完整的法律体系，但缅甸的知识产权保护和执法体系不符合国际标准，给法治得分带来一定的负面影响。根据世界银行公布的2021年全球治理指数，缅甸法治得分有明显下降。缅甸实施税收优惠政策，2021年缅甸政府发布联邦税法，将企业税率从25%降至22%，进一步降低初创企业和中小企业的税收负担，为企业提供更优惠的经营环境。缅甸的环境保护和劳工保护法律比较完善。

(3)菲律宾

根据世界银行公布的2021年全球治理指数，菲律宾法治得分略有下降。菲律宾政府致力于改善营商环境，包括加强基础设施建设、调整税收等。菲律宾政府逐渐减少投资领域限制，持续加大环境保护方面的立法力度，并对外籍劳务有非常严格的限制。

2. 中风险国家及其情况分析

文莱、柬埔寨、印尼、越南法律风险相对稳定，属于中等风险国家。

(1)文莱

文莱遵循严格的伊斯兰教法，对违反法律以及伊斯兰教义的行为加以惩罚，但保障宗教信仰自由。目前正在分阶段实施以伊斯兰教法为基础修订的刑法，但伊斯兰刑法仅适用于穆斯林。近年来，文莱为实现“文莱2035年宏愿”，积极推动法律与国际规则接轨，贸易投资法规范化和国家法治化水平均有提升。根据世界银行公布的2021年全球治理指数，文莱的法治得分显著提升。

文莱涉及劳工保护的法律较为严格。根据国际投资争端解决中心统计，近年来文莱投资争端极少，基本只涉及少数投资者与文莱劳工之间的工资支付纠纷。《投资促进法》规定，对部分产业的投资可享受免税优惠，政府对多个先锋产业提供免除工资税30%和部分所得税等优惠措施。文莱重视环境保护，积极履行节能减排责任。文莱法律禁止对外国投资进行直接或间接的征收，也不对外资采取国有化措施，为经济提供较为良好的法治保障。

(2)柬埔寨

近年来，柬埔寨政府致力于推进司法制度改革，积极修订法律，法治水平有一定提升，同时也推出了一系列举措，不断优化贸易和投资环境，包括加大税收返还、简化投资手续等。但是柬埔寨存在一定的腐败现象，由于工人工资涨幅明显、电力价格居东南亚榜首、土地价格和房屋租金持续上升，预计未来柬埔寨营商成本仍将呈上升趋势。

(3)印尼

印尼通过立法、设置反腐败机构、升级反腐败法律机制、强化司法公正等落实反贪腐工作，法治环境得到一定程度改善，2021 年全球治理指数中，其法治得分有所提升。印尼重视环境保护和劳工保护，以保护本国生态环境和本国劳动力，解决就业问题。

(4)越南

越南在制定和出台法律方面存在频繁改动的问题，导致政策缺乏确定性和统一性，降低了外国投资者信心。除了立法方面，越南还存在执法不严格、缺乏透明度、随意执法等现象。根据 2021 年全球治理指数，越南法治得分有所下降。越南对环境保护日益重视，相关立法逐渐加强。2021 年越南颁布了新版劳动法，进一步加强了劳动保护。

3. 低风险国家及其情况分析

新加坡、马来西亚、泰国的法律风险较低。

(1)新加坡

新加坡是个典型的法治社会，有完备的法律体系，从政治体制、经济管理、公民基本权利和义务到日常的公共卫生、垃圾处理，法律对各个方面都有非常详细、具体的规定。政府和其他社会主体的所有行为都有法可依。根据 2021 年全球治理指数，新加坡法治得分略有上升。新加坡关于环境保护的法律非常完备，有严格的劳工保护立法，采取公平雇佣原则，依法保护外籍劳工的合法权益。

(2)马来西亚

近年来，马来西亚积极修订法律，使国内法律与国际接轨，国家的法治形象不断改善。根据 2021 年全球治理指数，马来西亚的法治得分略有上升。马来西亚法律体系完备，与国际通行标准接轨，各行业操作流程较为规范，投资领域限制较少，政府限制和准入政策比较宽松，劳工法律制度也比较完善，其环境保护法律较为严格。

(3)泰国

泰国制定了较为完备的法律体系，但司法过程不透明、执行力不足等问题仍然存在。近年来，为了加快经济复苏，泰国加强了商业方面有关法律的建设，对外资的法律保护有所改善。根据 2021 年全球治理指数，泰国法治得分略有上升。泰国对于投资领域限制较少，绝大部分经济领域都向外资开放，外国投资者与本国投资者享有同等待遇。泰国关于环境保护和劳工保护有较为严格的法律约束和管理措施。

二、经贸交流风险与挑战规避及策略

(一)政治风险规避

东盟国家在国内政治上不同程度地存在一定问题,一些国家同中国的政治关系还存在一定的不确定性,我国企业赴东盟国家开展经贸合作需要充分调研,注意规避政治风险,特别注意以下国家近期和中期的情况。

印度尼西亚战略位置重要,在地缘政治方面具有极高的战略价值。长期以来,印尼对外交往保持着相对较高的独立性,长期在大国博弈中获得经济利益。但随着世界格局不断变化,印尼可能面临大国竞争的持续施压,存在无法保持均衡外交关系的风险。

马来西亚国内政局不确定性依然较高,朝野政党各自诉求如果不能得到较好的协调,就无法保证政治稳定性,政局不确定性依然较高。近年来,马来西亚国内极端思想有抬头趋势,马来西亚人在境内外组织和参与恐怖活动时有发生。企业赴马投资须重点关注恐怖主义风险,保障财产和人员安全。

柬埔寨政治上正处于一个相对不稳定的阶段。近年来,恶性案件有所增加,社会治安状况令人担忧。

菲律宾政策自马科斯执政以来,基本延续了杜特尔特政府时期的风格,但其国内也有担心马科斯会仿效其父老马科斯的强势执政风格。当前,马科斯大概率将延续杜特尔特的对华政策,但也会强化美菲关系。

泰国政局多次发生变动,且南部分离主义势力一直长期存在,社会不稳定性相对较高,执政联盟内部凝聚力不强,政党博弈较为激烈,民众对政府的支持率下滑,国内抗议示威事件时有发生。

(二)经济风险规避

受新冠肺炎疫情和国际形势影响,东盟国家经济发展状况各有问题,中国企业赴东盟国家投资需要注意对经济风险的调研和防范,特别注意以下国家近期和中期的情况。

文莱积极推动经济多元化发展,但是其经济结构单一,高度依赖油气行业,经济总量不大，且市场容量有限，中国企业在文莱进行投资时，要特别注意事前调查分析评估相关风险，做好风险规避和管理工作，不宜同时进行大规模的投资，避免因盲目参与高风险项目而造成重大损失。

印度尼西亚部分产业政策调整相对频繁，企业赴印尼投资必须做好充分的市场调研，熟悉当地法律环境，适当调整优惠政策期望值，充分核算税负成本，有效控制工资成本，并结合当地特殊的投资贸易环境，严格遵守相关法律法规、行业准则，做到合理控制和规避，提前采取防范措施。

中国企业赴柬埔寨投资，应利用好 RCEP 和中柬自贸协定提供的优惠措施，抓住双协定提供的优惠条件，寻求潜在合作机会，助推企业多元化发展，进一步开拓国际市场。

老挝长期以来处于贸易逆差状态，外汇储备规模水平较低，一旦受到外部冲击，不排除老挝汇率发生大幅度波动的可能性，且老挝银行能够应用的政策手段较为有限。老挝汇率持续下降，通胀不断上升，严峻的国际形势给经济复苏增加了更多的不确定性，给企业带来较大压力，企业进入老挝市场时，须全面充分评估老挝经济发展形势，关注老挝政府相关政策，提前规避风险。

缅甸面临国内外多重压力考验，未来政治及经济走向仍不明朗，经济复苏前景不乐观。RCEP 生效会在中期内吸引更多的外国直接投资流入缅甸，中国企业应保持并不断提高自身竞争力，积极应对其他国家带来的竞争压力，有效评估项目可能遇到的各种风险，并提前做好风险预案。

尽管越南经济复苏势头强劲，但越南政府始终面临通货膨胀、全球需求疲软、供应链中断等风险。RCEP 生效给中越合作带来了多项利好影响，双方贸易和投资合作潜力持续扩大，未来中越边境贸易、边境产业园合作、基础设施互联互通、数字经济等领域将迎来快速发展新机遇，为双边经贸及投资合作带来持续的发展动力。

新加坡经济对外依存度较高，由于保护主义、单边主义、经济全球化遭遇波折，自由贸易体制和多边主义受到巨大冲击，这一系列不稳定因素都对新加坡的经济发展带来风险和挑战。长远看，新加坡拥有良好的经济基础、营商环境和优越的地理位置，吸引了众多的投资者。企业在新加坡进行投资、贸易、工程承包、劳务合作等活动，要加强对相关风险的调查分析和评估，提前做好风险防范。

(三)法律风险规避

东盟各国法治化程度差异明显，部分国家如马来西亚、新加坡属英美法系，与中国法律制度差异较大。企业赴东盟国家投资，须注意了解当地的法律文化和法律制度，特别是与贸易投资有关的法律，以及与中国法律的差异之处，以避免法律风险。

当前，中国企业在东盟国家投资的主要领域为制造业、纺织业、交通能源等基础设施建设、电力生产、商务服务、批发零售、采矿、金融。概括来说，中国企业在东盟国家投资面临法律风险的主要类型包括：不熟悉各国限制投资领域导致投资决策风险、劳工法律风险、环保法律风险、商事纠纷法律风险、知识产权法律风险。如在环保法律风险方面，泰国政府对企业的环保要求较高，赴泰投资的企业在了解环保法律法规的基础上，还应熟悉与环保相关的评估机制。新加坡对环保的要求较高，中资企业投资前，特别是设立生产型企业之前，要了解新加坡政府关于环境保护的各项要求，并做好充分的预算安排，生产活动中要按照规定做好环保工作，还要注意新加坡的特殊规定。另如劳工保护法律方面，泰国政府对外籍劳工的管理较为严格，明确禁止外籍人员从事的领域较多，企业赴泰投资，应提前详细了解相关规定，以规避外派劳务限制措施带来的投资风险。

中国企业在东盟国家进行贸易投资要注意对法律风险的事前防免。要充分研究有关国际规则和商业惯例；研究东盟共同体法和投资国法律制度，严格依法办事，规范企业经营管理行为；熟悉我国的相关涉外法律；通过积极服务当地经济社会发展，主动创造积极有利的营商环境。

中国企业在东盟国家进行贸易投资要做好法律风险的事后应对。外部商事纠纷中，要注意保持与法律纠纷相对方充分、密切的沟通；内部劳务纠纷中，与工会和劳动者保持畅通交流；民事纠纷中，充分尊重当地民俗习惯；遇到法律纠纷，组织专职法务人员，积极准备起诉维权和依法应诉。

总体来说，为有效防止和应对在东盟国家遭遇贸易投资法律风险，在宏观策略上：一是要提升国际视野，树立法治理念；二是要结合拟投资项目，掌握投资国的政治环境情况和社会发展情况；三是要熟悉东盟国家的法律文化和风俗习惯。在具体措施上，一是要完善企业法务部门，配备专职法务人员；二是要聘请投资国律师担任法律顾问，保障企业合规运行。

三、对策建议

一是研究编制并发布东盟国家年度政治风险、经济风险、法律风险分析报告，为企业提供参考，帮助企业及时了解相关情况，规避风险。

二是依托山东省社科规划项目、山东省社科联科研项目、山东省法学会科研项目等，加强对山东企业赴东盟国家进行贸易投资所遇法律风险类型的研究。

三是为企业相关涉外人员和法务人员提供培训，围绕东盟国家法律制度、东盟共同体法、法律纠纷的事前避免和事后应对等组织培训学习。

四是支持有条件的高校根据自身师资情况和办学条件，探索开展涉外法律人才培养。

五是组织贸促会（商会）对山东企业在东盟国家投资遇到的法律纠纷类型进行梳理和总结。司法行政部门或律协组织律师事务所（律师）进行立项研究，研究开发并为企业提供有针对性的法律服务产品；或者政府组织有关高校进行研究，或者通过组织论坛、研讨会、培训会等方式加强企业和法律服务行业之间的交流。

六是依托文化周等人文交流活动，加强对东盟国家政治法律、文化传统、社会生活、习俗习惯的宣传。

四、总结展望

由于地缘相近和广泛的共同利益，东盟一体化进程正在持续推进。同时，由于东盟国家同质性不足，东盟国家一体化进程也面临诸多困难。中国与东盟国家交流合作历史悠久，联系密切，发展经贸关系优势得天独厚。特别是当今世界面临百年未有之大变局，中国进一步巩固与东盟国家的联系，积极发展双边经贸关系具备重要战略意义。中国企业应抓住这一重要战略机遇，积极拓展与东盟国家的经贸关系。同时要注意熟悉国际规则、商业惯例和东盟国家法律制度，加强风险预判、防范和应对，维护好自身的投资权益。